[德] 阿图尔·叔本华 著

哲学和哲学史散论

韦启昌 译

上海人民出版社

目　录

哲学史散论

1. 关于哲学史

不是阅读哲学家的原创著作，而只是阅读各式各样介绍和描述这些哲学家学说的东西，或者只是阅读泛泛的哲学史，那就好比想要别人代劳为我们咀嚼食物。假如人们可以随心所欲亲眼目睹远古时代有趣的事，那人们还会阅读世界历史吗？至于哲学的历史，就哲学史的题材而言，我们还是可以真正接触其标本的。也就是说，人们可以阅读哲学家的原著，或者至少可以为精简，故而集中精力阅读从这些著作中精心挑选出来的主要章节，尤其是这些著作里面有很多重复的、可以略过的内容。以这样的方式，人们就可以真切和不受歪曲地了解到那些学说的核心内容。但如果阅读现在每年都会出版的十来种哲学史的话，那读者获得的就只是进入到哲学教授头脑中的东西，而且是以其头脑所理解的样子，因为不言自明，当一个伟大的思想家的思想，要在那些哲学寄生虫 3 磅重的头脑中找到空间安置下来的话，这些思想就必然明显地委曲求全；而要从这些头脑中出来时，又得裹着时髦的术语，伴随着他们本人老于世故的评语。除此之外，也可以估计到这样一个以赚钱为目的而编写哲学史的人，对他要编写介绍、报告的原著，读了不会超过 1/10，因为要真正学习那些哲学著作，需要整整漫长和勤勉的一生，正如在以前勤奋、苦干的时候，正派、能干的布鲁克为此所付出的。相比之下，这些小人物耽于没完没了的讲座、公务、假期旅行和消遣娱乐，但却常常在其早年就已经拿出了哲学史。这样的人又能深究出些什么呢？此外，他们还想要讲求实用和实效，声称已经探究了思想体系的产生和结果的必然性，现在甚至还要评判古老的严肃和真正的哲学家，要指出和改正他们的错误。他们除了一字不漏抄出（并且是一个抄一个）古老哲学家的著作以外，还能做出些其他什么吗？为了掩饰这一点，他们把事情弄得更糟，因为他们会拼命加进一些当代的时髦成分，例如，遵循他们时下的风气和精神而妄断古老的著作。如果情况不是这样，而是由诚实和有见解的学者共同认真地、负责地把主要哲学家的关键章节和重要段落，按时间年份的顺序组成实用的合集，那将是很适宜的事情，就像一开始的格迪克，后来的利特和普列勒对古老哲学所做的编撰工作。但我们可以做得更细致一些，以缜密的功夫和真知灼见完成一部伟大的、普遍适用的大师选集。

我在此给出的散论，起码不是传统样式的，亦即不是抄抄写写的那种，而是在亲自研究原文的过程中所生发的思想。

2. 前苏格拉底哲学

爱利亚学派的哲学家肯定是首先意识到"所见"与"所想"是截然不同的两回事的人。对他们而言，"所想"才是唯一真实存在的。他们声称，"所想"是唯一的、不变的、不动的；"所见"，亦即显现的、在经验上可及的却不是这样，把后面这些也称为唯一的、不变的和不动的，则完全是可笑的。因此，被误解的命题就曾遭到第欧根尼以那著名的方式的反驳。所以，爱利亚学派的哲学家确实已经分清了现象与自在之物的差别。自在之物无法以感官查看和观察，而只能用思维把握，据此，自在之物就是"所想"的东西

（亚里士多德，《形而上学》，第1卷，第5部分，第986页和注释；还有第429、430和509页）。在亚里士多德著作的注释中，提到了巴门尼德的作品《关于看法的学说》。那是关于现象，关于物理学的理论。与此相应，毫无疑问，必定还有另一部著作《关于真理的学说》，关于自在之物的学说，亦即还有一套形而上学。菲洛波努斯著作的一条注释直截了当地评论麦里梭："在宣讲关于真理的学说时，他（麦里梭）说存在的只是一样东西，而在宣讲关于看法的学说时，他则宣称存在的有两个（众多）东西。"与爱利亚学派哲学家截然不同，也很有可能是由爱利亚学派呼唤出来的，是赫拉克利特，因为他教导人们所有事物都在不停地运动，而爱利亚学派呢，则告诉人们事物是绝对静止的。据此，赫拉克利特就只停留在"所见"（亚里士多德，《论天》，贝洛尔主编，第3卷，第1部分，第298页）。这样，他就再呼唤出与其截然不同的柏拉图的理念学说，正如亚里士多德的表述（《形而上学》，第1078页）说明了这一点。

值得注意的是，前苏格拉底时期哲学家屈指可数的几个主要学说命题，在古老的著作中无数次地重复，但在这些著作以外，则极少提及。例如，阿那克萨哥拉关于"精神"和"同类基本素材"的学说；恩培多克勒的"爱与争斗"和四种元素的学说；德谟克利特和留基伯关于原子和复制的学说；赫拉克利特关于事物永恒流动的理论；之前已经分析的爱利亚学派关于事物绝对静止的学说；毕达哥拉斯学派关于数学、灵魂转生等学说。这些可能就是他们全部的哲学论题了，因为我们发现在近代人的作品里，例如，在笛卡尔、斯宾诺莎、莱布尼茨，甚至康德的著作里，他们的哲学中几个不多的根本原理也是无数次重复，以至于所有这些哲学家似乎都采用了恩培多克勒（他本身就是个重复符号的爱好者）的古老习语"好的东西可以重复、重复、再重复"（见斯托尔茨，《阿格里琴托的恩培多克勒》，第504页）。

此外，阿那克萨哥拉的上述两个教义是彼此密切相关的。也就是说，"某些东西是所有东西都共有的"就是对他的要素粒子学说的象征性描述。据此，在混乱的原初总体中，已经完备存在所有事物中的那些相同部分（在生理学的意义上）。要把这些相同部分分开，要组合、整理和形成特定不同的事物（不同的部分），就需要某一"精神"：由这一"精神"挑出那其中的组成部分以让混乱变得有序，因为这种混乱里面的确包含了完全混合在一起的所有物质（亚里士多德著作的注释，第337页）。但这"精神"并不曾完美完成这首次分开的工作，因此，在每一物里，仍然有组成了所有其他物的成分，虽然分量少了很多。"每一物都的确是混合了所有的每一物。"

相比之下，恩培多克勒没有提出无数的要素粒子，只是说有四种元素，由这四种元素组合产生的结果就是物，而不是像阿那克萨哥拉说的那样是离析物。但"精神"所扮演的联合和分离的角色，亦即调节、整理的角色，在恩培多克勒这里，就由"爱与争斗"扮演。这"爱"与"争斗"的说法要明智得多。也就是说，恩培多克勒并不是把安排事物的工作委派给智力（"精神"），而是委派给意欲（"爱与争斗"），各种不同的物质并不是像阿那克萨哥拉所认为的只是离析物，而是真正的成果。阿那克萨哥拉认为这些离析物是经由智力而分开的，恩培多克勒则认为这些是经由盲目的本能，亦即经由没有认识力的意欲造成的。

总的来说，恩培多克勒是个贯彻始终的人，他的"爱与争斗"以真知灼见为基础。在无机的大自然，我们已经看到各种成分，根据亲和法则而互相吸引或者互相排斥，互相联合或者互相分离。但在化学上显示出最强烈的结合倾向的（这只能在液体的状态下才能满足），一旦在固体状态下彼此接触，却变成了最明确的电的相反两极：现在就互相排斥、奔向彼此相反的两极，目的就是此后再度互相吸引和拥抱。在整个大自然中，这种两极对立是以各种很不相同的形式出现，这难道不就是那不断更新的纷争与不和，随后就是炽热渴求和解吗？因此，确实到处都存在着"爱与争斗"，只是根据每次的情势，要么出现"爱"，要么出现"争斗"。据此，甚至我们自己也会对每一个接近我们的人，马上变得友好或马上就有了敌意，要变成这两者的因素就在那里，视当时的情形而定。纯粹是我们的精明，让我们保持在冷漠、无所谓的点上，虽然这同时也是冰点。同样，我们在靠近某一条陌生的狗时，这条狗马上就采取友好或敌对的态势，很容易就从狂吠、发出呼噜的威胁声转为摇头摆尾，或者相反。这"爱与争斗"的普遍现象的基础，当然就是由这两者所形成的巨大的原初对立：所有存在物根据其自在本质而有的一体性与其在现象方面的多样性（因为千差万别的现象是以个体化原理为其形式）。同样，恩培多克勒认为他所知道的原子理论是错的，指出物体可以无穷尽细分下去，就像卢克莱修的《物性论》（第 1 卷，第 5 节，第 747 页注释）所告诉我们的那样。

但恩培多克勒学说中明确的悲观主义是首要值得注意的。他完全认清了我们的苦难，这世界对他来说，就如同对真正的基督徒那样，就是苦海（"灾祸连连的大地"）。正如后来的柏拉图，早就把这世界比作一处黑暗的洞穴，我们就被囚禁其中。在恩培多克勒眼中，我们的尘世存在就是流放和受苦的状态，而身体则是囚禁灵魂的监狱。这些灵魂曾经处于极乐状态，他们因自己的过错和罪孽堕落到现在的境地而无法自拔，在灵魂轮回转生中沉沦。通过纯正的道德和行为，包括不吃动物，通过摒弃尘世的乐趣和愿望就能够重回以前的状态。所以，这同样的原初智慧，这构成了婆罗门教和佛教，甚至真正的基督教（这可不是那乐观的犹太和新教理性主义）的基本思想，这位古老的希腊人也意识到了。这样，在这一问题上就实现了"各民族所见略同"。被古人普遍描述为毕达哥拉斯门徒的恩培多克勒，从毕达哥拉斯那里继承了这一观点是有可能的，尤其是同样受毕达哥拉斯影响的柏拉图，也从根本上坚持这一观点。至于与这一世界观密切相连的灵魂转生学说，恩培多克勒是极其明确赞同的。在斯托尔茨花费巨大努力编写的《阿格里琴托的恩培多克勒》（第448—458节）一书中，我们可以发现古老的著作段落，以及恩培多克勒所写的诗句——这些都证明恩培多克勒有这样的世界观。视身体为监狱，生命则是受苦和净化的状态，死亡则是从这获得解救，如果我们摆脱了灵魂转生的话——这样的观点是埃及人、毕达哥拉斯门徒、恩培多克勒与印度教和佛教共有的。除了灵魂转生以外，这些内容也包含在基督教里面。西西里的狄奥多罗斯、西塞罗和其他人（见温斯多尔夫，《论古人的灵魂转生说》，第31页；西塞罗，《哲学片断》，比普主编，第299、316、319页）都证明了古人持上述观点。西塞罗在这些段落并没有说明这些人属于哪一个哲学学派，但看上去似乎是毕达哥拉斯智慧的余绪。

这些前苏格拉底哲学家的其他学说，还有许多被证实就是真理。我想举出其中几例。

康德和拉普拉斯的天体演化论，已经通过赫舍尔爵士的观察，在事实上得到了后验的证明，但现在罗斯勋爵为了安慰英国的天主教教士，以其超大反射望远镜，尽力让康德和拉普拉斯的天体演化论再度摇摆成疑。根据康德和拉普拉斯的理论，形成行星体系的是通过冷凝以后那些缓慢凝固下来，然后旋转起来的发光星云。这样，经过数千年以后，阿那克西美尼就被证实是对的，因为他宣称空气和云雾就是一切事物的基本本质（亚里士多德著作的注释，第514页）。与此同时，恩培多克勒和德谟克利特所说的也得到了证实，因为他们就像拉普拉斯那样，宣称世界的本源和构成是出自某种旋转（亚里士多德著作，贝洛尔主编，第295页；注释第351页）。甚至阿里斯托芬（《喜剧》，第5幕，第820行）也嘲笑恩培多克勒这一说法是目无神灵，正如当今的英国教士嘲笑拉普拉斯的理论一样，因为这些教士面对出现的每一个真理都不会感觉好受，亦即会担心失去他们的受俸神职。的确，甚至我们的化学计量学也在某种程度上回溯到毕达哥拉斯的数字哲学，"因为数字的性质和比例是事物的性质和比例的基础，例如，2倍、$1\frac{1}{3}$倍、$1\frac{1}{2}$倍"（亚里士多德著作的注释，第543、829页）。哥白尼的体系早就在毕达哥拉斯的预料之中，人们都知道这一点。确实，哥白尼本人就知道这一点，因为哥白尼是直接从西塞罗著《学术问题》中关于希塞塔斯的著名段落（第2卷，第39页）和从普卢塔克的《关于哲学家的见解》（第3卷，第13章）汲取其根本思想的（根据麦克罗林著《论牛顿》，第45页）。这一古老和重要的认识随后被亚里士多德摒弃了，目的就是换上亚里士多德自己的那些胡扯——关于这一点，我在第5章（参见《作为意欲和表象的世界》，第2版，第342页；第3版，第390页）会再说一下。甚至傅立叶和科尔迪埃关于地心之热的发现，也只是证实了古人的学说而已，"毕达哥拉斯门徒说，在地心和地中央燃着火，使大地温暖和有生气"（亚里士多德著作的注释，第504页）。如果由于这些发现，今天地球的表层就被视为在两个媒介（大气层与滚热、熔化的金属和类金属）之间薄薄的地层，而这两个媒介的接触必然产生大火并毁灭地表，那就证实了这一世界最终会被大火毁灭这一看法——对此，所有古老的哲学家的意见是一致的，印度教徒也是一样的看法（《耶稣会士书信集》，1819年，第7卷，第114页）。同样值得注意的是，从亚里士多德的《形而上学》（第1部分，第5章，第986页）可以看出，毕达哥拉斯门徒在"十原则"的名下理解中国人的"阴"、"阳"概念。

我曾在《作为意欲和表象的世界》第1卷第52节和第2卷第39节详细说明了音乐的形而上学。音乐的形而上学可以视为对毕达哥拉斯数字哲学的解释，这我已经简略提过了。在此我愿意更详细地解释一下。假设读者记得我提到的那些相关段落。根据我的那些论述，旋律（Melodie）表达了人所意识到的所有的意欲活动，亦即表达了所有的感触、情绪、情感，等等；而和声（Harmonie）则描述了意欲在大自然的客体化等级。音乐在这一意义上是某种第二现实，与第一现实是完全平衡的，但却是完全不一样的性质和构成；第二现实（音乐）完全类似于第一现实，却与之并不相像。音乐作为第二现实只是存在于我们的听觉神经和大脑中，除此之外，或者就其自身（就洛克所理解的意义）而言，音乐是由全然的数字关系而组成，也就是说，首先，在节拍方面根据其数量；其次，在音阶方面根据其质量，而这取决于颤动的算术关系。或者用别的说法，音乐的数字关系既在其节奏要素，也在其和声要素。因此，世界的全部本质，不管是微观世界还是宏观世界，当然可以通过仅仅是数字的关系而表达出来，所以，在某种程度上可以还原为数字的关系。在这个意义上而言，毕达哥拉斯把事物的真正本质定为数字是对的。但数字又是什么呢？是依次连续的关系，其可能性取决于时间。

当我们在亚里士多德著作的批注（贝洛尔主编，第829页）中，读到对毕达哥拉斯门徒的数字哲学的评论时，会忍不住猜测：在据说出自约翰之手的福音的开首，λογος一词如此古怪和神秘、几近荒谬的用法，还有在菲洛著作的类似用法，都是出自毕达哥拉斯的数字哲学，亦即出自这词在算术上的、作为数字比例的含义，因为根据毕达哥拉斯学派，这样一种数字比例或关系构成了每一存在物最内在的和不可毁灭的本质，因此是其首要的和原初的原则αρχη。这样，"太初有字"（《约翰福音》，1：1）就适用于一切事物了。与此同时，人们也注意到亚里士多德说过"情感就是物质的数字比例"，之后又说"因为数字的比例就是事物的形式"（《论灵魂》，第1篇，1），人们由此想起斯多葛学派所说的"生殖力"（包含所有事物的种子）词语。我稍后将再谈论这一点。

根据扬布利科斯所写的毕达哥拉斯的传记，毕达哥拉斯主要是在埃及（毕达哥拉斯从22岁直至56岁在埃及生活）受教育，确切地说是接受了那里的教士的教育。在 56 岁回国的时候，毕达哥拉斯大概是真的想要建立一个僧侣国家，类似于埃及的僧侣等级制度的国家，虽然这对希腊人的国家会作一些必要的微调。他在祖国萨摩斯岛并没有成功达到目的，但在某种程度上却在克洛吞成功了。那么，既然埃及的文化和宗教毫无疑问源自印度，而这可以从母牛具有神性（希罗多德，《历史》，第 2 卷，第 41 页）及很多其他的事情得到证明，那就解释了毕达哥拉斯为何规定不吃动物，尤其禁止宰牛（扬布利科斯，《毕达哥拉斯的一生》，第 28 章，第 150 节），以及叮嘱人们爱惜和善待所有动物；还有毕达哥拉斯所教导的灵魂转生，他穿的白长袍，他那些永远神秘和遮遮掩掩的举动（这些给出了象征性的预言，甚至涉及数学的定理）。他还成立某种僧侣阶层，有严格的纪律和许多仪式，崇拜太阳（同上书，第 35 章，第 256 节）及诸多其他。甚至毕达哥拉斯更重要的天文学的根本概念，也是他从埃及人那里获得的。因此，欧诺皮德斯就毕达哥拉斯关于黄道斜度的学说是否为最先提出还有过争辩，因为欧诺皮德斯曾与毕达哥拉斯一起在埃及（关于这一问题，人们可以看看斯托拜阿斯的《牧歌集》第 1 部第 24 章的结尾，连带从狄奥多罗斯那儿来的赫仁的笔记）。但总的来说，如果我们详细检查斯托拜阿斯（特别是第 1 卷，第 25 章及注释）收集的所有希腊哲学家关于天文学的初级概念，就会发现这些通常都引出了很多荒谬的东西，也只有毕达哥拉斯学派的东西是唯一的例外，因为一般来说他们都是完全正确的。他们的这些概念并不是他们独创的，而是来自埃及。这一点是没有疑问的。毕达哥拉斯著名的禁吃豆类纯粹源自埃及，只是从那里照搬过来的迷信，因为希罗多德（第 2 卷，37）记载，在埃及豆类被视为不纯正的、受人厌恶的东西，所以，僧侣们甚至不想看到它们。

此外，毕达哥拉斯的学说是肯定的泛神论，这从毕达哥拉斯门徒的一句话得到证明。这句话既简明又扼要，是由亚历山大的克雷芒为我们保存下来的，其多里斯方言显示了这句话的真实性。这句话是这样的：但如果听到毕达哥拉斯的门徒说出这样的话，那我们是不可以沉默置之不理的，亦即神只有一个，但这神却并不像一些人所以为的在这世界之外，而是就在这个世界，在那整个的周围，是所有生成事物的看管人，是渗透一切的，是永远存在的，是自己力量和作品的主宰，是天上的光明，是宇宙、精神的父亲，赋予环宇以灵魂和生命，是宇宙的运动（参见亚历山大的克雷芒，《著作》，第1卷，第118页）。通过每一个机会让我们确信：真正的一神教与犹太教是可以互换的概念，那是好事。

根据阿普列乌斯（《佛罗里达》，比蓬蒂尼版，第130页）的记载，毕达哥拉斯有可能到达了印度，甚至在婆罗门那里学习。因此，毕达哥拉斯的智慧和见识当然应该得到高的评价，但我相信那与其说是毕达哥拉斯想出来的，还不如说是他学来的，因此，属于别人更甚于属于他自己的。赫拉克利特评论毕达哥拉斯的一句话证实了这一点（《第欧根尼·拉尔修》，第8卷，第1、5章），否则，毕达哥拉斯就会写下自己的东西，以防这些思想被湮没了。但学来的东西却在其源头得到了安全的保存。

3. 苏格拉底

苏格拉底的智慧已成了某一哲学的信条。柏拉图笔下的苏格拉底是一个理想中的，因此是一个文学的、诗意的人物，其表达的是柏拉图的思想，这是非常清楚的。但色诺芬所描述的苏格拉底，我们却发现并不是那么充满智慧。根据卢奇安（《爱说谎的人》；24）的记载，苏格拉底挺着一个大大的肚子。这可不是一个天才应有的特征。所有那些不曾写下东西的人，其高级的思想能力都是大有疑问的，毕达哥拉斯也是一样。一个伟大的思想家必然是逐渐认识到了自己为人类负有的使命和占据的位置。因此，他会意识到他并不属于羊群，而是属于牧者，我的意思是属于人类的教育者。由此他就会清楚自己的责任并不只是直接和确切地影响偶然出现在他周围的少数人，而是要把这种影响扩展至全人类。这样，他就能把自己的影响传至人类中的出类拔萃者，亦即很少一些人。但要对人类发话的唯一手段就是文字。用嘴巴发话，只能对着一些个人，因此，对人类而言，说过的话只是私下流传的东西。这是因为听到那些话的一些个人，相对那些高贵的种子而言，通常都是贫瘠的土壤。在这样的土壤里，这些种子要么不会发芽，要么在其传播中快速衰败。所以，必须把这些种子本身保存下来。但要保存这些种子，通过世代传承是不可以的，因为在传承中的每一步都会受到歪曲，只有通过文字这种唯一能够忠实保存思想的手段，才可以做到。此外，每一个有深度的思想家都必然有冲动和欲望要记录下自己的思想，要尽可能清晰和确切地把这些思想表达出来，以求得到满足，因此也就是把这些思想形诸字词。这项工作只有通过文字写作才能完美实施，因为文字表述从根本上有别于口头表达：只有文字表述才是至为精确和言简意赅，并因此是思想的纯粹复制品。据此，如果一个思想家宁愿放着人类最重要的发明不用，那就是相当奇怪的自负和傲慢。因此，那些并不曾写下任何东西的人，我很难相信他们是真正伟大的思想家。我更宁愿视这样的人首要是实际生活的英雄，这些人更多的是通过他们的性格而不是他们的头脑影响别人。《吠陀经》、《奥义书》的高贵作者写下了文字，虽然《吠陀经》的本集（纯粹由祈祷组成）在开始时只是口耳相传。

在苏格拉底与康德之间，可指出不少的相同之处。两人都摒弃教条主义，两人在形而上的事情上都承认一无所知，并且其特别之处在于都清楚地意识到这种无知。两人都宣称，相比之下，在实际的方面，在人们必须做的和必须承受的方面都是完全确切的东西，其本身就可以证明这一点，并不需要更多的理论依据。两人都有这样的命运：紧随他们的后继者和自称为他们的门徒的人，都在基础方面偏离了他们，在整理了一番形而上学以后，创立了完全是教条式的体系；并且到最后这些体系尽管有了很大的改变，但所有人都一致宣称是从苏格拉底和康德的学说出发的。既然我本身是信奉康德学说的人，我就在此用一两句话说说我与康德的关系。康德教导说，我们不可能知道在经验及其可能性以外的东西。我承认这一点，但我也得说，经验的总体本身是可以解释的，我也试图给出了我的解释，就好像破解一篇文章的意思一样试图破解其意思，而不是像以前的哲学家那样，只是试图应用这个世界的形式而越出这个世界之外——而这，康德已经证明是不可以的。

苏格拉底方法的优点，正如我们通过柏拉图的著作所了解到的，就是在表明某一主张或命题的时候，让对手和对话者逐一承认构成其中的根据、理由——但这必须是在对手看出这些根据所会导致的结论之前；因为如果给出教科书一样的环环相连的表达，那谈话对手马上就有机会看出这根据及其结论，因此就会反驳这些根据——如果其结论不合他们的意思。但柏拉图硬要我们接受的一样东西就是，在苏格拉底应用这一方法的时候，那些诡辩者和其他的蠢人却坦然听任苏格拉底向他们表明，他们就是诡辩者和蠢人。这是无法设想的。事实是，在快要得出结论的最后 1/4 过程，或者一旦他们注意到这些铺垫要引往何方，就会开始离题或者开始否认之前所说，或者故意误解对方的意思，或者运用自以为是的不诚实者出于本能采用的那些诡计和刁难，以搅乱苏格拉底的精心布局，撕破他的罗网。或者他们会变得非常粗野，出口伤人，以至于苏格拉底会觉得及时抽身更为安全，更为合算。这是因为那些诡辩者又怎么会不知道运用这一手段，就可以让自己与对方平起平坐，就可以瞬间抵消对方哪怕是巨大的智力优势？这一手段就是人身攻击，侮辱对方。因此，一个本性低下的人，甚至一旦开始感觉到对方的精神思想的优势，就有了要侮辱对方的本能冲动。

4. 柏拉图

在柏拉图的著作里，我们已经发现某种错误的思维和理解方面学说（Dianoiologie）的源头；这一学说的提出有其秘密的形而上的打算，目的也就是推出一种理性心理学及与此相关的宣传不朽的学说。这一思维和理解学说后来被证实为极具坚韧生命力的伪学说，因为历经各个时期的哲学，包括整个古代时期、中世纪和近代哲学，这个伪学说仍在苟延残喘，直至康德这台碾压一切的粉碎机最终把它碾碎。我这里指的学说就是认识理论的理性主义及其形而上的最终目的。这可以简略概括如下：我们身上的认知部分是某种非物质的东西，从根本上与身体是不一样的，名称就是"灵魂"；身体则是妨碍认知的东西。因此，所有通过感官媒介而获得的知识都是带欺骗性的；唯一真实、正确和确切的知识则是摆脱和远离了所有感官感觉（因此就是摆脱了所有直观），因此也就是纯粹的思维，亦即唯一在抽象概念中的运作。因为这项工作是灵魂完全以一己之力完成的，所以，在灵魂与身体分离以后，亦即在我们死亡以后，灵魂就最能做这项工作了。这样，思维和理解学说正好为理性心理学所用，目的就是关于不朽的学说。在此我所总结的这个关于不朽的学说，在《裴多篇》第 10 章详细和清晰地表达出来，在《蒂迈欧篇》中对此的理解稍有不同。塞克斯都·恩披里柯从中做出了下面相当简洁、清楚的概括：自然哲学家那里流行着一个古老的看法，那就是同类会认得同类——但柏拉图在《蒂迈欧篇》运用这种证明方法，阐述灵魂是不具肉身的，"因为"，他说，那脸部易于接受光线，所以与光线是相通、相同的；因为听力能够听到空气的颤动，亦即声音，所以与声音是相通、相同的；因为嗅觉能够闻到气味，所以与气味是相通、相同的；因为味觉能够品尝到味道，所以与味道是相通、相同的——既然如此，那灵魂也必然是不具肉身之物，因为灵魂能够认识不具肉身的思想，例如，认识数字和身体的形式方面的东西（《意志》，第 7 卷，116 和 119）。

甚至亚里士多德也承认，这个议论起码作为一种假说是站得住脚的，因为亚里士多德在《论灵魂》第一部书里（第 1 章）说，可以据此断定灵魂是某一分开的存在：即是否有某些属于灵魂的现象，身体是不曾参与其中的。这样的现象首先就是思维。但如果这思维脱离了直观和想象是不可能的，那脱离了肉体，这种思维也同样是不可能的。（但如果思想是一种想象，或者无法脱离想象而进行，这种活动在没有身体的情况下是无法进行的。）但亚里士多德并不承认上面自己所提出的条件，亦即论证的前提，因为亚里士多德教导说（这后来整理成了一个命题，参见《论灵魂》，第 3 部，8)，"对理解力而言，并没有什么是之前不曾经过感官的"（托马斯·阿奎那，《论天主教信仰之真理》）。所以，亚里士多德已经认识到所有纯粹和抽象的东西，其全部内容和素材都是首先从直观所见那里借来的。这一点也让经院学者不安。所以，人们在中世纪就已经尽力要证明有那么一种纯粹的理性知识，亦即有一种并不涉及任何图像的思想，有一种从自身取材的思维。所有这方面的努力与争议，蓬波纳齐都收进了他的《论灵魂的不朽》，因为蓬波纳齐就是从中取得他的主要论点。那么，要满足上述要求，就要用上被理解为"永恒真理"的"普遍概念"和先验的知识。这事情随后经笛卡尔及其学派得到了怎样的处理，我在我的获奖论文《论道德的基础》（第 6 节）的详细补充注释中已经讨论过了。在注释里，我提供了笛卡尔门徒德·拉·福尔吉的原话，那是值得一读的。这是因为一般来说，人们发现，每一个哲学家的那些错误学说，正好是由其学生最清楚地表达了出来，原因在于这些学生并不像他们的老师那样，会尽力和尽可能地隐藏起自己的体系中暴露出体系脆弱之处的一面，因为这些学生并没有存坏心眼要这样做。针对整个笛卡尔所说的二元论，斯宾诺莎已经提出了他的学说，"思维的东西和广延的东西是同一样东西，有时候理解为这一属性，有时候则理解为另一属性"，并以此显示了斯宾诺莎的见解更胜一筹。相比之下，莱布尼茨则在笛卡尔和正统的道上保持着机智和彬彬有礼。但这随后恰恰召唤出杰出的洛克为哲学做出了极为有益的工作，因为洛克最终坚决要求检验概念的起源，在把这一句话彻底阐明和证明以后，就成了他的哲学的基础，并没有与生俱来的概念。孔狄亚克为法国人整理了一下洛克的哲学，但法国人在这一问题上却一下子走得太远了，虽然他们也是出于同样的理由，因为他们提出并极力主张"思维就是感觉"（penser est sentir）。绝对地看，这个命题是错的，但里面却有真实的东西：每一思维活动都部分地以感觉为前提，因为感觉是直观的成分，为直观提供素材；部分地则跟感觉一样是以身体器官为条件，也就是说，正如感觉是以感官神经为条件，思维则是以脑髓为条件，而感觉和思维都是神经活动。但是，法国学派紧抓其命题不放，并不是因为这一命题本身，而是有其形而上的，甚至唯物主义方面的目的，恰恰就像那些柏拉图、笛卡尔、莱布尼茨的对手那样，始终坚持这一错误的说法，即对事物唯一正确的认识在于纯粹的思维，其目的就只是在形而上学方面，以便就此证明灵魂是不具有物质内容的。唯有康德引导人们走出这两条错误的路子，从对立双方并非诚实的争辩中走向真理，因为争辩的双方声称争辩是关于思想法则学说（Dianoiologie），但都是以形而上学为目的和方向，并因此歪曲了思想法则学说。所以，康德说，我们当然有纯粹的理性知识，亦即有先于所有经验的先验知识，因此，我们有某种思维，其素材并非归功于以感觉器官所获得的知识。虽然这一先验的知识并非从经验而来，但这一先验知识却只是对经验有价值和有效力，因为这一先验知识不是别的，而是认识到我们自身的认知配置及其设备（大脑功能），或者就像康德所说的，是认识到认知意识的形式本身。这一认知意识的形式，首要是通过借助感官感觉所添加的经验知识而获得其素材；如果没有了这些素材，那先验的知识就是空洞的、没有用处的。正因为这样，康德的哲学就名为《纯粹理性批判》。这样，所有的那些形而上的心理学就倒塌了，连带一起倒塌的是柏拉图所说的那些纯粹的灵魂活动。这是因为我们看到：认知如果缺少了由身体帮助获得的直观，也就没有了素材；因此，这样的认知者如果缺少了身体的前提条件，除了空洞的形式以外就什么都不是了；更不用说思维活动就是脑髓的生理功能，正如消化是胃部的生理功能一样。

因此，如果柏拉图的教导，即要把认知从一切与身体、感官和直观相关中分离出来，被证明是不适当的、颠倒的，并且是不可能的，那我们就可以把我的这一学说视为类似于柏拉图的教导，但却是修改正确了的教导：只有当直观认知从所有与意欲相关中分离出来，才能达致最高的客观，并因此达致完美。关于我的这一学说，大家可以阅读我的《作为意欲和表象的世界》第三部分。

5. 亚里士多德

亚里士多德的根本特点可以说是思想敏锐，连带考虑周详、洞察力强、博学多才，但思考欠深刻。亚里士多德的世界观是肤浅的，虽然经过了一番细心的琢磨和整理。深刻的思考是从我们自身取材，思想敏锐则必须从外在世界获得素材，以掌握资料。但在亚里士多德的时代，经验方面的资料，部分甚至还是错的。因此，时至今日，研究亚里士多德并不是大有收获的事情，而研究柏拉图则仍然让人受益匪浅。亚里士多德欠缺深思的特性，在形而上学方面当然表现得至为明显，因为在形而上学方面，纯粹只是思维敏锐是不够的，这与其他方面的学问不一样。因此，亚里士多德在形而上学方面是最无法让人满意的。他的形而上学的绝大部分，讲来讲去都是古老先行者所提出的哲学命题；对那些先行者，亚里士多德通常都是从他自己的角度出发，对他们的一些个别、零星的言论提出批判或反驳，但亚里士多德并不曾真正领会那些言论的含意。亚里士多德更像是从外面破窗而入的人。他很少或者没有提出过自己的学说，至少不曾提出过连贯的学说。但我们对古老哲学命题的了解，大部分是得益于亚里士多德的批驳和辩论——这是亚里士多德无心插柳而作出的贡献。他最敌视柏拉图的地方，恰恰就是柏拉图完全正确之处。柏拉图的"理念"对于亚里士多德就像是某样他无法消化的东西，永远只停留在他的嘴里；他是一心一意不承认"理念"的。思维敏锐对于经验科学而言是足够的，因此，亚里士多德有某种朝着经验的主导方向。但既然自亚里士多德的时代以来，经验科学取得了如此的进步，现在的经验科学与那时候相比，就像成年期与儿童期之比。所以，学习亚里士多德的著作并不会促进今天的经验科学，但却会间接通过其方法和真正科学的气质而得益，因为这些是亚里士多德的特长，也是经由他带到这个世界上的。在动物学方面，时至今日，亚里士多德的著作至少在某些方面仍有直接的用处。但总的来说，亚里士多德的经验倾向驱使他总是向广度发展。因为这样，亚里士多德很容易，也很经常地就偏离了他所选定的思路，以至于他几乎没有能力进行有一定长度或有始有终的思考，但有深度的思考却正在于此。与此相反，亚里士多德到处都在追逐问题，但却只是浅尝辄止，并不曾解决所提出的问题，或者并不曾只是透彻地讨论一下这些问题，他又马上转到了其他别的问题上去。因此，他的读者经常在想，"现在终于要有些说法了吧？"——但最终却什么也没有。所以，当亚里士多德发起某一问题，并讨论了好一阵子以后，有好几次真相已经呼之欲出了，他却突然转到了其他别的话题，让我们的读者仍然处于困惑之中。这是因为亚里士多德无法持续地谈论某样事情，而是在开了头以后，又跳到了他刚刚想到的东西，就像小孩一样丢掉手中的玩具，因为他刚刚又看到了另一样玩具。这是亚里士多德头脑薄弱的一面，这种活跃是肤浅所致。这解释了为何尽管亚里士多德有极具系统性的头脑，因为从他那里我们开始了学科的分门别类，但他的阐述却总是欠缺组织和系统性，我们也感觉不到方法的进步，甚至没看到他把不同类互相分开，把同类集合起来。他所讨论的是他随时想起来的东西，并不曾在这之前详细思考过这些东西，也不曾订过清晰的规划。他是手拿着笔在思考。这对于作者固然是很轻松自在的，但对于读者来说却是巨大的负担。因此，就有了他那毫无规划、隔靴搔痒般的表述；所以，他就上百次地讨论同一个问题，因为每次在中途又有了其他别样的话题；所以，亚里士多德无法持续地谈论某件事情，而是从第一百次谈到第一千次；所以，正如我上面所说的，他就牵着读者的鼻子走，而那些读者就眼巴巴地等着他对所提出的问题给出答案；所以，在他对某一问题写下了好几页纸以后，就突然以这样的话重新开始这个问题的讨论，"这样，就让我们采取另一角度探讨我们的这一问题吧"，而在这篇文章里他已经第六次这样做了；所以，这样的嘴巴张开了，但又能说出些什么重要的事情呢？这适用于亚里士多德在书和章节里面的众多开场白；所以，一句话，他就是这样经常的混乱和力所不逮。在某些例外情形里，亚里士多德当然做得有所不同，例如，他的三卷本《修辞学》完全是科学方法的楷模，并的确表现了一种结构严谨的对称，而这或许就是康德那种严谨对称的范本。

　　亚里士多德的完全对立面就是柏拉图，无论在思维方式还是在表述方面。柏拉图铁腕一般地牢牢抓住主要的思想，循着这主要思路前行——尽管这一思路很纤细，在至长和错综复杂的对话中，其分支纵横交错，但在所有的插曲之后，柏拉图都能重又找回这一思路。我们可以看出，在柏拉图动笔之前，对所要谈论的事情他已深思熟虑，并已巧妙安排如何表达。因此，柏拉图的每一篇对话都是很有计划的艺术作品，其中所有部分都已想好如何衔接起来；某些衔接经常是故意暂时隐而不现，对话中常有的插曲会自动地，并且常常是出其不意地回到了主要思想，而这个主要思想因此插曲变得更清晰了。柏拉图始终知道（就这词的全部意义而言）自己想要的是什么和准备怎么做，虽然在大多数情况下，他所讨论的问题最终并没有得到明确的解决。对问题有一个透彻的讨论，他就已经满意了。所以，如果就像一些报道所说的，尤其在埃里亚努斯的《杂闻轶事》（第 3 卷，19；第 4 卷，9）中，柏拉图与亚里士多德在个人之间显出明显的不和谐，那我们并不觉得很奇怪。柏拉图也可能不时轻蔑地说起亚里士多德，因为亚里士多德那些漫无目的的东拉西扯、鬼火般的闪烁其词和与他的博学相关的跳跃和离题，是柏拉图很反感的特性。

席勒的一首诗《宽度和深度》也可以套用在亚里士多德和柏拉图这种互相对照上面。尽管亚里士多德有经验方面的思想倾向，但他却不是一个连贯的、讲究方法的经验主义者，所以，他就必然被经验主义的真正祖师爷培根撵到了一边去。谁要想真正明白在何种意义上，并且为何培根是亚里士多德及其方法的对手和征服者，那就要读一下亚里士多德的《论生和灭》。在这部著作里，读者会发现亚里士多德先验地就大自然发了一大通议论，他就想从纯粹的概念出发去理解和解释大自然的过程。一个特别明显的例子就在第 2 卷第 4 章，亚里士多德想先验地构建起化学物质。相比之下，培根却给了我们这样的建议：不要把抽象的经验，而是要把直观的经验作为大自然知识的源泉。由此得到的辉煌成果，就是目前自然科学的发达状态。从这一角度俯视亚里士多德的痛苦探索，我们不禁给予同情的一笑。在这方面值得注意的是，在亚里士多德上述著作里，已经可以让我们完全清晰地看出学院派的源头；那种钻牛角尖、在字词里面寻寻觅觅的方法已见端倪。在这方面亚里士多德的《论天》也很有用处，值得一读。开始的那几章就已是他那种方法的代表性样品，亦即想从纯粹的概念出发认识和定义大自然的本质，而他的失败在这里是明白无误的。在第 8 章，亚里士多德从纯粹的概念和"平常的位置"出发，证明不会再有其他的世界；在第

12 章，他以同样的方式臆断天体的运行。这是从错误的概念出发，进行连贯的、貌似理智的论述。这是一种特有的自然辩证法：这一自然辩证法就要从某些普遍的基本原则（这些原则据说表达了理智和适宜的道理）出发，先验地判定大自然必须是何种样子，大自然又必须如何作为。那么，像亚里士多德这样伟大、这样惊人的头脑仍然深陷在这一类的谬误当中，而这些谬误直至数百年前仍然是宣称有效和无误的，这首先就让我们清楚明白：人类应该多么感激哥白尼、开普勒、伽利略、培根、罗伯特·胡克和牛顿！在第 2 卷第 7 和第 8 章，亚里士多德为我们阐述了他那整个对天体的荒谬安排：星星牢牢地别在旋转的空球体，太阳和行星也别在了类似的附近空球体；旋转时的摩擦就产生了光和热；地球则肯定是静止不动的。如果在这之前并没有更好的理论的话，那亚里士多德的这些说辞还是勉强可以的。但亚里士多德自己却在第 13 章向我们展示了毕达哥拉斯门徒关于地球的形态、位置和运动的完全正确的观点，目的却是要摒弃这些观点。这就必然激起我们的反感和气愤。我们可以从亚里士多德对恩培多克勒、赫拉克利特和德谟克利特的许多批评文章中看到，与我们面前这位浮夸的饶舌者亚里士多德相比，这些人对大自然有正确得多的洞察，也更懂得观察实际经验。这更增加了我们对亚里士多德的反感。恩培多克勒甚至已经说出了某种正切的力是经由 360 度回旋而形成，与重力相抗衡（第 2 卷，第 1、13 章及注释，第 491 页）。亚里士多德远远无法评估这些见解的真正价值，所以，他甚至一次都不曾承认那些古人的正确观点，而是赞同大众那些追随表面现象的意见（同上书，第 5 卷，第 2 章）。但我们要注意，亚里士多德的这些观点得到了承认和推广，也排挤掉了在他之前所有更好的观点，并在后来成了希帕科斯和之后托勒密宇宙体系的基础。人类直到 16 世纪开始为止，还得面对这个系统而苦思冥想，而这当然对犹太基督教的宗教学说是相当有利的，因为这些宗教学说从根本上是与哥白尼的宇宙体系难以相容的，因为既然没有了天（Himmel），那上帝又如何在天上存在？那较真的一神论必然地预设了这样一个前提：这世界是分为天和地的；人们在这地上活动，上帝则安居天上，统治着人们。那么，如果天文学把天拿走了，那也就一并把上帝也拿走了；也就是说，这世界扩大了，以致没有给上帝留下空间。但一个人格化的存在（每一个神祇必然都是如此）却没有安居之处，而是到处都是和到处都不是——这样的说法在嘴上说说还可以，但却是无法想象的，也因此是难以相信的。因此，只要物理的天文学广为流行，那一神论就会消失，尽管这种一神论可能已经通过无休止的、至为隆重的宣讲和背诵，给人们留下了坚实的印记。天主教会马上就准确看出了这一点，并因此密切留意和剿灭哥白尼的体系。所以，涉及这样的事情，如果人们仍对逼迫伽利略一事而大呼小叫和感到不解，那就是头脑简单和幼稚了，因为"每一自然生物都会全力保存和维护自己"。谁知道呢，或者就是因为秘密了解到，或者起码隐约感觉到亚里士多德的学说与教会的学说是暗合的，借助亚里士多德就可以扫除某些危险，所以，亚里士多德才在中世纪得到了超乎寻常的尊崇？* 谁又知道是否有不少人从亚里士多德对古老天文学的介绍中受到启发，早在哥白尼之前就已经秘密查看那些古老的真理？而哥白尼则经过多年的犹豫以后，在就要离开这个世界之际，终于壮起胆子说出了这些真理。

6. 斯多葛学派

斯多葛学派一个美妙和极具深意的概念，就是关于"生殖力"

---

* 在后来的版本中加了注释。注释的内容是：那些古老的作者把真正的一神论归于亚里士多德，证据就出自《论宇宙》，但这本书肯定不是亚里士多德所写。现在，人们当然是普遍接受了这一观点。——译者注

的概念；如果我们能获得比现有的关于这个概念更多的详细论述就好了（第欧根尼·拉尔修，第 7 卷，136；普卢塔克，《关于哲学家的见解》，第 1 卷，7；斯托拜阿斯，《牧歌集》，第 1 卷，第 372 页）。但起码这一点是清楚的："生殖力"让我们想到了在某一种属的接连不绝的个体当中，维护和保存了种属的同一形式的东西，这种同一形式从一个个体传到另一个个体；因此，"生殖力"就好比是种属的概念化身为种子。据此，"生殖力"就是个体之中不灭的东西，是个体赖以与其种属成为一体、代表和维持种属的东西。这是保护种属免受死亡攻击的东西，虽然死亡会消灭个体。多亏了种属，个体永远一再存在，对抗死亡。因此，我们可以把"生殖力"翻译成魔法公式：在任何时候都可以把种属的形态召到现象当中。与此很近似的概念，就是经院学派的"实体形式"（forma substantialis），意思就是在每一个自然存在物的总体素质里面的内在原则；与这个概念对应的就是"原始质料"（materis prima），即没有任何形式和特性的纯粹物质。人的灵魂就是人的"实体形式"。与这两个概念的不同之处，就是"生殖力"只适用于有生命的和繁殖的东西，但"实体形式"也适用于无机的东西。同样，"实体形式"首要着眼于个体，而"生殖力"则完全着眼于种属，但这两个概念都明显与柏拉图的"理念"相关。对"实体形式"的解释，见之于斯考特斯·艾利葛那的《自然的区分》（牛津版，第 3 卷，第 139 页），乔尔达诺·布鲁诺（《论原因》）；详细的解释则在苏阿雷斯（《形而上学的辩论》，第 15 卷，第 1 部分）——一部集经院哲学智慧之大成的真正纲要性作品，人们必须在这些作品里认识上述概念，而不是靠听那些没有思想的德国哲学教授杂七杂八的闲聊，因为那些闲聊是肤浅和无聊的极品。

我们认识斯多葛学派伦理学的主要来源，是斯托拜阿斯（第 2 卷，第 7 章）为我们保存下来的这方面相当详细的描述。我们感到得意的是，我们所拥有的大部分是出自芝诺和克利西波斯的逐字摘要。如果这是属实的，那这些摘要并不会让我们高度评价这些哲学家的思想，这些摘要不过就是对斯多葛学派道德学、伦理学所作的学究式、学校老师般的解释，这些解释太过冗长和空泛，极度乏味、表面和无聊，既缺乏力度和生命力，也缺乏有价值的、细腻的和一语中的的思想。这里面的所有东西都来自概念，而不是得之于现实和经验。根据这些东西，人就分为"好人"和"坏人"，所有好的东西都归于"好人"，所有坏的东西都归于"坏人"。这样，一切就都是黑白分明，就像那些普鲁士岗亭一样。因此，这些平庸的学校作业，与塞涅卡那些有力的、充满思想的和思考透彻的作品是无法相比的。

在斯多葛学派诞生大约 400 年以后写成的关于《爱比克泰德哲学》（亚里安）的论述，也没有就斯多葛学派伦理学的真正精神和原则透彻地予以说明。确切地说，这本书无论形式还是内容都难以让人满意。第一，就著述的形式而言，它完全没有任何方法可言，没有系统性的讨论，甚至没有有次序的层层推进。那些排列欠缺次序和有机联系的章节，只是无休止地反复说，不是我们的意欲（意愿）的表现，我们就必须一概漠然视之为无物；因此，所有那些一向都能够感动常人的东西，我们则应该无动于衷地冷眼旁观。这就是斯多葛学派的"从容不迫"。也就是说，那些不是"发自我们"的东西，也"与我们无关"。这种明显的似是而非的怪论，并不是根据某一根本原理引申出来，而是在没有给出这样做的根据和理由的情况下，苛求我们对这个世界所要采取的至为奇怪的思想态度。我们看到的不是根据和理由，而是没完没了的高谈阔论和不断重复的说法与表达。这是因为从那些奇怪的格言出发，就可以极详尽、极其栩栩如生地引出结果从句；因此，关于斯多葛学派如何从无中制造出一些东西，有多种多样的描述。而任何持别样看法的人，都被斥为奴才和傻瓜。如果我们想要看看采取如此古怪的思维方式背后是些什么清晰和有力的理据的话，那可是徒劳无果，因为这样的理据比那厚书里面的所有那些高谈阔论和侮辱词语都有效得多。虽然这本书言辞夸张地描写斯多葛学派如何沉着镇定，对神圣的守护神克雷安泰、克利西波斯、芝诺、克拉特斯、第欧根尼、苏格拉底不知疲倦地反复赞美，对所有不同看法的人则恶语侮辱，但这仍是一部真正的告诫和训示性的说教书。杂乱无章的阐述与这样的书也就当然是绝配了。每一章的标题也只是这一章开首时所谈论的话题，但一有机会话题就会改变；如果以"意思环环相扣"衡量，其中的跳跃就是从第一百一下子跳到了第一千。著述的形式方面也就这些。

至于内容方面也是一样的情形，这已经是撇开不谈其完全缺乏基础，一点都不是纯粹和真正的斯多葛学派思想，而是混杂了某种强烈的、散发出基督—犹太教味道的外来成分。这里面最无法否认的证据就是在每一页都可发现一神教，这个一神教也是其伦理学的支柱：在此，犬儒学派和斯多葛学派都代表上帝而行事，上帝的意志就是他们的准则，他们听从于上帝，寄望于上帝，等等，等等。这样的东西对于真正原初的斯多葛学派是完全陌生的，因为上帝与世界是一体的，人们根本不知道上帝还是一个有思维、有意愿、会发出指令和预先操持的人。不只是亚里安的著作，其实在首个基督教世纪，在大部分的非基督教哲学作者那里，我们已经看到犹太一神教隐约闪现；这在随后就作为基督教成了大众的信仰，正如今天在那些学者的文章里，隐约闪现着印度本土的泛神论，而在以后这也注定将变成大众的信仰。"光亮来自东方。"

根据所给出的理由，《爱比克泰德哲学》里陈述的伦理学本身并不是纯粹斯多葛学派的伦理学，里面的许多规定并不是协调一致的；因此，当然无法为这些规定定下共同的根本原则。同样，犬儒主义也因为这样的教义而遭到完全的歪曲：犬儒主义者之所以要做犬儒主义者，主要就是为了他人的缘故，也就是说，通过自己做出榜样，以便作为神的信使对他人发挥影响；通过干预他人的事务，以指引他人。所以，就有这样的说法，"在全是智者的城市，就不再需要犬儒主义者了"；同样，我们要保持健康、强壮和干净，目的就是不要让人反感。这与古时候真正的、自足的斯多葛学派何止差之千里！第欧根尼和克拉特斯当然是很多家庭的朋友和顾问，但这只是次要的和偶然的，一点都不是犬儒主义者的目的。

所以，亚里安完全丢失了犬儒主义以及斯多葛学派真正的根本思想，甚至好像完全不曾觉得需要这些思想。亚里安宣扬自我否定（Selbstverleunung），因为他喜欢自我否定，而他喜欢自我否定或许只是因为自我否定是难以做到的，并且是违反人性的，而宣扬自我否定却是很容易的。亚里安并没有探究要自我否定的理据，因此，人们一会儿以为听到的是基督教的禁欲，一会儿又再次以为那是斯多葛主义的看法。这是因为上述两者的看法当然是经常不谋而合，但上述两者所基于的根本原理却是完全不同的。这方面我建议读者阅读《作为意欲和表象的世界》第 1 卷第 16 章和第 2 卷第 16 章——在那里，我的确首次从根本上阐述了犬儒主义和斯多葛学派的真正精神。

亚里安的前后不一，甚至以一种可笑的方式显现出来。他在无数次反复描述一个完美的斯多葛主义者的时候，总是说"他不会批评和指责任何人，不会怨天尤人"。但是，他的整本书的大部分都是以责备的口吻写成，并且很多时候还演变成谩骂呢。

尽管如此，在这本书里不时还能找到亚里安（或者埃皮克提图）从古老的斯多葛学派那里吸取和获得的一些真正的斯多葛学派的思想；同样，在某些描述中，犬儒主义得到了生动、传神的刻画。也有不少段落显现出健康得多的理解力，还有那些对人和事的源自生活的准确描述。风格则是轻松和流畅的，但却相当宽泛。

至于埃皮克提图的《纲要》是亚里安所写，正如弗里德里希·沃尔夫的讲座向我们所保证的，我是不相信的。这本《纲要》比起

《爱比克泰德哲学》用更少的词语表达了更多的思想，自始至终都有健康的意识，而没有空泛炫耀的言谈；简明扼要的写作语气就像是一个善意提点的朋友。相比之下，《爱比克泰德哲学》却是以责备和批评的口吻说话。总的来说，这两本书的内容是一样的，只不过《纲要》很少提到《爱比克泰德哲学》中的一神论。或许《纲要》是爱比克泰德向其听者口授的纲要，而《爱比克泰德哲学》则是亚里安留下的、对那些自由陈述和报告所作评论的笔记。

7. 新柏拉图主义者

阅读新柏拉图主义的作品需要很大的耐性，因为它们都缺乏形式和表达。在这方面，波尔菲里在这些人当中鹤立鸡群，他的作品是唯一一个写得清晰和连贯，让我们读了不至反感的。

相比而言，写作《论埃及的神秘》的扬布利科斯却是最糟糕的。他满脑子都是极端的迷信东西和傻乎乎的魔鬼学，并且顽固、执拗。虽然他对魔法和法术有与众不同的、好像很玄奥的看法，但他对这些所给出的解释却是肤浅的，没有多少价值。总的来说，扬布利科斯是个糟糕和让人不快的写作者，狭隘、乖僻、迷信和混乱不清。我们可以清楚地看到，他所教导的东西完全不是出自他自己的所思，而只是别人的想法，很多时候还只是一知半解、但却是更加顽固坚持的教条。所以，他的东西充满了自相矛盾。不过，现在有意见认为这里所说的这本书并不是出自扬布利科斯之手。我是愿意赞同这一意见的，因为从他那些由斯托拜阿斯为我们保存下来的散佚的著作中，我读到了一些长篇的节选，而这些节选比他这本《论埃及的神秘》好很多，也包含了新柏拉图主义学派很多优秀的思想。

普罗克鲁斯也同样是一个肤浅、东拉西扯、言之无物的人。他对柏拉图的《阿尔喀比亚德》篇的评论注释，是世界上最宽泛、最啰嗦的废话，而《阿尔喀比亚德》篇则是柏拉图最差的一篇对话录，并且也可能不是柏拉图写的。这是因为普罗克鲁斯对柏拉图的每一个字词，甚至最不重要的字词都大发一通废话，并从那些字词里面发掘微言大义。对柏拉图借助神话和比喻所说的一些话，普罗克鲁斯却以其字面意思严格地、教条式地照单全收，所有的意思都曲解成迷信的和通神学的东西。但是，不可否认，从他的评论注释的前半部分可以发现某些很好的思想，估计这些更多地属于其学派，而不属于普罗克鲁斯本人。结尾的一句话可是一个极其重要的定理："灵魂的渴望（在出生前）最有助于塑造生活方式，看上去，我们也并不是由外在塑造而成的；我们是发自内在与选择相遇、做出决定，并据此而生活。"这句话的根子当然是源自柏拉图，但也接近了康德关于"验知性格"（intellibibeln Character）的学说，并且确实高于那些宣扬个人的意欲是自由的肤浅、狭隘的理论，即认为人每一次都既可以做出这样的行为，也可以做出别样的行为。时至今日，我们那些眼中始终只盯着基督教教义问答手册的哲学教授，还受着这一理论之苦。他们也就以奥古斯丁和路德的神恩选择说法自圆其说。在那顺从和忠诚于上帝的时期，这种神恩选择的说法已经足够了，因为那时候，只要上帝喜欢，人们仍然是随时以上帝的名义去见魔鬼。但在我们的时代，也只有用上意欲的自因，或说自我存在，才能勉强自圆其说，并且必须承认，正如普罗克鲁斯所说的："看上去，我们也并不是由外在塑造成的。"

最后就是普罗提诺——新柏拉图主义者中最重要的一个。普罗提诺自己就是多变、不一的，他的《九章集》各部各具彼此差别极大的价值和内容，例如，第 4 部《九章集》就是很出色的。但普罗提诺的表述和风格却大都是拙劣的，他的想法并不曾经过整理，在下笔前并不曾经过一番思考，而是信马由缰地写下随时产生的想法。普罗提诺在写作时的马虎、不认真，在波菲里奥的普罗提诺传记中已有记述。因此，普罗提诺的空泛、冗长的东拉西扯和混乱经常让我们失去耐性，甚至会觉得奇怪，这样乱七八糟的东西怎么会传到后世。普罗提诺的风格大部分时候就是布道坛演讲家的那种，他就像宣讲福音的布道演说家那样推出柏拉图的学说。在这样做的同时，他也把柏拉图借助神话、半比喻性所说的话，严肃、死板地降格为直白、乏味、干巴的文字。他长时间在那反刍同一个想法，而无法仅靠自己之力补充点点的东西。与此同时，普罗提诺只做揭示但不做说明和论证的功夫，所以就是自始至终坐在（女祭司皮提亚的）"三脚架"上说话，想到什么就说什么，从不尝试一下给出这样说的理据。尽管如此，在他的著作里，可以看到伟大、重要和深刻的真理——这些他本人当然是明白的，因为普罗提诺可绝对不是没有见解的人。因此，普罗提诺绝对是值得一读的，读者会为所花费的耐心得到丰厚的回报。

对普罗提诺的矛盾特性，我的解释就是他以及总体上的新柏拉图主义者，并不是真正的哲学家，不是有原创性的思想者；他们所表达的是别人的，是承传过来但却大多已被他们吸收了的学说。也就是说，他们想把印度和埃及的智慧合并到希腊哲学中去，所以，就用上了柏拉图的哲学，特别是那些流于神秘的部分，作为连接起印度和埃及智慧的合适一环，或者转换手段，或者作为某种（化学中的）溶媒。普罗提诺的整个万物一体的学说，首要和无可否认地证明了新柏拉图主义教义的源头就是印度的智慧，是经埃及传来的。这在第 4 部《九章集》中绝妙地表现了出来。就在第 1 部第 1 章《论灵魂的本质》中，很简明扼要地给出了普罗提诺关于"灵魂"的整个哲学的根本理论：这"灵魂"在原初是完整单一的，只是经由实体世界而分散为许多部分。尤其有趣的是《九章集》第 8 部，它展示了"灵魂"如何通过有罪的争取和追求而沦落成这样的繁杂状态；因此，它背负着双重的罪责：第一就是沦落到这个世界，第二就是在这个世界所做的罪恶事情。因为第一宗罪，"灵魂"

通过那短暂的存在而受苦；较为轻微的第二宗罪，所付出的代价就是转生、轮回。这与基督教的原罪和特定的罪明显是同一个思想。但最值得一读的是普罗提诺《九章集》第9部。在这本书的第3章《是否所有的灵魂皆为同一》中，单是通过那成一体的世界灵魂，就可以解释动物磁性这一奇妙现象，尤其可以解释当今仍然可遇到的这一类现象，诸如处于梦游状态的人可以听到很遥远的地方轻声说出的某一字词——当然，这必须通过由与这梦游者有感应的人组成的链条才可以。在普罗提诺的著作里，甚至出现了"唯心主义"或说"观念主义"，这在西方哲学很可能是首次，而"唯心主义"在当时的东方已经流行了很久。这是因为书中（《九章集》，第3部，第7卷，第10章）教导说，灵魂创造了这个世界，因为其从永恒进入时间之中。附带对此的解释就是"因为这一宇宙，除了灵魂以外再没有别的地方"；确实，时间的观念性在这些字里行间已经表达出来了："我们不可以在灵魂之外认定和接受时间，一如我们不可以在这生之外认定来生的永恒一样。""来生"与"此生"是对立的，是普罗提诺相当熟悉的概念。后来他通过"观念的世界"和"感觉的世界"以及"那上边和这尘世间"，作了更加仔细的解释。时间的观念性也在第11章和第12章得到了很好的说明。与此相关的是这一美妙的解释：在我们的暂时状态中，并不是我们应该和愿意成为的样子，因此我们总是期待在将来更好，盼望着我们所缺乏的能够得到满足。由此产生了将来及其条件——时间（第2和第3章）。证实印度源头的又一个证明，就是扬布利科斯（《论神秘的埃及》，第4部分，第4—5章）所说的轮回学说，还有在同一本书（第5部分，第6章）里关于从出生和死亡的桎梏中获得最终的解放和解脱的学说，"灵魂的纯净和完善，从不断的进化中获得解脱"，以及"在奉献中，火焰把我们从'进化'的锁链中解救出来"（第12章）；因此亦即在所有的印度宗教书籍里所允诺的解救，用英语表达，就是"final emancipation"（最终的解放）。最后，书中

（第 7 部分，第 2 章）还有一个对埃及象征形象的介绍，这个象征形象表现了创世的神明端坐在莲花之上。这来源分明就是创世的梵天坐在从毗湿奴的肚脐长出的莲花之上，就像梵天经常被描绘成的样子（例如，朗里，《印度斯坦的不朽功业》，第 1 卷，第 175 页；科尔曼，《印度教的神话》，插图 5，等等）。这一象征形象作为埃及宗教源自印度斯坦的确切证明，是极其重要的，正如在这一方面，波尔菲利在《论禁吃肉食》中所给出的报告，即在埃及母牛是神圣的，并不可以被宰杀。波尔菲利在所写的普罗提诺的传记中叙述了这样的事情：普罗提诺在做了萨卡斯的学生几年以后，想跟随戈尔迪安的军队去波斯和印度，但由于戈尔迪安的战败和死亡而不果。甚至这件事情也显示萨卡斯的学说有其印度的源头，而普罗提诺现在就打算到其源头汲取更加纯正的东西。这同一个波尔菲利给出了详尽的、完全是印度教意旨的转生轮回的理论，虽然带着柏拉图心理学的装饰。这见于斯托拜阿斯的《牧歌集》（第 1 卷，第 52 章，第 54 节）。

8. 诺斯替教派信徒

犹太教神秘教义和诺斯替教派的哲学，与其发起者（作为犹太人和基督徒）的一神论坚定地站在前列，其企图努力做的事情就是消除这两种说法之间尖锐的自相矛盾：世界是由全能、至善和全知的人格神所创造，这个世界本质上却是可悲和充满匮乏的。因此，犹太教神秘教义和诺斯替教派的哲学就在这一世界和这一世界的原因之间，引入一系列的中间人物，而由于这些中间人物所犯的罪而导致了堕落，也由于堕落才形成了这样一个世界。他们就好比是把罪责从拥有无上权力的君王转移到了他的大臣。当然，这种做法在因犯下原罪而被逐出天堂的神话中已经有所显示，总的来说，这原罪神话就是犹太教的登峰造极之作；对诺斯替教派来说，这些中间人物就是次于最高神的造物者。这一人物系列可由诺斯替教派随意增补。

这整个手法和行事，就类似于生理哲学家在假设了人里面有物质性的东西和非物质性的东西互相联合、互相影响以后，为了缓和这假设所带来的矛盾，就试图加进一些两者之间的东西，诸如神经液体、神经能媒、生命精神，等等，等等。以上两者都是要掩盖其无法去掉的东西。

9. 斯考特斯·艾利葛那

这个值得敬佩的人让我们看到了，一个人自己所看到的、所了解到的真理，是如何与早年因受灌输而固定下来的、不会再受到怀疑的、起码不会再受到直接攻击的本地观念展开争斗的；还有具有高贵本质的人是如何力求把由此产生的矛盾转化为某种和谐与一致。要做到这一点，当然只能把那些固有观念翻来覆去、左拧右扭，并在需要的时候歪曲其原意，直至那些观念顺应他自己所了解到的真理为止——"不管其愿意还是不愿意"。那些真理在艾利葛那思想中始终占据主导，但在出场时却不得不套上某种古怪的、勉为其难的外衣。在艾利葛那的伟大著作《大自然的分类》中，他很懂得成功使用这一手法，直到他也想运用此手法处理罪孽和灾祸的起源以及所面临的地狱折磨。在此，这一手法失败了，更确切地说，失败的是作为犹太一神教结果的乐观主义。在该著作的第5部，艾利葛那论述了所有一切都归根于、溯源于上帝，整个人类乃至整个大自然在形而上的层面都是一体的、不可分的。现在的问题是：罪孽到底在哪里？它不可能在上帝那里。那预言了的地狱及其无穷尽的痛苦折磨在哪里？谁要到地狱里去？人获得解救了，甚至整个人类都获得解救了。在此，那些教义始终是一道无法迈过去的坎。艾利葛那只能可怜地东拉西扯，结果只是流于字词的诡辩而已。到最后，他不得不陷入自相矛盾和荒谬之处，尤其是关于罪的起源问题不可避免地出现，但这罪的起源却既不会在上帝那里，也不会在由上帝所创造的意志（意欲）那里，因为否则的话，上帝就成了这罪的创始者——这最后一点，艾利葛那是完全明白的（见《原则》，牛津版，1681，第 287 页）。艾利葛那现在就只能被迫提出荒谬的说法了：罪是既没有原因也没有某一主体的，"罪是没有原因的——完全就是没有原因和非实质性的"（同上引）。造成这一困境的深层原因就是人类和这世界的解救学说明显来自印度，因此是有其印度学说的前提。根据那前提，这世界起源本身（佛教中的轮回）就是罪恶，亦即出自大梵天的某一罪业，而我们自己现在又再度是那大梵天，因为印度神话到处都是透明的。而在基督教，解救这世界的印度学说却必须移植到犹太一神教那里：在这一神教里，上帝不仅创造了这一世界，而且还在造出来以后发现这世界甚好，"一切所造的都甚好"，"因此流下了眼泪"（《安德里亚》，泰伦斯）。由此产生的上述难处，艾利葛那是充分认识到的，虽然在他那个时期，他并不敢拿这问题的症结开刀。同时，艾利葛那有印度式的温和，他摒弃基督教所定下的永恒诅咒和惩罚：所有的创造物，理性的、动物的、植物的、没有生命的都必须根据自身的本质，通过大自然的必要进程而达致永恒的极乐，因为这极乐是出自永恒的至善。但只有圣人和正义者才能与上帝完全合为一体。至于其他的，艾利葛那出于诚实，并不掩盖罪的根源一说带给他的窘境。他在第 5 部上述段落里清楚地表达了这一点。事实上，无论是泛神论还是一神论，罪的根源都是其触礁的巨石，因为这两者都包含了乐观主义。但恶和罪及其可怕的程度却不是矢口否认就可以打发掉的，并且预言要对罪（Sünde）实施惩罚就只会增加恶（Übel）。那么，那些罪和恶在这样一个世界，在这本身就是上帝或者上帝出于好意创造出来的世界，又是从何而来呢？如反对过泛神论的一神论者咆哮着说："什么！难道所有那些可怕的、可恶的坏人，就是上帝？"对此，泛神论者可以这样回应："怎么？难道所有那些可怕的、可恶的坏人，就是上帝'故意'、'即兴'（de gaieté de cœur）创造出来的吗？"在艾利葛那传下来的另一部著作《宿命论》里，我们发现艾利葛那处于与此同样的困境。但《宿命论》却远远逊色于《大自然的分类》，在《宿命论》里，艾利葛那并不是哲学家，而成了神学家。所以，他在书里可怜兮兮地费尽心机解决那些矛盾之处，但这些矛盾的最终根源却是把基督教嫁接到了犹太教那里。艾利葛那所做的努力，就只是让人们看得更加清楚这些矛盾之处而已。上帝据说做出了一切，一切的一切。这一点是肯定的，"所以，也有了卑鄙和邪恶"。必须把这一无法避免的后果消除掉。这样，艾利葛那就不得不使出可怜的抠字眼手段。既然邪恶和卑鄙据说根本就不应存在（sein），那这些就应该什么都不是（nichts）了。甚至魔鬼，也是这样！或者那就是自由意志要为此负上罪责。也就是说，虽然上帝创造了这一意志，但这意志却是自由的；因此，这意志在以后决定要做的事情与上帝是无关的，因为这一意志是自由的，亦即既可以做出这也可以做出那，既可以做一个好人也可以做一个坏人。太妙了！但真相却是："自由的"与"被创造出来的"这两个特性是无法并存的，因此也是相互矛盾的；所以，宣称上帝创造了人的同时也给予了他们自由的意志，那其实就是在说：上帝既创造了人也没有创造人。这是因为"先有本质，才有行为和发挥"，也就是说，无论任何一样事物所发挥的作用或者所做出的行动，都不外是这事物的本质引出的结果，也只有从这些结果才能看出这事物的本质。因此，要达到在此所需要的自由的话，一个人就必须不具有任何本质，亦即必须什么都不是，亦即必须同时是某样东西和不是任何一样东西。这是因为既然是，那就必然是某样东西。不具有本质（Essenz）的某一存在（Existenz）是根本无法想象的。如果某一个人被创造出来（geschaffen），那这种创造也就造成了他那样的性质和状态（beschaffen）；所以，如果其性质很糟糕，那就是创造得很糟糕；而如果其行事，亦即其发挥是很糟糕的话，那性质就是很糟糕的。据此，这一世界的罪责，还有那邪恶——这两样同样无法否认的东西——就永远回到造物主那里。而斯考特斯·艾利葛那在此殚精竭虑，就像之前奥古斯丁那样，都是想把这罪责从造物主那里挪走。

如果一个人真的是自由的，他就不会是被创造的，必然是凭自身而存在（Aseität）的，亦即是通过自己的原初之力而产生的、具有绝对力量的存在，并不会追本溯源到了某一别样的东西。其次，他的存在就是他自己的创造，这一创造在时间上铺展和扩散开来；虽然这一创造一次性地显现了这一存在物的明确本质，但这一本质却是他自己做成的，所以，对他的本质的所有外显，其责任由他自己承担。更进一步而言，如果某一个人要对他所做的事情负责，亦即要把这些账算到他的头上的话，那他就必须是自由的。所以，如果我们的良心也供认要对所做的事情担当罪责的话，那就可以相当确切地推论：我们的意志（意欲）是自由的。但由此又可再度推论出：这意志（意欲）本身就是原初的，因此，不仅仅人的行为，而且人的存在和本质就已经必须是人自己的作品。所有这些，我建议读者阅读我的《论意欲的自由》一文。在那篇论文里，大家可以读到有关这些话题详尽的和无法辩驳的分析。正因如此，哲学教授面对我这篇获奖论文都严密闭口、只字不提以图封杀。这罪和恶，其责任永远会从大自然那里返回到这些罪和恶的创造者。如果这创造者就是意欲，就是显现在其所有现象的意欲本身，这罪责就算是找对了对象，但如果创造者是上帝，那这被创造出的罪和恶就与上帝的神圣性有所抵触。

在阅读艾利葛那经常推荐的《亚略巴古的狄奥尼索斯》的时候，我发现亚略巴古的狄奥尼索斯完完全全就是艾利葛那的模本。

艾利葛那那些不管是泛神论还是关于邪恶的理论，就其根本特征而言，都可以在亚略巴古的狄奥尼索斯的著作里看到，但那当然只是大概说了一下。艾利葛那把粗略的东西进一步发挥，大胆地、以火一样的笔触展现了出来。艾利葛那的才气远胜亚略巴古的狄奥尼索斯，但艾利葛那思考的素材和方向却是狄奥尼索斯给他的。所以，亚略巴古的狄奥尼索斯为艾利葛那做了很有力的准备功夫。至于那是否真的是狄奥尼索斯，对这事情是没有任何影响的，那《神圣的名字》的作者名字是什么是无所谓的事情。但亚略巴古的狄奥尼索斯可能在亚历山大港生活过，所以我相信他可能以我们不了解的某一方式把一些印度智慧传开来，为艾利葛那所知晓，因为正如柯尔布鲁克在《论印度的哲学》中（柯尔布鲁克，《杂文集》，第 1 卷，第 244 页）所指出的，在艾利葛那的著作里，人们也可发现《数论颂》的定理 3。

10. 经院哲学

我认为经院哲学（Scholastik）的真正典型特征，即他们评判真理的最高标准就是《圣经》的经文，因此，人们可以永远就每一个理性的结论而求助于《圣经》的经文。经院哲学的一个独特之处，就是他们的言辞和表达从头到尾都有一种论战的特性：每一次的探讨很快都会演变成争论，其中的"赞成与反对"产生出新的"赞成与反对"，并以此为这种争论添加素材，否则，这种争论很快就会了结。但这一特性隐藏着的最终根子，就是理性与宗教启示之间的对立和冲突。

唯实论（Realismus）和唯名论（Nominalismus）各自宣称自己是合理的，并因此引起如此漫长和顽固的论战——要理解这样的事情何以成为可能，可看看下面两段话。差别极大的事物，只要这些事物具有红的颜色，那我就称它们为红色。很明显，红色只是我用以描述这一现象的"名称"，无论这现象在哪里出现。同样，所有的普通概念也只是描述在不同事物当中出现的同一特性的名称而已；但这些事物却是真实的东西。所以，唯名论是对的。

但另一方面，如果我们注意到上述的真实之物，那些独得现实和真实之名的东西却是暂时的，亦即很快就会烟消云散，而诸如以红色、坚硬、柔软、有活力、植物、动物、人等名称描述的特性，则不受这些名称的限制和妨碍而继续存在，并因此在任何时候都存在。这样我们发现，这些特性和特质，亦即借助普通概念（上述名称就是用以标示这些普通的概念）进行思维的特性，由于其存在不可消除而有了更多的真实性；所以，真实性更多地属于概念，而不是个体的存在物。因此，唯实论是对的。

唯名论其实是导向了唯物质论（Materialismus），因为在取消了所有的特性和特质以后，最终剩下的只是物质。那么，如果概念只是名称而已，单个事物才是真正的和现实的，其存在于个体的特性和特质是倏忽、短暂的，那么，就只有物质才是持久存在的，亦即才是真实的。

但严格说来，唯实论在上面所宣称的合理性，并不真正属于唯实论，而是属于柏拉图的理念学说；而唯实论不过是进一步发挥柏拉图的理念学说而已。自然事物的永恒形式和特性，是不管经历了多少变化而仍然继续存在的东西。因此，这些形式和特性相比其赖以显现出来的个体，应该是具有更高级别的某一现实性。相比之下，那些没有直观以证明的只是抽象的玩意，却不能说就有这种现实性。例如，这样一些概念，"关系"、"差别"、"分离"、"劣势"、"不确定"，等等，又有什么现实性可言呢？

把柏拉图与亚里士多德、奥古斯丁与伯拉纠、唯实论者与唯名论者两相对照，某些相似性或某种平行和一致是明显可见的。人们可以说，在此显示了人类思维方式在某种程度上正反相对的分岔。

这在两个活在同一时间、也彼此相距很近的伟大的人物那里，以一种很奇特的方式首次和明确地表达了出来。

11. 弗兰西斯·培根

与亚里士多德截然、有意对立的（在另一种和比上面更加特别和明确的意义上）是弗兰西斯·培根。也就是说，亚里士多德是首先透彻阐述了从普遍真理得出特殊真理的正确方法，亦即从上往下。这是演绎推理，是亚里士多德的《工具论》。与此相对照，培根所展示的是从下往上的路子，因为他阐释的是从特殊真理推断出普遍真理的方法，这是归纳法（Induktion），与演绎法（Deduktion）相对应。有关归纳法的论述就是《新工具》，选择这一书名以示对立，说明这是"完全不同的一种抨击方式"。亚里士多德的错误，或更应该说是亚里士多德学派的错误，就在于他们认为已经真正掌握了所有的真理，也就是说，这些真理就包含在他们的公理里面，亦即包含在某些先验定理或者被认为是先验定理那里；要获得特殊真理的话，就只需要从那些公理引出即可。亚里士多德的《论天》就提供了这方面的例子。比较之下，培根却正确地指出，亚里士多德的公理却一点都没有这些内容；真理并不就在当时的人类知识体系之中，而更应该在这个体系之外，所以，真理并不是从这个知识体系中发展出来的，而应该先把真理引进这个知识体系中；因此，也只有通过归纳法，才可以获得内涵和分量重大的真理。

在亚里士多德的引导下，学院派哲学家是这样想的：我们要首先奠定一些普遍的真理，然后从这些普遍的真理就可以引出特殊的真理，或者特殊的真理或许在以后就可以在那些普遍真理的条目下找到其位置。据此，我们要首先解决什么可以归于总体事物，而个别事物所特有的东西，我们在以后逐渐地、或许随着经验就可了解，但这永远改变不了事物的普遍性。但培根却说，我们宁愿首先尽可能完整地、彻底地了解个体事物，这样我们最终就会知道事物的总体面目。

但是，培根逊色于亚里士多德的地方，在于培根那由下往上的方法却不如亚里士多德那由上往下的方法那么正经实在、四平八稳和缺少错误。事实上，培根本人在自己所做的物理探究中，也把他在《新工具》中所给出的方法和规则撇到了一边去。

培根主要是探究物理学。他为物理学所做的也就是他从头开始所做的，就是随后笛卡尔为形而上学所做的。

12. 当代哲学

在算术书里，要验证一道等式的答案是否正确，往往看答案是否消尽这等式而没有留下余数。要验证对世界之谜的解答，情形也与此相似。所有的体系都是些无法消尽而留下余数的运算，或者如果人们喜欢用一个化学比喻的话，那就是都留下了无法分解的沉淀物。这都是因为人们从那些体系的命题，根据逻辑引出结论的话，所得出的结果与眼前的这一现实世界并不相符，并不协调，这世界的多个方面还完全无法得到解释。例如，唯物主义（或说物质主义）体系认为，这世界是由带有机械特性和特质的物质所组成，而这些物质自有其所遵循的规律。但无论是大自然那普遍的、让人惊奇的合目的性，还是认知的存在（所说的物质也首先是在认知中显现），都与这样的唯物主义体系不符。因此，这就是这些体系无法消尽的余数。再有就是一神论的体系，或者泛神论的体系，都难与这世界上压倒性的天灾人祸和道德沦丧协调起来。这些也就是余数，或说无法分解的沉淀物。虽然在这种情况下，人们不乏诡辩的手段，在需要的时候甚至不惜用字词来掩盖这些"余数"，但这些是经不起长时间考验的。因为那等式还剩余数，所以，人们就去查找具体是在哪里计算错误，直到人们最终不得不承认那等式本身就是错的。相比之下，如果一个体系里面的所有命题或定理都能前后一致和互相协调，与经验世界也时时处处同样是互相一致和协调的，而不是两者间发出不和谐音，那这判断此体系是否就是真理的标准，就是所要求的消尽而没有余数。同样，如果所列出的等式已经是错的，那就等于说，人们从一开始就没有从正确的一端着手处理这事情，这样的话，在这之后就会错上加错。这是因为哲学如同许多事物一样，一切都取决于人们是否从正确的一端入手。我们需要解释的世界现象，展现出来的是千头万绪，其中只有一头是正确的，就好比一团乱麻有许许多多的线头，也只有找对了线头才可以理顺这团乱麻。找对了以后，从一很容易就能引出二，由此就能看出这才是正确的一端。这也可以与一个迷宫相比：这迷宫有一百多个回廊入口，经过这些回廊兜兜转转以后，最终又走了出来；也只有一个入口是例外，其曲折的路径的确通往迷宫的中心。如果走进了这个入口，那就不会迷失路径了，但其他的入口都不会让我们到达中心目标的。我不想隐瞒我的这一看法：只有我们身上的意欲才是那团乱麻的正确一端，是迷宫的真正入口。

笛卡尔仿效亚里士多德的形而上学，从实体物质（Substanz）的概念出发，而我们也看出笛卡尔的所有后继者都深受这一概念之苦。但笛卡尔假设了两种物质：思维的物质和延伸的物质。那么，这两者据说是通过"肉体影响"（或说"自然影响"）而相互发挥作用，但这很快就被证明为笛卡尔无法消尽的余数。也就是说，这种相互作用不仅仅是从外向内、通过物体世界在头脑里面留下的表象而作用，而且也从内向外发挥作用，就在意欲（意欲被不假思考地归为思维部分）与身体活动之间进行。这两种物质之间更紧密的关系现在就成了首要的问题，也造成了很大的困难。由于这原因，在那帮助笛卡尔解决了问题的"动物精气"不再有用以后，人们就被迫采用"偶然原因"体系和"前定和谐说"。[1]也就是说，马勒伯朗士认为"肉体影响"是难以设想的，但他却没有考虑到在上帝（是某一精灵）创造和指导这一物体世界的说法中，人们就毫不犹豫地设想了"肉体影响"。因此，他以"偶然原因"和"我们在上帝那看到了一切"取代了"肉体影响"。这就是他的余数。斯宾诺莎踩着他的老师的足迹，也仍然从"物质"的概念出发，就好像这一概念是确定和既定之物似的。但他宣称那两种物质，思维的物质和延伸性的物质是同一样东西。这样，上面所说的困难就得以避免了。但这样一来，他的哲学就在主要方面变得否定了，其结果也就否认了两个伟大的笛卡尔式对立，因为他把这两者为一体的看法也扩展至笛卡尔提出的其他对立：上帝与世界。但"上帝与世界"的对立，其实只是一种讲授方法或说表述形式。也就是说，如果直截了当这样说"上帝创造这一世界的说法并不是真的，这世界其实是由于自身绝对的力量而存在"，那就太过冒犯了。所以，他选择了间接的表达措辞，说"这世界本身就是上帝"。如果他不是从犹太教出发，而是能够不带偏见地从大自然本身出发的话，他是怎么都不会想到要说这样的话。与此同时，这样的措辞给了他的学说表面上的某种肯定意味，但从根本上这学说是否定性质的。所以，他其实并没有解释这一世界，因为他的学说流于这样的结论："这世界存在，是因为它存在；是这个样子，因为它就是这个样子。"（费希特就是以这样的话迷惑他的学生）以上述方式神化这一世界，不会容许真正的伦理学，除此之外，还与这世界当中物理上的天灾和道德上的祸害严重抵触。所以，这也是他无法去掉的余数。

正如我已说过的，斯宾诺莎把他的出发点，把物质的概念当作

----

[1] 顺便提一下，"动物精气"在瓦尼尼的著作中已经出现，是人们都知道的东西。其原创者或许是威利斯，即《大脑解剖》一书；弗洛伦斯的《论生命和智力》把这些归于盖伦。甚至扬布利科斯（在斯托拜阿斯的著作中）也已经相当清晰地提及是斯多葛派的学说。

既定的东西。虽然斯宾诺莎根据自己的目的而定义了"物质"，但他对这个概念的来源并不关心。这是因为只有在他稍后的洛克，才提出了这一伟大指南：一个哲学家想要从概念中推导出或者证明任何东西的话，那他就必须首先探究这些概念的起源，因为这些概念的内涵和由此引出的结论，是完全由这些概念的起源所决定的；这些概念起源就是借助这些概念所能获得的一切知识的源头。假如斯宾诺莎调查、探究了关于物质的每一个概念的起源，最终他就必然会发现实体物质完全就是原始物质（Materie），因此，实体物质概念的真正内涵不是别的，正是这些原始物质的本质和先验可说明的特性。确实，所有斯宾诺莎称为物质的，都在原始物质中得到证明，也只有在那里得到证明。斯宾诺莎的物质是没有出处的，亦即没有原因的、永恒的、绝无仅有的，其变体就是延伸和认识，而认识也就是作为物质的脑髓的唯一特性。因此，斯宾诺莎是一个不知不觉的唯物主义者（或说"物质主义者"），但是，如果我们要现实化其物质的概念，在经验上予以证明，那斯宾诺莎的物质并不是德谟克利特和后来的法国唯物主义者所错误了解的、原子说的物质，因为这些后者除了具有机械的特性以外，再没有其他特性了。斯宾诺莎的物质是正确理解了的、连带其所有无法解释的特性的东西。关于以上两者的差别，我建议大家阅读我的《作为意欲和表象的世界》第 2 卷第 24 章。这种把未经查验的实体物质的概念当作出发点的方法，我们在爱利亚学派就已经看到了，尤其是亚里士多德学派的著作《色诺芬》，等等。也就是说，色诺芬也是从"物质"出发，也展示了物质的特性和特质，但却不曾先问一下或者先说明一下，他对这种东西的知识从何而来。如果他这样做了的话，那就会很清楚他到底在说些什么，亦即他的那些概念的基础、赋予他的概念以现实性的，归根到底是什么直观所见。到最后，结果表明那就是原始物质而已。而他就所谓"物质"所说的一切，也就适用于这个原始物质。在接下来关于芝诺的章节，与斯宾诺莎一致的地方，甚至也包括了表述和用语。因此，我们几乎忍不住假设斯宾诺莎知道并且采用了这一著作，因为虽然培根对亚里士多德有不少攻击，但亚里士多德在他那时候却有很高的声望，其拉丁语版本的著作也是存在的。据此，斯宾诺莎不过就是爱利亚学派的复兴者，正如加森狄是伊壁鸠鲁的复兴者一样。我们也再一次看到，在所有思想和知识学科中，真正新颖和完全原创的东西是多么的稀有。

此外，尤其在形式方面，斯宾诺莎之所以从实体物质的概念出发，是因为他从其老师笛卡尔那里接受过来的一个基本思想，而这一基本思想又是笛卡尔从坎特伯雷的安瑟伦那里因袭过来的，亦即认为任何时候从本质（essentia）都可以产生出存在（existentia），亦即仅仅从某一个概念就可引出和推断出某一个存在，而这一存在据此就是必然的；或者用其他的话说，我们只是在头脑中思维的东西，由于有某些性质或者定义，那就必然不再只是在头脑中思维的东西，而成了真实存在之物。笛卡尔把这个错误的基本思想应用到"最完美者"（ens perfectissimum）的概念；但斯宾诺莎则选取了"实体物质"或者"自因"（causa sui，后者表达的是自相矛盾），我们可参见他在《伦理学》开首，然后在第 1 部命题 7 中的首次定义，这就是斯宾诺莎"走出的第一步错误"。这两个哲学家的基本概念的差别，几乎就只在其用词表达。但他们都把这些概念作为出发点，亦即把它当作既定之物，其根源都在于他们错误地从某一抽象的表象和概念引出直观可见的东西，而事实上，所有抽象的表象和概念都是从直观所见而来，并因此经由直观所见奠定基础。因此，我们在这里看到了从根本上的"本末倒置"。

斯宾诺莎把他那唯一的实体物质称为"Deus"（拉丁语，"神"或"上帝"的意思），并因此平添了一个特别的困难，因为"Deus"这个词已被用于标示一个完全不同的概念。这样，斯宾诺莎就不得不持续面对误解，而产生这一误解就是因为读者并没有想到斯宾诺莎对这个词的第一个解释，而只是始终想到这个词惯常表示的意思。如果斯宾诺莎不曾运用这个词，他就用不着在第 1 部书里作冗长和累人的研讨。但斯宾诺莎用这个词的目的，就是让他的学说少遭遇一些反对。但他的这一目的落空了。斯宾诺莎的整个论述有着某种程度的模棱两可，因此人们称其论述在某种程度上是比喻性的，尤其是他在对待几个其他概念（"思维的物质"和"延伸的物质"）时也是含糊处理，正如我之前说过的。如果他直截了当地表达其意思，直呼事物其名；如果他总体来说能够坦率、自然地描述自己的想法及其理据，而不是把自己的想法塞进命题、演示、例证和推论的西班牙长筒靴子，穿上从几何学那儿借来的外衣，然后才让其出场，那他的所谓伦理学就会清晰得多，好读得多。这是因为那件几何外衣并不会给哲学带来几何学的确定性，而是会失去一切意义——一旦几何及其概念的构建不再藏身其中的话。因此，这一俗语也适用于这里："戴上了一顶风帽子，并不就成了修道士。"

在第 2 部书里，斯宾诺莎把他那唯一的实体物质的两种模式阐述为延伸和表象；这种划分明显是错误的，因为所谓延伸，完全只是为表象而存在，也只存在于表象，因此，延伸并非与表象相对立，而是隶属于表象。

至于斯宾诺莎总是明确和有力地赞颂"喜悦"（laetitia），并提出这是每一值得赞扬的行为的条件和特征，而所有的"悲哀"（tristitia）都遭到斯宾诺莎无条件的摒弃，虽然《旧约》对他说："哀伤胜过欢笑，因为通过哀伤，心变得更好了。"（《传道书》，7：4）所有这些都只是因为他喜爱连贯、统一所致，因为既然这一世界就是上帝的话，那这世界就是目的本身，就必须为这世界的存在而高兴和自豪，亦即"跳跃吧，侯爵！永远快乐，从不悲哀！"泛神论从本质上就必然是乐观主义。这必须的乐观主义迫使斯宾诺莎得出了许多其他的错误结论，其中最抢眼的是他的道德哲学中很多让人感到恶心、荒谬的命题。他的《神学政治论》第 16 章则到了声名狼藉的地步。另一方面，斯宾诺莎有时候却忽略了那些本来会引向正确观点的结论，例如，那些关于动物的、不值一提的，同时也是错误的命题（《伦理学》，第 4 部分，第 26 章附录）。在此，斯宾诺莎与《创世记》第 1 章和第 9 章保持一致地言说，正如犹太人都会的那种，以至于我们这些其他人，因为习惯了比这些更加纯净、更有价值的学说，所以就感到被大蒜气味熏倒了一样。斯宾诺莎好像完全不了解狗这样的动物。在上述著作第 26 章开头，就是让人恶心的一个命题："据我们所知，在这大自然，除了人以外，还没有任何个体存在物能让我们对其精神思想感到愉快，我们能与之通过友谊或通过其他种类的交往而联结。"对此，一个西班牙文人（拉莱，化名费加罗，第 33 章）给予了最好的回答："谁要是从来不曾养过狗，那他就不知道什么是爱和被爱。"据科勒鲁斯所述，斯宾诺莎一向以折磨动物，如蜘蛛、苍蝇为乐，并伴以哈哈大笑——这与他那些受到我批评的命题是一脉相承的，与《创世记》的上述章节也是如此。由于所有这些，斯宾诺莎的《伦理学》从头到尾就是对错混杂、好坏参半的混合物。在这部著作的结尾处，在最后一部的后半部分，我们可以看到斯宾诺莎在徒劳地试图让自己理清思路。他无法做到这一点，就这样，他除了转向神秘以外，别无其他选择了，而这就是在此所看到的情形。为了不至于对这个具有伟大头脑的人有失公正，我们要记住：斯宾诺莎并没有得到多少前人的帮助，也只有笛卡尔、马勒伯朗士、霍布斯、布鲁诺那么几个而已。哲学的基本概念还没有得到足够细致的推敲，问题也没有过应有的自由讨论。

莱布尼茨也同样视"物质"为既定的东西，并从这个"物质"概念出发，但他首要认定这样的物质必然是不可毁灭的。这样，这一物质就必然是简单的；也因为所有可延伸和膨胀的东西都是可分的，因此是可被毁灭的，所以，这一物质是没有延伸的，因此就是无形的。这样，对于他的这一物质，除了精神的属性以外，亦即除了知觉、思维和愿望的属性以外，再没有其他的属性。这样简单的精神物质，莱布尼茨一下子就假设了无数之多。虽然这些物质本身是不可延伸的，但却是延伸现象的基础。因此，莱布尼茨把这些物质定义为"形式的原子"和"简单物质"（埃德曼编，《莱布尼茨全集》，第 124、676 页），并给予了它们"初始单子"的名称。这些初始单子据说就是物体世界现象的构成基础，因此，物体世界的现象就只是现象，并不具有真正的和直接的现实性，因为真正的和直接的现实性只属于隐藏在这些现象里面和背后的"初始单子"。另一方面，物体世界的这些现象是依照中央的初始单子完全依靠自身产生的预先设立的和谐，而进入初始单子的知觉（这些是真正能够知觉的初始单子，其他大多数的知觉单子永远是在睡眠中）。在此我们就陷入晦暗之中了，但不管怎样，这些物质的思想与那些真正的和就自身而言可以延伸的物质，其中介和相通是由中央初始单子预先达成的某种和谐所致。在此，人们可能会说，所有这些都是无法除尽的余数。但要公平对待莱布尼茨的话，我们就必须回想一下那时候对原始物质的考察方式。那是由洛克和牛顿提出并实施的，物质是被视为死的、纯粹被动的和没有意志的，只是具备了机械性的力，并只受制于数学法则。相比之下，莱布尼茨摒弃了原子和纯粹机械性的物理学，目的就是让动力学的物理学取而代之，所有这些都在为康德做准备功夫（埃德曼编，《莱布尼茨全集》，第 694 页）。莱布尼茨首先让我们想起学院派的"物质形式"，并因此得出这一观点：甚至物质那只是机械性的力，也必然有着某种精神性的东西作为其基础，而在当时，除了物质机械性的力之外，人们不认识或者不承认还另有其他东西。但莱布尼茨却不知道如何清楚地表达自己的意思——除了笨拙地假定组成物质的是一些小小的灵魂，与此同时，这些也是形式的原子，在大多数情况下处于麻木、昏沉的状态，类似于知觉和愿望。在这个问题上，莱布尼茨被这些引入歧途，因为他就像所有其他人一样无一例外地视认知而不是意欲为所有精神的基础和不可缺少的条件。而我则是第一个提出证明，把属于意欲的至高无上的第一位归还给意欲。这样一来，哲学里的所有一切都改变了。但是，莱布尼茨尽力把精神和物质建基于同样一条原则，这是必须承认的。我们甚至发现，莱布尼茨不仅对康德学说，甚至对我的学说也已有预感，但情形"就好像是在雾里看花"。这是因为他那些初始原子论的基础就是这样的思想：物质并不是自在之物，只是现象而已，因此，就算是机械性的作用，其最终根源也并不在纯粹的几何方面，亦即不在只是属于现象的方面，诸如延伸、运动、形态；所以，那无法穿透性就已经不是一种否定性的特性，而是某一肯定性的力的展现。

我们所欣赏的莱布尼茨的根本观点，在一些短小的法文著作中清晰地表达了出来，例如，《大自然的新体系》与从《学者杂志》和纳入埃德曼所编全集中的迪唐版本（第 681—695 页）中抽取的其他文章，还有书信，等等。另外，《莱布尼茨短篇哲学文集》（科勒译，耶拿，1740，第 335—340 页）还精心汇编了与此话题相关的不少段落。

总体来说，在那整个连在一起的奇怪的教条主义学说当中，我们始终可以看出一个虚构的说法为圆场而带出又一个虚构的说法，正如在现实生活中一个谎言需要许多其他谎言支撑一样。这根源就在于笛卡尔把所有存在的东西都分为上帝和世界，把人分为精神和物质，而余下的其他都归于后者。此外，这些及所有的哲学家都犯了一个共同的错误，即把认知而不是意欲当作我们的根本本质，所以把意欲认定为第二性，而认知则是第一性。对于这些根本性的错误，大自然和现实时时处处都提出了抗议。人们为了勉强自圆其说，就必然挖空心思想出"动物本能"、动物的物质性、偶尔的原因、一切都在上帝身上看到、预先设定的和谐、初始原子、乐观主义，等等。而我呢，由于从正确的一端入手，所有的一切都自动吻合，每样事情都得到应有的揭示和解释，而不需要虚构说法。"简单就是真理的印记。"

康德并没有直接提及物质的问题，他所关注的超出了这一问题。对康德来说，物质的概念属于先验的范畴，因此属于先验的思维形式。在必然应用这一思维形式于感官直观时，在经过这一思维形式以后，我们所认识的东西都不是其自身的样子；因此，那些构成了无论是物体还是灵魂的基础的东西，就可能是同一样东西。这是康德的学说。对我来说，康德的学说为我铺平了道路，让我得到了这样的认识：每一个人的身体都只是在这个人的脑髓中产生的对自身意欲的直观；这种关系随后就扩展至所有的物体，结果就是这世界可分为意欲和表象。

但实体物质的概念是由笛卡尔在忠实于亚里士多德的基础上变成了哲学的主要概念，而斯宾诺莎则首先沿用这个概念的定义，虽然是仿效爱利亚学派的方式。如果仔细和诚实地审视一番，物质的概念不过就是在没有正当理由之下对原始物质概念的更高抽象。也就是说，这样的抽象名词，与原始物质一道，据称也包括了这样的假冒子女，"非原始物质而成的实体物质"（immaterial Substanz），正如我在《作为意欲和表象的世界》第 1 卷末尾（第 550 页以下）"康德哲学批判"所详细阐述的。除此之外，物质的概念并不适合作哲学考察的出发点之用，因为物质不管怎样都是客体的。也就是说，所有客体的东西对于我们永远只是间接的，也只有主体的才是直接的。所以，主体是不可忽略的，一切都必须绝对从主体出发。那么，虽然笛卡尔也是这样做的——事实上，笛卡尔是首位认识和做到这一点，也正因为这样，与笛卡尔一道，哲学开始了一个新的和主要的纪元——但是，笛卡尔只是在开始，在做准备运动的时候这样做。在这之后，他就马上假设这世界具有客体的和绝对的现实性，因为他信任上帝是诚实的，并且从此以后，笛卡尔就完全循着客体进行更进一步的哲学探讨。除此以外，在这方面笛卡尔还应对一个重大的循环论证错误负责。也就是说，他要证明我们所有直观表象的东西具有客观现实性，所用的证明方式就是上帝作为这些东西的创造者是存在的，上帝是真理的化身，是不可能欺骗我们的。但这个上帝是否存在本身，其证明则是我们与生俱来的、对尽善尽美的上帝据说会有的设想和看法。"他以怀疑一切开始，以相信一切告终"，笛卡尔的一个同胞这样说他。

所以，贝克莱是第一个真正认真对待从主体出发的角度，并且无可辩驳地阐述了采用这一角度的必要性。贝克莱是观念论（Idealismus，或说唯心主义）之父，而观念论却是所有真正哲学的基础，也是自贝克莱以后起码是人们普遍坚持的出发点，虽然随后的哲学家试图对观念主义作出修正。所以，甚至洛克也已经是从主体的一面出发，因为他把物质大部分的特质归因于我们的感官。但需要指出的是，洛克的做法，即把所有质量的差别（作为次要特性）归因为数量的差别，亦即归因于体积、体形、位置，等等（作为唯一首要，亦即客体的特性），从根本上仍然属于德谟克利特的学说，因为德谟克利特同样把所有质量归因于原子的体形、构成和位置。这从亚里士多德的《形而上学》（第 1 部，第 4 章）和泰奥弗拉斯托斯的《论感官》（第 61—65 章）可以清楚地看出来。就这方面而言，洛克更新了德谟克利特的哲学，一如斯宾诺莎更新了爱利亚学派的哲学。洛克也的确为后来出现的法国唯物主义铺平了道路。但洛克通过对直观中的主体与客体的初步划分，直接为康德的出现做了准备。而康德在高得多的意义上跟随着洛克的方向和足迹，成功地把主体与客体清楚地区别开来。在这一过程中，当然是把太多的东西归于主体，以至于客体的东西也就成了只是完全模糊的、无法更加深入认识的某一东西，是自在之物。而我把自在之物再一次还原其本质，那就是我们在我们对自身的意识中所发现的称为意欲的东西，在此我们又再一次地回到主体认知的源头。但不可能还有另外别的结果，因为正如我说过的，所有客体的东西永远只是次级的，亦即只是表象。因此，我们绝对不应在自身之外寻找本质的最内在的内核、自在之物，而应该在我们，亦即在主体那里寻找，因为那里才是唯一直接的。再者，对于客体，我们永远无法达到某一静止点，某一最终的和原初的点，因为在客体，也就是在表象的领域，但所有的表象本质上是以根据律及其四种形态作为形式。因此，每一客体之物都马上落入和受制于根据律的要求，例如，某一假设为客体的绝对东西，马上就会受诸多问题的致命质询，例如，"从哪里来？""为什么？"面对这些问题，肯定只能败下阵来，无法成立。如果我们深入主体那宁静的、虽然是黑暗的深处，情况则不一样。在此，我们当然会有陷入神秘主义的危险。所以，从这一源头我们能够汲取事实上为真的东西，每个人都可体验到的东西，因此是绝对不可否认的东西。

思维学（*Dianoiologie*）作为自笛卡尔以来一直到康德时期探索的成果，在穆拉托里的《论幻想》（第 1—4 章和第 13 章）里有简略、天真和清晰的表达。在书里洛克是以一个异端出现的，整本书错误百出。从这里可以看出，在有了康德和卡巴尼这些先行者之后，我对此的理解和表达是多么的不一样。整个思维学和心理学都建基于错误的笛卡尔式的二元论。在整本书里，所有的一切就不管三七二十一，都必须归结到这二元论，包括二元论带来的许多正确的和有趣的事实。这种事情作为某一类型是饶有趣味的。

13. 对康德哲学更多的一些解释

蒲柏在《纯粹理性批判》出版前大概 80 年写的一段话（《蒲柏著作》，巴士拉版，第 6 卷，第 374 页），非常适合做《纯粹理性批判》的题词："既然对大多数事情存疑是理性的，那对论证所有事情的我们的理性，我们就最应该存疑。"

康德哲学的真正精神、根本思想和真实意义，可以多种方式领会和表达；康德哲学所采用的不同表述和用语，会根据不同人的头脑，因人而异地向他们展示康德那非常高深并因此是困难的学说。下面我再次尝试清晰地阐述一下康德的高深思想。[1]

数学以直观为基础，数学的论据有赖直观的支持，但因为这些直观并不是经验的，而是先验的，所以，数学的理论是无可置疑的。相比之下，哲学所有的只是概念：这些就是既定之物，哲学也就由此出发；这些概念据说赋予了哲学论据以绝对肯定性。这是因为哲学不能直接以经验直观为基础，因为哲学要解释的是事物的普遍性，而不是单个事物，其目的就是要超越这些经验给出的东西。那么，现在留给哲学的除了普遍的概念以外，别无其他，因为这些普遍概念并不是直观的东西和纯粹的经验之物。所以，这样的概念必须给出其学说和证明的基础，哲学就从这些概念（作为存在的、既定的东西）出发。据此，哲学现在就是由单纯的概念组成的科学，而数学则是由直观描述的概念组成的科学。更精确地说，只有哲学的论证和推论才是从概念出发的。也就是说，这些哲学论证和推论不可以像数学那样从某一直观出发，因为这种直观必然要么是纯粹先验的，要么是经验的，而经验的直观却不是无可辩驳的，纯粹先验的直观只有数学才能提供。因此，如果哲学想要通过论证和推论获取支撑，这些论证和推论就必须从已被奠定为基础的那些概念出发，然后进行正确的逻辑推论。哲学就是这样进展良好，度过了整个漫长的经院哲学时期，甚至在笛卡尔奠定其基础的新时代也一直相安无事，以至于我们看到斯宾诺莎和莱布尼茨也因循这样的方法。但最后，是洛克想到了要检查概念的起源，结果就是所有普遍的概念，不管其内涵有多宽泛，都是出自经验，亦即出自我们眼前感官可直观的、经验的现实世界；或者出自每个人通过经验的自我观察而获得的内在体验。因此，概念的全部内容都是从这两者而

---

[1] 我在此一次性地说明，我所引用的《纯粹理性批判》第 1 版的页数，也附在罗森克兰兹版本中。

来。所以，概念能够给予我们的，永远不会多于外在和内在经验已经注入其中的内容。严格来说，由此就可推论：概念永远不会超越经验之外，亦即永远不会引往某一终点，也只有洛克以其从经验中取得的根本原则超越了经验。

康德与先行者形成的更进一步的对立，同时也是对洛克理论的矫正，就是康德向我们展示了：虽然某些概念是上述原则的某些例外，亦即并不是源自经验，但康德同时也告诉我们，这样一些概念部分是出于纯粹的，亦即先验就有的对空间和时间的直观，部分则是我们智力本身的特有功能，目的是帮助运用这些概念以指导经验；所以，这样一些概念的有效性只涉及经由感官而获得的经验，因为这些概念本身只有在感官感觉的刺激下，才能产生出经验及其有规律可循的过程；所以，这些概念就其自身而言是没有内容的，唯一只能从感官那里获得所有的素材和内容，然后与此一道产生出经验。除此以外，那些概念就既没有内容也没有含义了，因为这些概念能够有效的前提条件是建基于感官感觉的直观；根本上这些概念与这些直观是密切相关的。由此得出结论：这些概念无法指引我们走出所有可能的经验之外。由此也可推论：形而上学作为探讨大自然另一面的科学，亦即探讨在可能的经验之外的事情的科学是不可能的。

那么，因为经验的一个组成部分，亦即那普遍的、形式的和遵循规律的部分是先验可知的，但也正因此是以我们自身智力那本质的和遵循规律的功能为基础；而经验的另一组成部分，亦即特别的、物质性的和偶然的东西则是出自感官感觉，所以，这两个组成部分都有其主体（主观）的根源。由此可得出这样的结论：所有的经验以及经验中的世界就只是现象，亦即对认识这世界的主体而言只是首要和直接存在的东西；但这种现象显示了隐藏在其根源的某种自在之物，但自在之物既然是自在之物，就是绝对无法认识的。这些就是康德哲学得出的消极结果。

在此我不得不提醒大家，康德说得就好像我们只是有认识力的生物而已，因此除了表象以外就完全没有其他的资料、材料了。其实，我们身上当然还有意欲——这是与表象大不一样的。虽然康德也考察了意欲，但并不是在其理论哲学中，而只是在与其理论哲学截然分开的实践哲学那里；也就是说，康德考察意欲的唯一目的，就是把我们行为中具有纯粹道德含意的事实确定下来，并以此为基础奠定一套道德的信仰学说，以平衡康德在这方面理论上的无知，以弥补其完全无法奠定的任何神学。

我们可以把康德的哲学标识为"先验的哲学"（Transzendental philosophie），或者更准确的"先验的唯心主义"（或"先验的观念主义"，transzendentaler Idealismus），以区别甚至对立于所有其他哲学。"超验"（transzendent）一词，并非来自数学，而是起源于哲学，因为这个词早就为经院派所熟悉。这个词最初是由莱布尼茨引入数学中，以标示"超出了几何的可能性"的东西，亦即标示普通算数和几何不足以进行的所有运算，例如，找出一个数的对数或者反过来，或者以纯粹数学的方式找出一条弧线的三角函数或反过来，以及总体只能通过无穷尽的计算法才能解决的所有问题。但经院哲学家把所有至高的概念，亦即比亚里士多德的十个范畴都要普遍的概念都以"超验"一词表示。甚至斯宾诺莎也在这个意义上运用"超验"一词。布鲁诺把比实体物质与非实体物质的差别还要普遍的术语，亦即属于总体物质的术语称为"超验"。根据布鲁诺（《论原因等》，对话4）的用法，这些包括了实体的与非实体的是为一体的共同根源，而这就是真正的原初物质。布鲁诺甚至认为，这证明了肯定会有这样一种原初物质。最后到了康德，其理解的"超验"，首先就是承认了先验性和我们的认知因此带有的纯粹形式特性，亦即洞察到这样的认知是独立于经验的，这样的认知甚至为经验制定了不变的规则：经验必然按照这些既定规则而显示出结果；同时也明白了这样的认知为何是这样和能做到这样，亦即因为这构成了我们智力的形式，也就是因为认知具有主体（主观）的源头。

据此，真正说来，也只有《纯粹理性批判》才是"先验"的。与此相反，康德把应用或更准确地说滥用我们认知的纯粹形式部分在可能的经验以外的地方，名为"超验"；这样的经验之外的事情，康德也称为"超物理"（hyperphysisch）。因此，一句话，"先验"一词的意思就是"先于所有经验的"，而"超验"则是"超越一切经验以外的"。据此，康德同意形而上学只是先验哲学，亦即关于我们认知意识所包含的形式部分的学说，是关于由此带来的局限性的学说。由于这些局限性的缘故，要认识自在之物是不可能的，因为经验提供给我们的就只是现象而已。但"形而上"（metaphysisch）一词，对康德来说却不完全是"先验"的同义词，也就是说，所有先验确切但涉及经验的就称为"形而上"；相比之下，只有提出这样的理论的学说，即只是因为自己的主体源头和只是因为作为纯粹形式的缘故，所以才是先验确实的，才可唯一称为"先验"的。先验的哲学就是让我们意识到：我们所见的这世界，其第一条和最关键的法则就是这世界植根于我们的大脑，并因此为我们先验地认识。这种哲学称为"先验"的，就是因为这种哲学走出了整个既有的幻影之外，而到达这幻影的源头（见我的《论充足根据律的四重根》和以"形而上"取代"先验"，例如，第 32 章）。这也是为什么，正如已经说过的，只有《纯粹理性批判》和总的来说康德的批判哲学才是"先验"的（《纯粹理性批判》把本体论变换成了思想法则论），而《自然科学的形而上学基础》则是形而上的，《美德学说》等也是如此。

但是，一个先验哲学的概念还有更深的意义，如果我们把康德哲学最内在的精神浓缩在其中的话。现大概陈述如下。整个世界对于我们只是经二手方式而来的表象，是在头脑中的图像，是脑髓的现象，相比之下，我们的意欲却是在自我意识中直接给出的。因此，我们自身的存在与世界的存在，两者之间是有区别的，甚至某种对立。这是我们的个体、动物性存在所使然，随着个体存在的终止，这世界也就烟消云散了。在这发生之前，我们不可能在思想上取消我们那种根本的和原初的意识形式，这也是人们所形容的主体与客体之分。因为所有的思维和表象都是以这种根本的意识形式为前提条件，所以，我们永远承认这种意识形式就是世界最原初和最本质的构成，这在事实上就是我们动物性的意识形式及以此带来的现象形式而已。但现在由此产生了所有那些关于世界的开始、结束、界线、起源，关于我们自身在死后是否还在延续等问题。因此，这些问题都是基于这样的错误假设，即把只是现象的形式，亦即把通过动物头脑意识而获得的表象当作自在之物本身，声称这就是世界的最原初本质。这就是康德这句话的意思："所有的这些问题都是超验的。"所以，对这些问题根本不会有任何答案，无论是从主体上，还是就这些问题本身，亦即从客体（客观）上而言。这是因为，这些问题随着我们头脑意识的消除，亦即随着建立在头脑意识基础上的对立之分的消除而全部消失，但人们提出这些问题的时候，却好像它们是独立于上述的头脑意识似的。例如，谁要是询问死亡以后他是否还继续存在，那他就是假定消除了他那动物性头脑意识，然后他所询问的却是只有在假设了动物性头脑意识存在的前提下才会存在的东西，因为那东西是依赖于那动物意识的形式，亦即依赖于主体、客体、空间和时间而存在，也就是他的个体的存在。那么，一套让人清晰意识到诸如此类所有条件和局限的哲学就是先验的，并且只要这种哲学要求把客体世界的普遍的根本限定归还给主体，那就是"先验的观念主义"。人们逐渐就会认清，形而上学的难题只有在其提出的问题本身就已经包含了自相矛盾的时候，才是无法解决的。

但是，先验唯心主义却一点都不质疑眼前存在的世界的经验现实性，只是表明这个经验现实性可不是无条件的，因为这个经验现实性的条件就是我们的脑髓功能，从脑髓功能产生出直观的形式，亦即时间、空间和因果律；所以，这个经验现实性本身只是现象的现实性而已。现在，这现象中向我们显现的众多的存在物，其中永远是有死有生，但我们知道只是经由空间这一直观形式，那众多的存在物才成为可能，只是经由时间，那死亡和诞生也才成为可能。我们也就认识到，这样的生生灭灭是不会有绝对现实性的，亦即这样的事情和过程并不属于表现在现象中的自在本质。更准确地说，要是我们真能拿掉那些认知形式，就像拿掉了万花筒里的玻璃片，我们就会很惊奇地看到，眼前就是唯一一样东西，长驻、不变、在所有变化的表面下却是始终如一，包括一些很个别的特性。根据这一观点，我们可以提出下面这三个命题：

（1）现实的唯一形式就是现在，也唯一在现在，才可以直接遭遇现实的东西，现实也永远是完备地包含在现在之中。

（2）真正现实的东西是独立于时间的，因此，在每一个时间点都是同一样东西。

（3）时间是我们智力的直观形式，因此与自在之物无关。

这三个命题从根本上是同一的。谁要是认清了这里面的同一性和真理，那就在哲学中取得了伟大的进步，因为他领会了先验唯心主义的精神。

总体来说，康德关于空间和时间观念的学说，难道不是硕果累累吗？但康德表达这些理论的语言却是干巴巴的，朴素无华。相比之下，阅读那三个闻名的诡辩者的浮夸、狂妄和故意写得晦暗不明的废话，却让人一无所获。这些诡辩者吸引了那些配不上康德的公众的注意力。在康德之前，可以说人们就存在于时间之中，而现在，时间则在我们自身。在康德之前，时间是现实的，我们就如同所有在时间里面的东西一样，被时间所消耗和侵蚀。在康德之后，时间是观念，就在我们的自身里面。这样，关于我们死了以后的情形的问题就首先消失了。因为我不在了，时间也就没有了。以为在我死后，时间在没有我的情况下继续延续——那只是受表面现象欺骗所致，因为时间的三部分，过去、现在和将来都同样是我的产物，是属于我的；我并不更属于时间中某一特别的部分。再者，从时间并不属于自在之物的命题可以引出另一个推论，即在某一意义上，过去并不就是过去了，所有曾经真实存在过的东西从根本上必然还是存在的，因为时间的确只是类似于舞台上的瀑布，似乎是在涌流下来，其实那只是一个轮子，并没有从其位置移开。与此相类似，很久以前，我在《作为意欲和表象的世界》中，就已经把空间比之于一块有多个打磨精美的平面的玻璃——它让本来是单一存在的东西，在我们看来复制成了无数个。的确，如果我们冒着沉迷于幻想的危险，更深地思考这件事情，相当逼真地在想象中重现我们自己那些逝去很久的往事，那么我们就会直接确信：时间并没有触碰到事物的真正本质，时间只是作为认知的媒介插入这种本质与我们之间；在拿走这个认知媒介以后，一切就都重新在那里了。正如在另一方面，我们那忠实的、生动的记忆功能本身（在记忆里，逝去很久的往事仍保留其不朽的存在）也给出了证词：在我们的身上同样有某样不会变老的、因此不在时间领域里的东西。

康德哲学主要就是阐明现实的和观念的全部差异性，在此之前，洛克往此方向已经起步了。人们可以粗略地说：所谓观念的东西，就是在空间上显现出来的直观形态，连带所有在这种形态中可见的特质；而现实的东西则是事物本身，并不依赖他人或不依赖自己的头脑表象。在两者之间划一条界线却是困难的，而这正是至关重要之处。洛克向我们展示了所有在直观形态中，诸如色彩、音声、平滑、粗糙、坚硬、柔软、冷、热等特性（次要特性）都只是观念的，亦即并不属于自在之物本身，因为这些属性并不是存在和本质，而只是事物对我们的作用效果，甚至是很片面的某一特定效果，亦即完全是专门特定作用于我们的五个感觉器官的效果，例如，音声就无法作用于眼睛，光亮就无法作用于耳朵。事实上，实体对我们感觉器官的作用，只在于让这些感觉器官处于其特有的活动之中，就好比我拉线让音乐钟响起来一样。而属于自在之物本身的现实东西，例如，膨胀、形状、不可穿透性、运动、静止和数目等，洛克则不作处理。因为这样，洛克就把这些现实的东西名为首要特性；在洛克之后，心思缜密得多的康德告诉我们，甚至这些特性也不属于事物的纯粹客观本质，或者不属于自在之物本身，因此不可能是绝对现实的。因为这些特性是以空间、时间和因果律为条件的，但空间、时间和因果律，甚至就其整体和有规律性而言，是我们先于所有经验之前就已经获得并精确为我们所知，所以，这些必然是预先成形于我们的头脑，正如我们每一感官的敏感性和活动一样。据此，我很直接地说过，那些形式就是脑髓参与直观的部分，正如那种特别的敏感性就是相应的感觉器官的参与部分一样。[1]因此，根据康德哲学，事物的纯粹客观本质独立于我们的表象及其表象功能，这客观本质被康德称为自在之物，亦即与我们观念的东西相对立的真正现实的东西，已经完全有别于我们直观所见的形态。此外，因为自在之物据称是独立于空间和时间，所以，无论是膨胀还是持续性，其实都不可以赋予自在之物，虽然自在之物把力给了所有那些具有膨胀和持续性之物。甚至斯宾诺莎也在总体上明白了这道理，我们可以从《伦理学》第 2 部分命题 16 及第二推论和命题 18 的注释看出来。

　　洛克眼中的现实之物，与观念之物相对立，从根本上就是原始物质，虽然这物质撤除了所有洛克视为次要的，亦即以我们的感觉器官为条件的特性，但自身却仍作为某种外延、膨胀等而存在，其反射和图像就是我们头脑中的表象。在此，让大家重温我在《论充足根据律的四重根》（第 2 版，第 77 页）和《作为意欲和表象的世界》（第 1 卷，第 9 页，第 2 卷，第 48 页；第 3 版，第 1 卷，第 10 页，第 2 卷第 52 页）约略说过的：物质的本质完全在于物质的作用或效果，所以，物质彻头彻尾就是因果性，并且既然要这样认

---

[1]　正如我们的眼睛形成了绿色、红色和蓝色，同样，我们的脑髓形成了时间、空间和因果律（其客体化的抽象概念就是物质）。我对空间中某一实体的直观，就是我的感官、脑髓功能加上 X 的产物。

定物质，要撤除每一特性，因此也就是撤除所有特有的作用方式，那物质就是作用或效果，或者就是撤除了所有更详细限定以后的纯粹因果，是抽象之中的因果性。要更彻底明白这里所说的，我请大家查看我上述著作的有关文字。但现在，康德已经教导说一切因果性都只是我们的理解力的一种形式，因此也只是为理解力而存在和只存在于理解力之中——虽然我是第一个对康德所说的给出了证明。据此，我们现在看到洛克所误以为的现实之物、物质，以此方式一步步还原到观念，还原到主体了；这现实之物也就唯独存在于表象并为表象而存在。确实，康德通过其表述已经去掉了现实之物或自在之物的物质性，只不过对康德来说，自在之物仍然是个完全未知的 X。但我最终表明：真正的现实之物或自在之物，具有唯一真实存在的、独立于表象功能及其形式的就是我们身上的意欲。而在此之前，人们都不假思考地把这个意欲归属于观念。据此，人们可看出，洛克、康德和我是紧密相连的，因为在几乎两百年的时间里，我们展现了逐渐发展的、一脉相承的思路。大卫·休谟也可被视为这一链条中的一环——虽然真正说来，那只是在涉及因果律方面而言。至于休谟及其影响，我补充论述如下。

洛克与跟随他足迹的孔狄亚克及其门徒都指出和解释了：进入某一感觉器官的感觉必然对应着引起这一感觉的、在我们身体之外的原因；然后，这些作用或效果（感官的感觉）的差别也必然对应着原因的差别，无论这些原因最终可能是什么。由此就产生了上面所说的首要特性与次要特性之分。这样，他们就完事了，到此为止了。现在，在他们面前的就是空间中的客观世界，纯粹是由自在之物而成，虽然是无色、无味，既不热也不冷，但却是延伸的、成形的、不可穿透的、运动的和可数的。只不过关于那公理本身，亦即因果法则——依据此法则，就发生了那种从内在到外在的过渡和转换、自在之物的整个派生和安置——他们认定就是不言自明的，并不曾检验其成立与否，一如以前的哲学家那样。对此法则，现在休谟产生了怀疑，他要拷问这一法则的有效性，因为根据上述哲学，我们所有的知识据说都是出自经验，但经验却从来不会提供给我们因果联系本身，而只是永远提供事情在时间上的接连状态，亦即经验从来不会给出某一结果（Erfolg），而只是给出连串的次序（Folge）。也正因为这样，经验给出的永远就只是某一偶然的东西，而永远不是经证明为必然的结果。这样的议论已经与正常、健康的常识相抵触，但却并不容易驳倒。这促使康德探究因果性这一概念的真正源头。康德发现这一概念就在我们最本质的和与生俱来的理解力形式本身，亦即就在我们的主体，而不在客体，因为这个概念并不是首先从外在得到的。这样一来，洛克和孔狄亚克的整个客体世界就再度与主体牵涉到了一起，因为康德证明了主导这客体世界的源自主体。这是因为感官的感觉是主观（主体）的，规则现在也是主观（主体）的；根据这一规则，感官的感觉被理解为某一原因作用的结果，但只有这某一原因才被直观为客体的世界，因为主体根据自己的智力特性，在看视外在的客体时，会预先假设每一个变化都有其原因。也就是说，其实主体把这一客体投射到为此目的而准备好的空间里，而空间本身也同样是主体自身和原初本质的产物，一如感官的特有感觉。有了这些条件和发端，事情的整个过程就出现了。据此，洛克那个自在之物的客体世界经康德转为只是在我们的认知装置中的现象世界。这样的转变更加彻底和完备，因为现象显现的空间以及现象经过的时间，康德都无可辩驳地证明了有其主体（主观）的源头。

尽管如此，康德几乎和洛克一样听任自在之物继续延续，这自在之物也就是某样独立于我们的表象功能（这个表象功能提供给我们的只是现象）而存在、构成了这现象的基础的东西。尽管康德在这方面的观点是很正确的，但他这个观点的合理根据并不是出自他所提出的原则。因此，这里就是康德哲学的阿喀琉斯之踵，通过表明他的哲学前后不一，他的哲学就必然再度失去已经得到的承认，即他的哲学具有无条件有效性和真理性。但对自在之物的处理终究是不合理的。这是因为完全确切的是，假设在现象的背后是自在之物，在许多外壳下面是某一真正的内核，这个假设一点都不是不真实的，要否认这一假设才是荒谬呢。只是康德引入自在之物的方式以及试图把自在之物与他的原则合为一体时，才是有瑕疵的。因此，从根本上只是康德对事情的表述（要在最广泛的意义上理解这个词），而不是这事情本身，被其对手所利用。在这个意义上，我们可以说，反对康德的议论其实只是"对人"而非"对事"。但不管怎么样，印度谚语在这里再度适用："世上并没有不带茎柄的莲花。"指引康德的是他确切感受到的这一真理：在每一现象的背后，都有某一自在存在的东西，现象就从自在之物那里获得其存在。但康德就要从现成的表象本身，借助于我们先验意识到的法则，推导出那个自在之物。正因为这个法则是先验的，所以就不会引向某一独立于或有别于现象或表象的东西；所以，我们要选择走一条完全不一样的路子。由于康德在这方面的路子有误而陷入矛盾，由戈特洛布·恩斯特·舒尔策给出了笨拙、拖拉、啰嗦的详细分析和说明。舒尔策最先匿名在《埃奈西德穆斯》（尤其在第 374—381 页）中这样做，稍后在他的《对理论哲学的批判》（第 2 卷，第 205 页及以下）中这样做。对此，莱因霍尔德为康德作了辩护，但没有什么特别的成功，事情也就只能做到"只有声称，没有批驳"的份上。

在此，我想一次性以我的方式，撇开舒尔策的理解，把整个争议的根本之处和真正关键之处清晰地凸显出来。康德从来没有给出关于自在之物的严格推导，毋宁说他是从其前辈，尤其是洛克那里接过这些推导，并且是作为某种不可怀疑其存在的东西而保留了下来，因为这些东西是真正不言自明、显而易见的。康德在某种程度上有理由这样做。也就是说，根据康德的发现，我们的经验知识里面的一个成分，可被证实有其主体（主观）的源头；另一成分却不是这样，而是属于客体，因为并没有根据的理由也把这个另一成分视为主体。[1]据此，康德的先验唯心主义或先验观念主义，虽然是在我们认知的先验范围否认事物具有客体本质，或者否认事物具有独立于我们的理解的现实性，但却不会超出这一范围，原因正在于那否认的根据并不会超出这一范围。因此，在这一范围之外的，亦即所有无法先验构建起来的事物的特性，就都置之不论。这是因为那所见的现象，亦即那实体世界的整个本质一点都不是由我们先验就可确定的，只有这个现象的普遍形式才是可以先验确定的，而这个普遍形式可以还原为空间、时间和因果性，以及这三种形式的总体规律性。相比之下，经过所有这些先验存在的形式以后仍无法确定的东西，亦即在这些形式方面是偶然的东西，则正是自在之物本身的展示。现在，现象中的经验内容，亦即对这些内容的每一更细致的鉴定和测定，在现象中出现的每一物理特性，就正是可以后验认识的：这些经验的特质、特性（或更准确地说，这些特质、特性的共同根源）因此就经过所有那些先验的形式筛选以后留了下来，就是自在之物自身本质的外现。这些在现象中出现的后验东西，就好像是被先验的东西裹着似的，但却把自己专门和个别的特性赋予了每一存在物，因此是现象世界中的物质材料——这与现象世界的形式（Form）相对立。那么，现在既然这种物质材料完全不是来自现象的形式——这些形式与主体黏在一起，康德细心地探索并确切地证明了这些形式就是先验的——更准确地说，既然这物质材料是在去掉所有来自这些形式的东西以后所剩下的东西，因此就是经验现象中另一个很鲜明的成分，是与形式无关的另外的东西；与此同时，在另一方面，这种物质材料又完全不是出自有认识力的主体的主观随意，更多的是有违这种主观随意的——既然是这样，康德就毫不犹豫地把这种现象的物质（材料）归到自在之物一边，并因此

---

[1] 每一种东西都有两种特性：一种可认为是先验的，另一种则只能认为是后验的。第一种出自那理解它们的智力，第二种则是源自自在之物的本质——那也是我们在自身所发现的意欲。

把这视为完全是从外而至的，因为这必然是来自某处，或者就像康德所表达的，必然有其某一原因。但既然我们不能把只能后验才认识到的这些特性与先验就可认识的完全分隔和分离开来，以便纯净地把握它们，既然这些后验特性始终与先验的东西裹在一起出现，康德就教导说：我们虽然知道自在之物的存在，但除此之外就一无所知了；因此，我们只知道这些就是了，但到底是什么呢，却不知道了；因此，对康德来说，自在之物的本质是某一未知数，是一个X。这是因为现象的形式到处都覆盖着和遮蔽着自在之物的本质。我们顶多只能这样说，既然那先验的形式没有差别地属于作为现象的所有事物，因为这些事物都是出自我们的智力，但事物在这期间却显示出很明显的差别，那么，造成这些差别的，亦即决定了事物的具体不同的就是自在之物。

如果这样看的话，康德关于自在之物的假设，似乎有着充足理据——尽管我们所有的认知形式都有其主观性。但如果仔细检验这种假设的唯一论据，亦即检验所有现象之中的经验内容，并且追究其根源，这种假设就被证明是站不住脚的。也就是说，在经验知识及其源头，即直观表象当中，当然有独立于我们先验意识形式的某一物质。接下来的问题就是这些物质，其源头到底是客观的还是主观的，因为只有在客观源头的情况下，才可以保证那就是自在之物。因此，如果我们一直穷追其根源，就会发现它不在别处，而正是在我们的感官感觉里，因为那是在眼睛的视网膜或在听觉神经，或者在手指尖所发生的变化引出了直观表象，亦即首先把我们先验就准备好的整个认知形式装置启动起来，结果就是察觉到外在的物体。也就是说，感官器官所接收到的变化，首先就通过智力的一个必然的和无法避免的先验功能而运用上因果律：因果律以其先验的确切性、确实性找到了造成这一变化的原因；由于这一原因并不是主体（主观）随意的，所以现在就显现为外在之物（对主体而言），某种只有通过空间形式才获得意义的特性，这种空间形式正是我们的智力为此目的而马上补充的。这样，必然要预设的原因就马上直观显现为空间中的某一物体，这一原因在我们的感官感觉那里所造成的变化，就成了这一物体自身所带有的特性。关于这个过程，人们在我的《论充足根据律的四重根》第 2 版中可找到详细的论述。这种感官感觉为整个过程提供了始点，为经验直观毫无争议地提供了全部素材——但这样的感官感觉却是某样完全主体（主观）的东西。并且既然所有认知形式（以此我们从那些素材中形成客观直观表象及向外在投射），根据康德完全正确的证明，其根源也同样是主体（主观）的，那就很清楚：无论是直观表象的素材还是形式，都是源自主体。据此，我们的整个经验认知分解为两个组成部分，这两个组成部分的根源都在我们自身，亦即在感官感觉和在我们先验就有的，因此也就在我们的智力或脑髓功能的形式，时间、空间和因果性。除此之外，康德还补充了理解力的 11 种类别，而这些我证明了就是多余的和不允许的。所以，直观表象和我们依赖直观表象的经验知识，事实上并没有提供资料可以让我们推论自在之物。康德如果是依照自己的原则的话，那他没有权利作出这样的假定。就像他之前的所有哲学那样，洛克的哲学也把因果律视为绝对的，因此就有理由从感官感觉出发而推论外在的、独立于我们而真正存在的事物。这种从效果到原因，却是直接从内在和主体既有的东西达到外在和客观存在的东西的唯一途径。但康德把因果律归还给主体的认知形式以后，这一途径就不再是敞开的了；康德自己也足够多地警告我们，不要把属于因果性范畴的东西应用在超出经验及其可能性的范围。

事实上，沿着这一途径是永远不会抵达自在之物的，那纯粹客观知识的途径是根本行不通的，因为客观知识始终只是表象，而表象则是根源于主体，是永远不会提供真正有别于表象的某样东西的。我们要达致自在之物的话就只能改换观测点，也就是说，不再像之前那样总是从产生出的表象出发，而是从那被表象的出发。但要这样做的话，也只能依靠一样东西，因为这种东西是每一个人都可以从内在接触到的。这种东西就以双重方式传达给他：这种东西就是他自己的身体，在客观世界中显现为空间中的表象，同时却又向自我意识表明这就是意欲。这样一来，意欲就给出了线索，首先，帮助我们明白所有通过外在原因（在此就是动因）而引起的意欲行为和活动，因为如果没有了对意欲本质这一内在和直接的洞察，那意欲的行为和活动就是我们同样无法理解和无法解释的，情形一如在我们的客观直观中，其他物体根据大自然的法则和作为自然力外现而出现的变化。其次，意欲帮助我们理解所有这些意欲行为的永恒根基——那些意欲行为的力都扎根于此——因此也就是帮助理解身体本身。对自身现象本质的这种直接认识，是每一个人都会有的。撇除了这种直接认识的话，那自身现象也就像所有其他既有的现象一样，只显现在客观直观中。在这之后，这种直接认识就必然以类推的方式套用到其他的、唯独只能客观直观的现象，然后就成为理解事物内在本质的线索，亦即理解自在之物的线索。要获得这一理解，我们只能通过一条与纯粹客观认识完全不同的途径，因为纯粹客观认识的途径始终只停留在表象。也就是说，我们要利用认知主体（永远只是作为动物性个人而出现）对自身的意识，以此阐释对其他事物的意识，亦即阐释那直观智力。这就是我采用的途径，也是唯一正确的途径，是通往真理的窄门。

现在，人们并不是采用这一途径。人们把康德的表述与问题的本质混为一谈，以为驳倒了康德的表述也就驳倒了后者，把从根本上只是针对人的议论视为针对事的和中肯的。因此，由于舒尔策攻击的缘故，人们宣告康德哲学是站不住脚的。这样，诡辩者和夸夸其谈者现在就可以大展拳脚了。这类人当中的第一个，费希特就适时出现了：既然自在之物恰好受到怀疑，他就立刻准备好一套没有自在之物的体系。所以，费希特抛弃了这样的假设：这里面还有某种东西，某种并不完全只是我们的表象的东西。这样，费希特就让认识的主体成了一切中的一切，或者就以认识的主体全凭一己之力产生出所有的一切。为了这一目的，费希特马上取消了康德学说中本质的和最值得赞叹的部分，亦即把先验的与后验的分开的部分，并以此取消了现象与自在之物的差别，因为费希特宣称一切都是先验的。但对这样怪异的说法，他自然没有提供证明。费希特一方面搬出诡辩，甚至疯狂的虚假演示，然后以貌似思想很深刻、难以理解来遮掩其荒谬。另一方面，费希特直言不讳地扯上智力的直观，也就在事实上求助于灵感。对于所有那些缺乏判断力、配不上康德的公众来说，这当然是足够了，他们把有恃无恐的瞎说当作高深莫测，因此宣称费希特就是一个比康德还要伟大得多的哲学家。确实，时至今日，仍然不乏哲学写作者在不遗余力地蒙骗新的一代人，要人们接受费希特那已成了传统的虚假名声；并且还信誓旦旦地保证：康德只是尝试着去做的事情，费希特终于完成了，他才是真正作出了贡献的人。这些先生们在二审中通过其米达斯式的判断，充分暴露了他们完全没有能力理解康德的任何东西。他们如此清楚地暴露出欠缺理解力到了何种可怜的程度，我们唯有希望成长中的、最终免不了幻灭的一代人会小心警觉，以防浪费时间和脑筋研读这些人写的数不胜数的哲学史和其他又长又臭的东西。借此机会，我想提一下记忆中的一本小书，人们从中可以看出费希特的个人形象和行为给不带偏见的同时代人留下的是什么样的印象！这本小书的名字是《柏林人物集》，1808 年出版，并且没有注明印刷地，据说是在布赫霍尔茨，但对此我不确定。我们可以把这与法学家安塞姆·冯·费尔巴赫在书信中对费希特的议论（这封书信由他的儿子在1847 年编撰出版）对照一下；还有类似的《席勒与费希特通信集》（1847）。人们就会对这个假冒哲学家有一个更加准确的看法。

很快，无愧于其先行者的谢林，就踏着费希特的足迹走了出来。但他抛弃了费希特，目的是要宣布自己的发明，即主体与客体的绝对同一性，或者说唯心与唯物的绝对同一性，而结果就是：由绝无仅有的思想家，如洛克和康德经过深思和殚精竭虑分开了的东西，又再度被合在一起，成了一团浆，即所谓绝对同一性。这是因为两个伟大的思想家的学说，可以恰如其分地描述为关于观念（或唯心）和现实（或唯物）或关于主体和客体的绝对差异的学说。但现在这个学说已从混乱走向更混乱。一旦无人能懂的语言经费希特引入以后，并且一旦那貌似很有深意取代了思想的位置以后，就播下了败坏的种子，以全盘败坏哲学并以此败坏整个文字写作而告终，而哲学败坏在我们今天已经有苗头了。[1]

在谢林之后，就是哲学的代理人怪物黑格尔。当局出于政治目的，认为黑格尔就是伟大的哲学家。他根本就是个平庸、没有思想、让人恶心、无知无识的江湖骗子，他放肆大胆地乱写一气，把狂言和荒唐的想法拼凑在一起，真可谓史无前例。他那些可以被收买的追随者则到处传播这些，捧之为不朽的智慧。那些愚蠢之人也确实视这些东西为不朽的智慧。这样，完整的赞颂大合唱就起来了。这是人们之前从没见到过的。[2]帮助这样一个人强行发挥和扩散其精神思想方面的影响力，所带来的后果就是破坏了整整一代知识分子的头脑智力。崇拜这个假冒哲学家的人就等着承受后世者的嘲笑吧。令人高兴的是，来自邻国的讥讽现已开始了嘲笑的序曲。还有这个国家的学者阶层，在过去的 30 年间，对我的成就简直不屑一顾，与此同时，这个国家现在在邻国当中却名声远播了，因为在这里，拙劣、荒谬、不知所云的，并且为了物质利益的目的的东西被尊为，甚至神化为最高的和闻所未闻的智慧。这样的消息，我难道不是很受用吗？作为一个优秀的爱国者，我难道不是应该啰啰嗦嗦赞扬德国人和德意志民族的东西，并为自己属于这一民

---

[1] 今天，学习康德哲学一个特别的好处，就是告诉我们自从《纯粹理性批判》以后，德国的哲学写作已经下降至多么低下的水平，康德深刻的探讨与今天那些粗糙的空话形成了多么鲜明的对照。在后者，我们似乎听出一边是怀着希望参加毕业考试的大学生，另一边则不过是理发匠的学徒。

[2] 参见我的《伦理学的两个基本问题》中的"前言"。

族而不是属于其他民族而高兴吗？只不过这就像句西班牙谚语所说
的："每个人说起游乐场，都是根据自己在那儿玩乐的体验。"去大
众谄媚者那里收获赞扬吧。能干的、粗笨臃肿、趾高气扬、一味乱
写些不知所云的东西的江湖骗子，没有思想，没有任何贡献，这些
就是属于德国人的东西，而不属于像我这样的人。这是我给他们的
告别证词。维兰德（《致梅克的信》，第239页）把出生在德国称为
不幸，比尔格、莫扎特、贝多芬等其他人都会赞同维兰德的话。我
也一样。这都是因为"人必须本身有智慧，才会认出其他有智慧的
人"，或者"有思想的人，才会发现有思想的人"。

康德哲学最让人钦佩和称道的一面，毫无争议就是"先验辩证
法"。康德就是以这个辩证法极大地动摇了思辨神学和心理学的基
础，自此以后，哪怕人们很想再度竖起这个思辨神学和心理学也无
能为力了。人们的头脑思想承蒙了多大的福泽！或者难道我们没有
看到，自科学重现生机一直到康德的整个时期，由于那两个前提假
设绝对不可触碰，由于那两个前提假设瘫痪了人们的整个头脑思
维，也不允许不接受任何探究，所以，就算是最伟大的头脑也偏歪
了方向，甚至经常扭曲了自己？如果我们从一开始就已经假设：所
有的东西都是经由某一人格化的、单个的神，从外在入手安排，依
照概念和根据想清楚了的目的而创造出来；同样，假设人的根本本
质就是某一能思维的东西，人就是由两个完全不一样的部分所组
成，这两个部分集合和焊接在一起（这具体是如何做到的，却又一
无所知）；现在，这两部分就得尽其所能地凑合着在一起，目的就
是很快又再度分开，不管是愿意还是不愿意——那么，在先入为主
假设和认定了如此这般以后，我们关于自身和所有事物的最首要、
根本的观点，不都受到歪曲和变得怪诞了吗？康德对这些看法及其
基础的批判，在各个学科造成了多大的影响，可以从这一点看得出
来：自有了这些批判以来，起码在德国比较高级的文字写作领域，
上述那些假设就顶多只是以比喻的方式出现，而不再被人严肃看待

了。人们把那些先入为主的假设和认定留给了大众读物和哲学教授，因为哲学教授要以此赚取面包呢。我们的那些自然科学著作尤其没有这些东西，而那些英国作品却因其这方面的惯用语和评论或辩护文章，而在我们的眼里降格了。[1]在康德之前，这方面的情形当然是完全不同的，比如，我们看到甚至优秀的利希滕贝格，因为年轻时所受的教育属于前康德时期，所以在《论面相》一文中，仍然认真和充满确信地坚持灵魂与肉体的对立，并以此有损其论述。

谁要是考虑到康德的先验辩证法的极高价值，那对我在此深入探讨一下这一话题，是不会觉得多余的。首先，我向《纯粹理性批判》的识者和爱好者，对在《理性心理学批判》中的一个论点（只在第1版中完整出现，在随后的版本中被删去了），尝试给出我的完全不同的看法和因此对其批评。这一论点在第361页及以下"人格性、个体性谬论"一章遭到批判。这是因为康德对此的深刻表述不仅异常细腻和难以把握，而且也会招人指责，说是把自我意识的对象，或者用康德的话说把内在感官的对象，在没有给出更进一步理由的情况下，突然当作另一陌生意识的对象，甚至某一外在直观的对象，目的就是要根据实体世界的规则和类推对其作评判；人们甚至会指责说（第363页）竟然假设两个不同的时间，一个在被评判者的意识之中，另一个在判断主体的意识之中，而这两者并不是调和一致的。所以，我想就上述关于人的个体性存在的论点改用很不一样的措辞表达，并因此表述为下列两个命题：

（1）在所有运动方面，不管运动的性质为何，我们都可以先验

---

[1] 自从我写出了上述内容以后，我们的情形有所改变。由于古老和具有十倍爆炸性的唯物主义的复活，哲学家从药店和诊疗所走了出来，这些除了属于自己谋生职业分内的事以外，并没有学到任何其他东西的人，现在就很坦然、很老实地发表他们的那些老妇人式的思辨，就肉体和灵魂以及两者之间的关系进行辩论，甚至证明所说的灵魂就在脑髓中，好像康德才刚刚出生一样。对如此的狂妄放肆，我们应该批评说，必须学过和了解点东西才可以参与讨论；应该放聪明一些，不要给别人机会委婉批评自己乱调膏药和基督教指南。

地确定：只有首先通过与任何某一静止物的比较，才可以察觉到这一运动；由此可以推论：甚至时间及时间里面所有东西的流逝过程，也是无法被察觉的——除非这里有某样东西并没有参与到时间当中，并以其静止让我们可以把时间过程的运动与之作一比较。在此，我们当然是根据在空间中的运动来类推和判断的，但空间和时间始终必然是互为说明，因此，我们要获得关于时间的表象的话，就必须以一个直线的图形，以便在直观上把握它，先验地构建起时间。所以，当我们意识中的所有一切，在同一时间和一起在时间的洪流中运动的时候，我们无法想象这种运动是可以被察觉。要察觉这种运动，我们必须预设某一固定不动的东西，而时间及其所包括的东西则流动而过。对外在感官的直观来说，这是由物质完成的：在各种变故之下，物质就作为永恒的东西而存在，正如康德在论证《经验的第一类推》（第1版，第183页）中所表述的。正是在这一段落里，康德却出了让人无法容忍的差错，这差错我在另外的地方已经给予批评，也与康德本人的学说相矛盾。康德说，并不是时间本身在流逝，流逝的只是在时间当中的现象。这个说法从根本上是错的，对此的证明就是我们那与生俱来的确信，就算是天上地上所有的东西突然都静止不动了，但时间也不为所动而继续其运行，以至于在稍后大自然重又运动的时候，对之前到底停顿了多长时间这一问题本身，也将有一个精确的答案。假如情况是另外一种样子，时间也将与钟表一道静止，或者当钟表运动的时候也一起运动。但正是这些事实以及我们对此的先验确信，无可争辩地证明了时间在我们的头脑之中（而不是在头脑之外）有其进程和因此有其本质。在外在直观的范围，我已经说了，那持久永恒的是物质，但在我们辩论人的个体性时，所说的却只是内在感官的感知和察觉，而外在感官的感知也收进其中。因此，我也说了，当我们的意识及其所有内容在时间的洪流中同步运动的时候，我们是不会意识到这种运动的。所以，要意识到这种运动的话，那意识本身就必须有某样不动的东西。但这不动的东西不可能是别的，而只能是带认识力的主体本身：面对时间的运行，面对时间所包括的内容及所出现的变化，这个主体不为所动，不为所变。在认识主体的注视之下，生命（生活）运行到终点为止，就像一出戏剧一样。认识的主体很少参与到这生命的运行中，这是我们在年老生动回忆起青年和童年期的场景时所感觉到的。

（2）在内在自我意识中，或者用康德的话说，通过内在的感官，我唯独只在时间上认识到自己。但从客观上看，纯粹只在时间中的话，却没有任何东西可以持久存在，因为一种东西要持久存在，前提条件就是延续一段时间，而延续一段时间的前提条件就是某种同时存在，而某种同时存在的前提条件又是空间（关于这一命题，大家可以参见我的《论充足根据律的四重根》（第 2 版，第 18 节）和《作为意欲和表象的世界》（第 2 版，第 1 卷，第 10、11 和 531 页；第 3 版，第 12、560 页）。尽管如此，我现在就发现不管我头脑的那些表象是如何变换的，事实上自己就是那些表象持久存在的基质。这基质与我的那些表象的关系，就跟原始物质与其偶然变换的关系是一样的，所以，我这基质就与原始物质一样理应得到实体物质之名；并且因为我这基质并不是空间的，因此并不是广延的，所以理应有"简单实体物质"之名。那么现在，正如我说的，如果纯粹只是在时间中的话，那就没有任何东西是持久存在的；但在另一方面，正在谈论的实体物质，却不是经由外在感官、因此不是在空间中被察觉到的，所以，要把这想象为在时间的流动中某一持久存在的东西的话，那我们就必须把这设想为时间之外的东西，并据此这样说：所有的东西都存在于时间，但真正的认识主体却不是。既然在时间之外就没有停止或者终结，在认识的主体那里，我们也就有了某一持久的、既不在空间也不在时间中的，因此是不朽的实体物质。

为了说明这个关于人格性、个体性存在的论点其实是错误的推论，我们就得说上面第（2）个命题借助了一个经验事实，而这个事实是与另一个经验事实相对立的：认识的主体是与生命，甚至与醒着的状态紧密相连的，所以，认识的主体在两种情况下的持久存在，一点都不曾证明除此情况以外也能存在。这是因为主体在有意识的状态下事实上的持续存在，与原始物质（这是实体物质概念的根源和唯一具体化）的持久存在相差甚远，的确大有不同。物质是我们在直观中了解到的，我们先验看清的不只是物质实际上的持续，而且还有物质那必然的不可消灭。只是根据真正不灭的实体物质而类推，我们才假设在我们的身上有某一可以思维的实体物质，并且肯定是无限延续的。那么现在，除了可以思维的实体物质只是纯粹根据一种现象（物质）而类推以外，辩证法理性在上述证明中所出的差错，就在于主体的所有表象都在时间中变化着的情况下，理性对待持久存在的主体，与其对待我们直观所见的持久存在的物质，用的是同一种方式；因此，理性把这两者都置于实体物质的概念之下，目的就是把所有能够先验说出就是物质的东西——虽然是在直观的条件下——尤其是在所有时间中都恒久延续的东西，现在都归于那所谓的无形的物质（immateriellen Substanz），尽管这个无形的物质的恒久性更多的只是因为这物质本身就不是被设想为存在于任何时间，也更加不会存在于所有时间中。这样的话，直观的条件，尤其是空间性，在此直接被取消了，而正是由于直观的条件，我们才可以先验地说出物质是不灭的。但物质的持久存在正是基于物质的不灭（根据我在上面所引述的段落）。

　　至于人们首先假设灵魂是简单的，然后由此推论灵魂是不可分解的；通过这一推论，唯一可能的毁灭，即各部分的分解就被排除了——对此，我可以总体上这样说：所有关于形成、消逝、变化、永恒等法则，不管是我们先验还是后验了解到的，完完全全只适用于客观显现给我们，并且以我们的智力为条件的实体世界。因此，一旦我们脱离了这个实体世界，一旦谈论起非物质的存在物或本质，我们就再没有理由应用上述的法则和规律，以声称这个存在物的形成和消逝是可能抑或不可能。我们并没有任何的准则，因此，所有类似的思维实体物质是很简单的，所以是不朽的证明，就都可以排除了。这些含混不清之处，就在于我们谈论无形物质的时候，却搬用了有形物质的规则。

关于人格性、个体性的错误推论，正如我所理解和表达的，在第（1）个论据里给出了先验的证明，即在我们的意识中，必然有某样持久存在的东西；在第（2）个论据里，给出了后验的同样的证明。就整体看来，在此，每一个错误（包括理性心理学的错误）的背后一般都会有真的成分，其根子似乎就在这里。这真的成分就是：甚至在我们的经验意识中，也的确可以指出某一永远的点，但那只是一个点而已，并且只是指出来，但却无法由此获得材料以作更进一步的证明。在此，我推荐大家读一下我的理论。根据我的理论，认识的主体就是认识一切却又不被认识的东西。尽管如此，我们仍把这当作固定的一点，时间及所有的表象都掠过这一点，因为时间的流动本身确实只有在一个固定不动之物的对照下，才可以认识到。我把这一点称为客体与主体的接触点。对我而言，智识的主体就和身体一样，都是意欲的现象，其客观上表现出来的是身体的脑髓功能；而意欲作为唯一的自在之物，在此就是所有相关现象的根基，亦即认识的主体的根基。[1]

---

[1] 补上莱茵霍德的第十封信和休谟的《论自杀和不朽的文集》第 76 页。

莱茵霍德关于康德哲学的信件，第 364 页："某一特定东西的存在，只有通过这东西的特性和特质而宣示，我们关于这东西的概念只能是由我们对这东西的特性和特质的表象认识而构成。"更准确地说，有着外在感官的属性的主体（因为那是无法直观的），必须通过内在感官的属性而设想出来——意欲。与其属性分离的主体——显示外在感官是外延的，显示给内在感官则是意欲着的——相当肯定就是同一样东西。

已故戴维·休谟的《论自杀和不朽的文集》第 76 页："我考虑了从灵魂的本质首先提取出来的那几个证据和尤其是非物质性；那非物质性虽然对灵魂永远存在并非绝对的必要，但我认为几乎已经就是论证了。"但这却是恰恰相反：我们知道物质是不灭的，至于非物质的东西是否也是如此，则不得而知。

　　那么，现在我们看看理性宇宙论，就会发现其二律背反是强烈的用语，表达了发自充足根据原理的疑惑，而这种疑惑自古以来就驱使人们进行哲学思考和论辩。现在，接下来的表述就是从另一条不大一样的途径，把这种疑惑更加清晰和更加直截了当地凸显出来，并不像康德那样只是以抽象字词辩证，而是直接应用直观的意识。

　　时间不会有某一开始，也没有任何某一原因就是第一原因。这两点都是先验确定的，因此是无可辩驳的，因为所有的开始都是在时间方面，因此以时间为前提条件；每一个原因的背后都必然有一个更早的原因，更早的原因造成的结果就是现在的这一原因。所以，怎么可能会有这一世界和事物的最初开始？（据此，摩西五经的第一首诗当然显得是"以还有待解决的问题当成了依据"，的确是这个意思。）另一方面，如果并不曾有过最初的开始，那真实的现在此刻就不会现在才出现，而是很久很久以前就已经出现了，因为在真实的现在此刻与最初的开始之间，我们必然假设存在某一确实的、有限的时间段。但现在如果我们否认那一个开始，亦即把那一个开始无限前推，那中间的时间段也就一并前推了。就算我们设定了一个最初的开始，这从根本上也不会帮我们什么忙，因为我们若因此随意剪去了因果链条的话，那纯粹的时间就马上变得很困难了。也就是说，那个永远被重复提出的问题——"为什么那最先的开始不是在更早的时候开始？"——就会在没有始点的时间上永远一步步地往前推。这样的话，在最先开始时的原因与现在的原因之间的链条，就会被拉得如此之长，以至于永远不会到达现在此刻。据此，我们的现在此刻就永远仍然没有到来了。但对此的反驳是，我们现在此刻的确是存在了，甚至构成了我们进行估算的唯一材料。提出上述让人难堪的疑问的合理性，就在于那最初的开始也恰恰是作为最初的开始，并没有预设在这之前的原因；正因此，这最初的开始也可以是提早好几百万兆年。因此，如果最初的开始并不需要任何原因就可以开始，那这就不需等待原因了；这样的话，最初的开始在很早很早以前就已经开始了，因为没有什么阻止其开始。这是因为正如最初的开始并不需要之前的什么作为其开始的原因，那这个开始也一样不需要之前的什么作为其开始的障碍。因此，最初的开始绝对不需要等待任何原因，也永远不会是开始得太早。所以，无论我们把最初的开始放在哪一个时间点上，也永远不会明白为何这个开始不曾在更早的时候就已经发生。因此，这就把最初的开始永远往前推，因为时间本身是根本不会有开始的，所以，到现在此一刻为止，必定走过了一段无限永恒的时间。因此，把世界的开始往前推，也是永无尽头的，以至于从当初的开始到现在，每一条因果链都太短。结果就是从这样的开始，我们永远不会到达现在。这是因为我们缺少了某一既定的、固定的连接点，因此我们就随意在时间的某处假定了这一点，但这一点却始终从我们的手中退后，直到无穷无尽。这样的结果就是，如果我们设定一个最初的开始并由此出发，那我们永远不会从这一开始抵达现在的。

反过来，如果我们从真实既定的现在此刻出发，我们永远不会抵达当初的开始，正如我已经说过的；因为我们往前追溯的每一个原因，都必然只是更早之前的某一原因的结果，而之前的原因也是同样的情形——这样下去完全是没完没了。所以，现在这世界对于我们就是没有开始的，一如没有尽头的时间本身。在此，我们的想象力变乏力了，我们的理解力也得不到满足。

这两个彼此相反的视角因此可以比之于一根棍子，我们可以抓住棍子的随便一头，与此同时，棍子的另一头则延伸至无尽头。这件事情的实质可以用一句话概括：时间是绝对的无穷无尽，对于一个在时间上假设为有限的世界来说，时间实在是太过长远了。但从根本上，康德的二律背反中对照命题的真理性在此又再度得到了证实，因为当我们从那唯一确切和真实既有的现实此刻出发，得出的结果就是时间是没有开始的；而最初的开始就只是随意的设想而已，这样的设想无法与上述唯一确切和真实的现时此刻相协调。此外，我们需要看到，这些思考揭示了把时间认定为绝对的现实是多么的荒谬，所以也证实了康德的基本学说。

就空间而言，世界到底是有限的还是无限的，并不是绝对超验的问题，这个问题本身更应该是经验的问题，因为它始终还是在可能的经验范围之内，只是我们自身天生的状态妨碍其成为实际的问题。在此，并没有先验的、确实可论证的论据是支持这一种可能或是支持另一种可能。这样，看上去就与二律背反很相似——两个假设都有其困境。也就是说，在无限的空间里一个有限的世界，不管其有多大，也会缩小为无限小的东西。人们就会问了，那余下的空间是何目的呢？另一方面，人们也同样不会明白，在最遥远的空间为何不会有恒星？顺便一说，这个恒星的行星只是在半年间的晚上有个繁星满布的天空，但在另外半年里，天空却是没有星星的。这必然给居民留下令人发毛和恐惧的印象。因此，上面的问题也可以这样表述："是否有这样的恒星，其行星并没有这样的困境？"在此，这个问题明显是经验的。

我在康德哲学批判中证明了二律背反的整个假设是错的和虚幻的。经过相当长时间的一番思考，每一个人都会预先看出：从现象及其先验确切的法则那里准确总结出概念，然后符合逻辑地联系起来形成判断和结论，是不可能导致自相矛盾的。这是因为假设真有矛盾的话，那这些矛盾必然是在直观所见的现象本身，或者是出自这些现象之间合乎规律的联系——但这个假设是不可能的。因为这样一类直观所见是不会有任何自相矛盾（Widerspruche）的，自相矛盾一词在涉及直观现象方面没有意义。这是因为自相矛盾只存在于思想的抽象认识中，即人们会公开或私下里在同一时间假设这样那样，或者不假设这样那样，亦即会自相矛盾。但真实、实在的东西是不可能同一时间既存在又不存在的。爱利亚的芝诺以其著名的诡辩，还有康德以其二律背反想证明的，当然与我的上述论述恰恰相反。因此，我建议大家阅读我对康德哲学的批判。

康德对思辨神学的贡献在上文已经泛泛说了一下。为了更突出和强调他的贡献，现在我就试着把这个问题的关键，尽量简洁地、以我的方式说明白。

在基督教那里，上帝的存在是一个既定的事情，是不容任何探究的。这是对的，因为上帝就是通过启示而奠定起来的。所以，我认为理性主义者试图在教义中，用《圣经》之外的方式去证明上帝存在的做法是失策的。这些理性主义者天真幼稚，并不知道这种玩意儿是多么的危险。相比之下，哲学则是一门科学，并且是一门没有种种信条的科学。据此，在哲学里任何东西都不可以假定就是确实存在的——除非是从经验实践中直接得到的东西，或者通过证明已是无可置疑的结论。这些东西，人们当然以为拥有很久了，而康德就在这一问题上让世人幻灭了。康德确切地阐明了这一类证据是不可能的，以至于在康德以后的德国，没有哪一位哲学家会再度尝试提出类似的证据。但康德这样做是完全合理的，他的确作出了一大贡献，因为某一理论性的教义，竟敢不时地把不接受这一教义的人擅自标签为恶棍，那对这教义作一番认真的检验总是值得的。

至于那些所谓的证据，情况是这样的。既然上帝存在的真确性并不能通过经验的证明而展示，那接下来的一步就应该把上帝存在的可能性确定下来——在这个过程中，我们已经遇到了足够多的困难。但人们不去这样做，而是试图去证明上帝存在的必然性，亦即表明上帝就是某一必然会有的存在物。那么，正如我已经证明得足够多了：必然性不外乎就是结果依赖和从属其原因，亦即一旦出现了原因，结果就会出现。因此，为此目的，有四种我已阐明的根据原则的形式可供选择，但人们发现只有前两种可以适用。所以，就有了两种神学证据，宇宙论的和本体论的，一种是形成（原因）的根据原则，另一种是认知的根据原则。第一种证明是想依据因果律表明，上帝存在的必然性就是某种物理学的必然性，因为这把世界理解为某种结果，而这个结果必有某一个原因。这个宇宙论的证明也得到了物理—神学方面的助力和支持。宇宙论的论据在沃尔夫的文本中得到了最有力的表述："如果存在某样东西，那也就绝对存在某一必然的生灵（Wesen）。"后者指的是已经存在的某个生灵本身，或者某一原初的原因——正是通过这些，某样东西才得以存在。宇宙论的论据就是这样假设了存在某一最初的原因。但这种证明的首要缺点是，这是从结果到原因的推论；以这种方式获得结论，逻辑已经不会承认其声称的真确性。其次，这种证明无视了我们只能在某种东西是某一其他东西的结果而不是原因的情况下，才能把这某种东西理解为必然的，正如我已经反复表明了的。进一步而言，以此方式应用因果律的话，那就证明得太多了，因为当因果律需要引导我们追溯世界的原因，就不会让我们停留在某一个原因，而会一直引导我们从原因到原因，毫无怜悯之心地穷追不舍，永无尽头。这是事情的本质使然。这种情形犹如歌德作品中的魔术学徒：虽然一声令下，其造物就开始了，却再也停不下来了。再者，因果律的效力和适用范围唯独只在事物的形式，而不会扩展至其物质。因果律是牵引形式变换的线绳，除此以外，就什么都不是了。物质并不受形式的那些所有生成和毁灭的影响——这是我们先于一切经验就可认识到并因此是确切知道的。最后，这样的先验论据也推翻了宇宙论的证明，这个论据就是因果律可以被证实具有主体（主观）的根源，因此只能适用于我们智力所及的现象，而不能适用于自在之物本身的本质。[1]物理神学的证据对于宇宙论是辅

---

[1]　如果完全现实和客观地审视事物，那就非常清楚，这世界是自己维持自己，有机生物的存在和繁殖依靠的是自己内在的、发自自身的生命力；至于无机物体所承载的力，物理学和化学只是对这些力的描述，行星的运行则是发自自己的内力和借助惯性与引力。所以，要维持其存在，这世界并不需要自身之外的任何人。因为这就是维护之神毗湿奴。如果说在某一时间里，这一世界及其承载的力都不曾存在，而是由某一陌生的、世界之外的力从无中生成——这是完全多余、无用、没有任何证明的念头；尤其是当所有的力与物质联系在了一起，其形成和消灭甚至是我们无法想象的。如此理解世界，对于斯宾诺莎主义是足够有余了。人们在揪心的困苦当中，就会想象出自然力及其走向的主宰，以便向他们求助——这是很自然的事情。但希腊人和罗马人满足于每一个主宰只掌管自己的范围，他们从来没有想到过要说出其中的一个主宰创造了世界和自然力。

助性的支持，正如我已经说了的。同时，这些证据也想给予由宇宙论证据引来的假设以证明、证实、可能性、颜色和形态。但要这样做的话，只能是在第一个证明的前提条件下，而物理神学证据只是对第一个证明的详述和解释。这个方法就是把假设中的那产生出这世界的第一个原因拔高为某一有认知、有意志的生灵，因为试图透过归纳法，从这个原因就可以解释的众多结果归纳出这一原因。但归纳法至多只能说明很有可能，却从来不会是确切无误的，并且正如我说过的，整个证明是以第一个证明为前提条件。如果我们更加仔细、认真地审视受人喜爱的物理神学，并在我的哲学帮助下予以检验，就会看出这不过是关于大自然一个错误的基本观点所得出的结果。这个基本观点把意欲的直接现象或说直接客体化贬低为只是间接的现象，因而并没有在自然生物中认出意欲那原初的、原动力的、不具认知的，也正因此不会出错的确切作用，而是把自然生物解释为只是次级的，只有在认知的照明和在动机的指引下才会发生的现象。因此，把发自内在的驱动理解为从外在剪裁、定模和塑造以后的结果。这是因为如果意欲作为自在之物（而这完全不是表象），在受其自身原初性的驱动而客体化，而进入头脑表象时，我们就假设头脑中显现出来的东西也就是在表象世界中的东西，因此也就是因认知而带来的东西。这样的话，世界当然就会表现为只有通过极其圆满的认知，通过能对所有的东西及其联系一览无余的认知才有可能的东西，亦即表现为最高级智慧的作品。这方面我建议大家阅读我的《论大自然的意欲》，尤其是第43—62页的“比较解剖”，《作为意欲和表象的世界》第2卷第26章的开首。

第二个神学证明，即本体论证明，正如我说的，并没有把因果律作为引线，而是以认知的根据原则作引领——这样，上帝存在的必然性就成了逻辑的必然性。也就是说，只是通过分析判断，从有关上帝的概念，据说就可以表明上帝的存在，以至于人们不可以把上帝这个概念作为某一命题的主体——假如在这一命题里，上帝的存在遭否认——因为这会与命题的主体相矛盾。这在逻辑上是正确的，但也是很自然的、一眼就能轻易看穿的把戏。也就是说，运用"完美"或"现实性"这些人们作中性之用的概念，把存在的谓词加进主语里面——在这之后，人们在重新遭遇这些概念时，通过分析判断就不难把那些加进去的东西展现出来。但把整个概念列出来的合理性，却从来不曾得到证明。这个概念要么是完全随意虚构的，要么是由宇宙论的证明带来的——这样，一切就都归为物理上的必然性。克里斯蒂安·沃尔夫似乎明白了这些，因为在他的形而上学里面，他唯独用了宇宙论的论据并直接说了出来。至于本体论的证明，人们可以在我的《论充足根据律的四重根》（第2版，第7节）找到我对此的仔细探究和评估。我推荐读者阅读。

这两个神学证明当然是相互支撑的，但并不因此就成立了。宇宙论证明的优点是解释了上帝的概念是如何形成的，现在则通过其副手，通过物理神学的证明使其成为一个可信的概念。相比之下，本体论的证明却完全没有证明那最最真实的生灵的概念是如何得来的。所以，本体论的证明要么声称这一概念是与生俱来的，要么是从宇宙论的证明那儿借来的，然后，为了支持这一概念就用上听起来崇高、庄严的句子以形容这一生灵，并且这一生灵除了被想象为存在以外，不可能还会是别的，其存在已经包含在这一概念里，等等。对发明这本体论证明，我们不得不承认其独到的眼光和细腻的心思，如果我们细想一下这下面所说的。要解释某一既定的存在的话，那我们就要指出这一存在的原因：由于这一原因，这个存在就必然出现了。这可视为一种解释。正如我指出得够多的，这条途径会一直追溯，以至无穷无尽，因此，这是永远不会达致某一最终的、彻底的解释根据。但如果某一生灵或存在物的存在的确是从这个存在物的本质，也就是从这个存在物的概念或定义推断出来，那情况就不一样了。也就是说，这个存在物的存在就会被认定为必然的（"必然"在此，一如在任何别处，都只是表示"随其原因而出现"），而用不着与其自身概念以外的某样东西联系在一起。所以，这个必然性就不是一种匆匆而过的、暂时的必然性，亦即不是那种本身设有条件的，因此一直是环环相连，直至无穷的必然性，正如因果的必然性永远都是这样的情形。确切地说，这时候只是认知根据就可以一变而为真实的根据，亦即变为原因，从此以后，就能非常适合为所有的因果序列给出一个最终的，并因此是扎实的切入点，然后就有了我们想要找到的东西。但我们在上面已经看到，所有这些都是虚幻的，甚至亚里士多德也的确想避免这样一些诡辩论调，因为他说"存在并不属于一样事物的本质"（《后分析篇》，第2部分，7）。笛卡尔不为所动，在坎特伯雷大主教安瑟伦为同样的思路开辟了路子以后，就提出了上帝的概念：上帝做成了一切需要做成的事情。但斯宾诺莎给出了关于世界的概念：那是单独存在的物质，因此"自身就是原因，亦即经由自身而存在，经由自身而设想，因此，它不需要任何其他东西而存在"（《伦理学》，第1部，97）。然后，为表示尊重，斯宾诺莎给这样定义的世界以"神"的名称——以便让所有人都能满意。但这仍然始终是变戏法者的故技，想把逻辑上的必然性变换成真实的必然性。连同其他相似的欺骗手法，终于给了洛克机会，对概念的根源进行伟大的探究。批判哲学的基础就此奠定了。对上面两个教条主义者的方法的专门阐述，大家可参见我的《论充足根据律的四重根》（第2版，第7—8节）。

那么，在康德通过对思辨神学的批判而给了思辨神学致命一击以后，他必须争取缓和由此造成的印象，亦即用上一些就像止痛药一样的镇静剂，类似于休谟所用的方法。休谟在很不错也很无情的《关于自然宗教的对话》的最后向我们透露，所有这些都不过是玩笑话而已，都只是"逻辑的练习"。与此相应，为替代上帝存在的证明，康德给出了实践理性的律求及由此产生的道德神学。康德的这些律求并没有声称具有对认知或理论理性的客观有效性，但在涉及行为或实践理性方面却有完全的约束力；这样，没有知的信仰就奠定起来了——人们手上至少还有某种东西。充分理解的话，康德所阐述的不过就是死后会得到一个公正上帝所给予的奖赏或惩罚的假想，是一个有用的和足够的掌控模式，其目的就是解释对我们的行为所感受到的严肃的、伦理上的含意，以及指导这些行为本身；所以，在某种程度上，这样的假想就是给出了一套表达真理的寓言，以便在这方面（唯独这方面才是最终重要的）让那套假想取代真理的位置——虽然在理论上或客观上都没有正当的理由这样做。一个有着同样方向的类似模式，却有着多得多的真理内涵、更大的可能性，并因此有着更直接的价值，那就是婆罗门教奖惩性的灵魂转生教义。据此教义，我们在将来的某一天，都要重生为我们曾经伤害的每一个生物以承受同样的伤害。因此，我们必须在这里所指出的意义上理解康德的道德神学，因为我们要记住：康德自己也没有像我在这里那样，毫无保留地表达对那真实情形的看法。相反，在提出只具有实际效力的理论学说怪物的时候，康德期待聪明者对此会有所保留。最近时期人们对康德哲学已经不了解了，这一时期所产生的神学和哲学著作通常都试图给人这样的印象：康德的道德神学就是真正教义性的一神论，是上帝存在的一个新的证明。但康德的道德神学却一点都不是这样的东西，完全是在道德学、伦理学范围内才有效的，只是服务于伦理学的目的的东西，并不曾有一丝一毫越出这个范围以外。

甚至哲学教授也无法长久对此保持满意，虽然康德对思辨神学的批判让他们明显感到难堪。这是因为他们很早就看出，他们的专门职业就在于阐明上帝的存在和上帝的特质，上帝就是他们哲学论辩里的主要对象。因此，当《圣经》教导说，神养活田野上的乌鸦，那我就必须补充：神也养活了讲坛上的哲学教授。甚至时至今日，这些哲学教授还在斗胆宣称：绝对（人们都知道，"绝对"就是那亲爱的上帝的新款头衔）及其与这世界的关系就是哲学的真正课题，要更仔细地对它定义、描述和幻想，就是他们一如既往的工作。这是因为要为这种哲学付钱的政府，当然愿意看见从哲学课堂里走出来的是良好的基督徒和勤上教堂的人。所以，当康德打乱他们的计划，证明了思辨神学的所有证明都是不可靠的，与他们所选课题相关的所有知识是我们的智力绝对无法插足的——操弄这些有利可图的哲学的先生们，将是怎样的心情呢？开始的时候，他们曾试图运用其人所共知的看家本领以应对，即试图无视，然后反驳和否认。当这些手段支撑不了很长时间时，他们就死死坚持这样的说法：上帝的存在虽然没有什么证据，但也不需要证据，因为这是不言自明的事情，是这世界上已经解决得至为彻底的问题，我们对此根本不需存疑，我们有某种"对上帝的意识"。[1]我们的理性就是让我们直接认识世界以外事物的器官，关于这些事物的知识是由这个器官直接获悉（Vernommen）的，正因为这样，这个器官就被称为理性（Vernunft）！（在此，我友情请求读者参见我的《论充足根据律的四重根》第 2 版第 34 节，《伦理学的两个基本问题》第 148—154 页，《对康德哲学的批判》第 584—585、617—618 页。）至于上帝意识的起源，最近在这方面有一个值得注意的图像说明，有一幅铜版画展示了一个母亲在训练她 3 岁的孩子跪在床上，合掌祈祷。这种习以为常的行为肯定构成了上帝的意识，因为毫无疑问的是，在最柔弱的年纪，初次发育的大脑经过这番布置以后，上帝的意识就牢牢地植入大脑里，就好像这真的是与生俱来的

---

[1]　［另一版本］"对上帝的意识"也表明，我们直接先验地意识到，某一人格化的神灵创造了世界。这样的意识或许是存在的，但不是先验的。我们最近甚至有了上帝意识起源的直接说明，这甚至有助于极有偏见的人明白上帝的意识是什么。也就是说，有一幅流传很广的铜版画，展示了一个 3 岁的孩子，跪在床上，双手合十，头朝着天上，母亲在孩子的旁边训练和念字词给孩子。谁要是 3 岁的年纪，头脑柔弱，正在发育，经过这种方式的布置以后，在其以后的一生中，当然就会获得难以根除的对上帝的意识，他把这意识视为与生俱来，就不奇怪了。但总的来说，这样的做法不管运用在何方面，都可视为接种上了某一固定的想法——不管这想法是什么，哪怕这想法多么的疯狂，这想法直至人的生命终结，也会伴随着他，对于他就视为与生俱来的、直接的领悟。

一样。但根据另一些人，这个理性的器官只是提供了预感、猜测；又有其他一些人甚至想出智力的直观！再有一些人发明了绝对思维，亦即人们不需要看视周围的事物，而是在上帝的全知中就可一次性地确定事物应该是什么样子。这在所有的那些发明中无可争议是最方便好用的。这些人全都抓住"绝对"一词，只用这个词就概括了宇宙论的证明，或者更准确地说，宇宙论的证明是那样的浓缩，那样的微观，以致眼睛无法得见，不为人识地溜走不见了。但现在，人们声称这里面的内涵就是不言自明的。这是因为自从康德对其"严格检验"以后，"绝对"一词已经不敢让我们见到其真身了，我在《论充足根据律的四重根》（第 2 版）和《对康德哲学的批判》（第 2 版，第 544 页）中已经详细阐明。至于谁是第一个在大约 50 年前运用这一手法，神不知鬼不觉地把已被戳穿和驱逐了的所谓宇宙论证据，夹带进了"绝对"一词里面——这我是说不出来了。但这种手法却与大众的能力精确吻合，因为时至今日，"绝对"一词仍然被当成真币而流通。简言之，尽管有了《纯粹理性批判》及其证明，哲学教授们仍然永远不会缺少关于上帝的存在及上帝与这世界的关系的真实信息。对于这些哲学教授来说，哲学论辩应该完全就是详细地传播这些信息。正如人们说的，"一分钱，一分货"，他们所认为的不言自明的上帝也是如此：既缺手也短脚。正因为这样，他们把上帝藏在山的后面，或者隐藏在哗啦啦的词语大厦后面，以致人们无法窥见其真容。如果人们可以强迫他们清楚解释一下其所用的"上帝"一词，到底是要人们想到些什么，那我们就会看到上帝是否就是不言自明的。甚至那"创造一切的自然"（他们的上帝经常都面临着等同这意思的危险）也不是不言自明的，因为我们看到留基伯、德谟克利特、伊壁鸠鲁、卢克莱修就不曾以这"创造一切的自然"构建起这个世界。这些人物虽然有其错误的地方，但却比一大群的风向标人物更有价值，因为后者的谋生工具哲学是随风而转的。但"创造一切的自然"却绝对不是上帝。"创造一切的自然"的概念，只是包含了这样的见解：在那不断变化、异常短暂的"被创造出来的自然"现象后面，必然隐藏着某种不会消逝的、不知疲倦的力，因为这种力的缘故，那现象永远在自我更新，因为这力本身不会受到那些现象消亡的影响。正如"被创造出来的自然"是物理学的研究对象，同样，"创造一切的自然"就是形而上学的探究对象。这最终引导我们看到：甚至我们自己也是属于自然的，因此在我们自身，我们不仅拥有既属于"被创造出来的自然"也属于"创造一切的自然"最接近和最清晰的样品，而且这个样品甚至是唯一可以从内在接触到的。那么，既然认真和仔细地回想与反省我们自身，会让我们看出意欲就是我们的本质内核，在此，就"创造一切的自然"，我们得到了直接启示，因此也就有了合理理由把这个直接启示推及其他我们只是单方面认识的存在物。这样，我们终于认识到这个伟大的真理："创造一切的自然"或者说自在之物，就是我们心里的意欲，但"被创造出来的自然"，或说现象则是我们头脑的表象。就算撇开这一结果不论，这一点也是很清楚的：只是把某一"创造一切的自然"与"被创造出来的自然"区别开来，也远远不是一神论，甚至也不是泛神论，因为要成为泛神论（如果这不只是空话的话）还需要补充某些道德素质，某些明显并不属于这个世界的道德素质，诸如善良智慧、内心喜悦，等等。除此以外，泛神论是一个自相勾销的概念，因为上帝的概念预设了还有一个与上帝不同的世界作为其根本的补充。假如世界本身把上帝的角色接了过来，因此就成了一个绝对的、没有上帝的世界；所以，泛神论只是无神论（Atheismus）的委婉语。但无神论的说法却包含了陷阱，因为这个说法预先就设定有神论（Theismus）是不言自明的，这样它就狡猾地避开了"谁主张谁举证"，而所谓的无神论就有了"先占领者的权利"，有神论首先就要把其推倒才行。为此，我要允许自己指出，人们并不是受割礼以后，因此不是成了犹太人以后才来到这个世界的。就算假设某一有别于这个世界的原因就是这个世界的成因，那也并不就是有神论。有神论所要求的不仅是某一个与这个世界有别的世界成因，而且这个世界的成因还必须是有智力的，亦即有认识力、有意欲的，因而是人格化、个体的世界成因；而"上帝"或"神"所标示的正是这样一个世界的成因。一个不具人格化、个体化的"上帝"或"神"，根本就不是"上帝"或"神"，而只是这个词的误用，是一个错误的概念，一个自相矛盾的形容词，是哲学教授的标记口号。他们在不得不放弃这个事情以后，就总想着以这个词蒙混过关。另一方面，人格化、个体化，亦即自我意识到的个性，就是一个现象而已，他先是认识，然后根据所认识到的而意欲；要知晓这一现象，那完全只能通过我们这个细小行星里面的动物本性。这个现象与动物本性是如此紧密地连接在一起，以至于我们没有合理的理由，甚至没有能力把这个现象与动物本性想象为彼此分开的和独立的。那么，把某一这样的存在物设想为大自然本身的本源，甚至所有存在的本源，就是很大胆的异想天开。第一次听到这一想法的时候，我们会大为惊讶——假如这一想法不曾通过早年的灌输和不断的重复已经为我们所熟悉，并成了我们的第二天性和几乎成了定见。因此，顺便在此一说，最能让我相信卡斯帕尔·豪泽[1]的真实性的，无过于这样的陈述报告：向他讲述所谓的自然神学，并没有像人们所以为的那样明白易懂。除此之外，卡斯帕尔（根据斯丹侯普伯爵致教师梅耶尔的信）还表示出对太阳某种异常的敬畏。那么，在哲学里教导说，神学的根本思想是不言自明的，理性不过就是直接把握那些根本思想、认清其为真理的能力——这样的教导就是不知羞耻的自以为是。我们不仅不可以在没有完全有效的证明的情况下，在哲学里设定这样的思想，这样的思想对于宗教也完全不是至为重

---

[1]　卡斯帕尔·豪泽（Caspar Hauser，约 1812—1833）是个德国青年，声称自己在一个黑暗洞穴中长大。豪泽的声称及他后来被人所杀都引起了关注和争论。

要的——佛教就证明了这一点，因为佛教完全不允许这样的思想，可以说断然拒绝，并坦白承认是反一神论的——用我们的表述语的话。而佛教是这地球上最有代表性的、古老的、现有 3.7 亿信众、极其讲究道德，甚至禁欲苦行、供养无数僧侣的宗教。[1]

根据以上所述，拟人化、人格化是一神论一个极为关键的特征。拟人化不仅只体现在人形，甚至不仅只体现在人的感情和激情，而是体现在根本现象本身，也就是说，体现在某一装备了智力指引的意欲现象。我们了解这一现象，正如已经说过的，纯粹是出于动物的本性；如果是出于人的本性的话，那这个了解就是最完美了。意欲现象也唯独作为个体才得以让我们想象，如果个体具备了理性，那就称其为人格化。这也得到了这一表述语的证明，"真实就得像上帝活着一样"；他就是一个活着的，亦即具有认知、意欲的生灵。正因为这样，天空属于上帝，好让他在那里庄严就座和统治。主要就是因为这个理由，而不是《约书亚书》（10：12—14）里面所说，哥白尼的宇宙体系马上就激起教会的怨恨；与此相应，这

---

[1] 阿瓦的佛教高僧扎拉多布拉，在给一个天主教主教一篇关于其宗教的文章中，把这样的说法，即某一神灵创造了世界和所有万物、这一神灵也是唯一值得崇拜的，列为六个值得谴责的异端邪说之一（法兰西斯·布坎南，《论缅甸的宗教》，《亚洲研究》第 6 卷，第 268 页）。在此值得一提的是，在同一系列中（第 15 卷，第 148 页）所说的话，即佛教徒不会在那些神像前鞠躬，理由就是始祖就在整个大自然之中，因此也就在他们的头脑之中。同样，渊博的东方研究者、圣彼得堡院士艾萨克·施密特在《中亚细亚的古老文化历史领域的探究》（圣彼得堡，1824）第 184 页是这样写的："佛教的体系里面并没有什么永恒的、并非创造出来的、单独的神灵一样的生物——他先于所有时间之前就已存在，并创造了所有看得见的和看不见的万物。这样的想法对于佛教徒是完全陌生的，在佛教书籍里，人们也找不到点点滴滴这样的思想。也同样没有《创世记》这样的东西。"

饱受康德和真理压迫的哲学教授们，他们"对上帝的意识"又在哪里呢？又是如何与这样的事实相协调，即大概占了全人类的 2/5 的中国人，他们的语言里面并没有"上帝"和"创世"的词语？因此，摩西五书的开首诗篇已经无法翻译成中文，这对那些传教士是很困惑的事情。乔治·斯丹顿爵士就想通过他的这本书给他们帮助，书名是《在圣经的中文翻译中如何恰当处理"上帝"一词》（伦敦，1848）。

百年以后，我们发现乔尔丹诺·布鲁诺也在同时捍卫哥白尼的体系和泛神论。那些试图把一神论与人格化分开的人，误以为只是触碰到事情的外壳，其实却恰恰触及了其最内在的本质，因为尽力在抽象中把握其对象物的过程中，人们也就把这个对象物升华至模糊不清、如在雾中的人物了；在人们尽力让其避免成为人形的情况下，其轮廓逐渐消失。这样，那个小孩子的基本想法最终化为乌有。但除此之外，人们可以指责专门试图做出这类事情的理性神学家，恰恰是与《圣经》原文相抵触，因为《圣经》说："神就照着自己的形象造人，乃是照着他的形象，造男造女。"（《创世记》，1:27）所以，哲学教授的那些行话滚开吧！除了上帝以外，并没有其他的神，《旧约》就是神的启示，特别是《约书亚书》。[1]

在某种意义上，我们的确可以与康德一道把一神论称为实际的律令，但其意思与康德的原意完全不一样。也就是说，一神论事实上并不是认知的结果，而是意欲的产物。如果一神论在原初真的是理论性的，那怎么可能其所有的证明都站不住脚呢？这根本就是出自意欲，其方式如下。那永远的需求和困境，时而让人们的心（意欲）充满焦虑，时而又激烈动荡，持续处于恐惧和希冀之中，而人们所希冀和恐惧的却又不是在人的控制之下；事实上，对带来这一切的因果链条，人们也只能认识其中很短的一段。这样的困境，这些永远的恐惧和希冀，最终促使人们创造出能够决定一切的人格化的个体神灵。我们可以假设，这样的人格化神就像其他人一样，会接受人们的请求、奉承、效力和礼物，因此会比硬邦邦的必然性，比顽固、无情的自然力和推动世界进程的隐晦力量更易对付。那么，一开始根据不同的情形有多个不同的神祇——这是很自然的，也是古人出于实用的目的行事。在这之后，由于认知需要前后一

---

[1] 上帝原本就是耶和华，但哲学家和神学家把外衣一件件地脱掉，到最后除了字词以外，就什么都没有留下。

致、条理性和统一性，所以就安排这些神祇受命于一个神，或者把众多的神祇缩减为只有一个。正如歌德有一次对我说过的，这唯一的神当然是没有什么戏剧性的，因为只有一个神，那就没有什么可展开的了。但最核心的原因却是那忧虑不安的人，在他常常处于悲惨和巨大困境之时，在关乎其永恒极乐方面，他们那种要仆倒在地上，要乞求帮助的迫切冲动。人们更愿意依赖别人的恩宠，而不是依靠自己——这是有神论的一个主要支柱。所以，为了让心能获得祈祷所带来的轻松和希望给予的安慰，人们就必须运用智力创造出一个神，而不是反过来：是因为他们的智力以正确的逻辑推断出神，所以他们就向其祈祷。假设人们没有匮乏，没有愿望和需求，大概也就是只有智力、没意欲的生物，那他们是不需要神的，也不会造出任何神。心，亦即意欲，在处于艰难困厄之时，会呼唤全能的，亦即超自然的救助，因此，因为需要祈祷，所以就要人格化一个神出来，而不是反过来。所以，在各个民族的神学里面，神祇的数目和性质都有很大的差别，但在这一点上，各民族却是相同的：神祇们都有能力帮助人们，也会帮助人们——只要人们侍奉这些神，朝拜这些神的话。这才是关键所在。但这同时却是一块胎记——以此我们可以认出所有神学的出身，亦即都是出自意欲，出自心，而不是头脑或认识力的产物，就像所声称的那样。与此相吻合的是，康斯坦丁大帝和法兰克国王克洛维改变其宗教的真正原因，就是他们希望在战争中能够得到新神更好的帮助。也有一些民族，就好比更喜欢小调而不是大调，他们崇拜的不是神祇，而是恶灵。献祭和崇拜的目的就是让恶灵不做出伤害人的事情。在结果方面，大体而言，并没有什么差别。类似这样的民族似乎就是在传入婆罗门教和佛教之前，居住在印度半岛和锡兰的原住民。他们的后裔据说在某种程度上还有敬奉恶灵的宗教，如同许多原始民族那样。那混杂了僧伽罗佛教的卡普巫术也由此而来。同样，拉亚德所探访过的美索不达米亚魔鬼崇拜者，也属于这一类。

　　与这里阐述的所有有神论的真正根源密切相关的，也同样是源自人的本性的，就是人们祭供其神灵以向神灵贿买恩惠的欲望，或者如果那些神灵已经显示了恩惠，那就确保这些恩惠能够源源不断，或者能够出钱去掉那些灾祸（参见桑楚尼亚松，《断片》，1826，第 24 页）。这就是祭供的含意，因此也是一切神祇存在的起源和支撑。我们也就可以真切地说：神祇就是以祭供为生。正因为人虽然是匮乏困苦和智力有限的孩子，但那呼唤和收买超自然帮助的迫切欲望，对于人来说却是自然的，满足这种欲望是一大需要，所以，人就自己创造出神。因此，不管是哪个时期，也不管各个民族是多么的不同，给神祭供都是普遍的事情；尽管各种情形和各种文明差异极大，但这桩事情的性质是同一的。所以，例如，根据希罗多德（《历史》，第 4 卷，152）的叙述，来自萨默斯的一艘货船，在塔特索斯以超好的价格出售了船上的货物并赚到了不曾有过的一笔巨款。随后，这些萨默斯人就花了这些钱的 1/10，即 7 个塔兰特的钱买了个巨大的、铁铸的、做工精美的花瓶，并送到赫拉的神庙。与这些希腊人相应，我们可以看见，今天那些可怜的、身材矮小的侏儒一样的游牧和养鹿的拉普兰人，把省下来的钱藏在山崖、裂隙中各个不同的秘密之处，也只有到了死亡之际，他们才会把这些藏钱地点告知其唯一的继承人，但还有一处地点除外，因为在那个地点所藏的钱是他们祭供给猎区的保护神的（见阿尔布莱希特·潘克里提乌斯著《1850 年在瑞典、拉普兰、挪威和丹麦的游历》，柯尼斯堡，1852，第 162 页）。所以，对神的信仰植根于自我主义。也只有在基督教中真正的祭供被剔除了，虽然其化身的安魂弥撒、修道院、教堂仍然存在。除此之外，尤其在新教徒，赞颂、感恩必须作为祭供的代替品而出现。因此，这些赞颂和感恩就被推至极致，甚至在一些对一个不怀偏见的人来说并不般配的场合。这就类似于国家并不总是以礼物奖励做出功勋的人，而只是以荣誉的证明予以表彰，并以此让这方面的做法延续下去。这方面值得我们回想起伟大的大卫·休谟对此话题所说过的话。所以，不管这神是被视为他们自己的守护神，抑或是普天之下的统治者，他的信徒都会用尽方法争取得到他的青睐；人们设想他和信徒一样喜欢得到赞美和奉承，所以，信徒一点都不会吝啬对其赞颂和夸张。随着人们的恐惧和痛苦变得更加迫切，他们就会发明出谄媚的新调子，就算有人在夸大歌颂神祇方面超过了前人，也肯定会被后来者超越，因为后来者会带来更新的和更豪华、更壮丽的形容词与称号。他们就是这样的比拼，直到达致无限——在这之后，就再没有更进一步的可能了（《杂文》，伦敦，1777，第 2 卷，第 429 页）。再有一点似乎是确切的，虽然庸众当初认为神祇是一个有局限性的神灵，只是健康或者疾病、充足或者匮乏、富贵或者厄苦的一个特定原因，但当有人要他们接受更加宏伟壮丽的想法时，他们会认为拒绝同意将是危险的。你会说你的神是一个有局限性的、有欠完美的、会被更巨大的力量所克制、是受制于人的激情、痛苦和弱点吗？你会说你的神有其开始，也可能有其结束吗？对此，他们是不敢断言的，他们会想到最安全的做法就是唱和那更高的颂词时，试图装出一副陶醉和虔诚的样子以讨好神灵。要对此印证的话，我们可以观察到，在这种情形里，庸众的赞同只是口头上的跟风，他们并没有能力想象出那些他们似乎归之于神的崇高素质。尽管用上了浮夸的言辞，但大众对神的真正看法，仍然是可怜和琐细的（同上书，第 432 页）。

康德为了减轻其批评所有思辨神学给人的冒犯，就另外不仅补充了道德神学，而且还加上了这样的保证：虽然上帝的存在仍然是未经证明的，但要证明上帝不存在也是同样不可能的。这样，许多人的心就平静了，因为他们并没有留意到，康德装出一副头脑简单的样子，忽视了"谁主张谁举证"；他们也不曾留意到无法证明其存在的事物可是数不胜数的。康德也很自然地、更加小心地不去证实一些论据，以免人们以这些论据作间接的相反证明——如果人们不再只是采取守势，而是主动出击的话。这个具体方式如下。

（1）首先是这个世界的悲惨本质。世上的生物是相互吞吃以维生，结果就是所有活着的生命都会感受困苦和恐惧；灾祸众多和巨大；种种苦痛花样繁多，无可避免，很多时候到了可怕的地步；生命的重负本身及其匆匆走向惨痛的死亡——这都无法与这样的说法诚实地联系起来：这个世界据称就是那集至善、至智和至能于一体的神灵所创造出的作品。对此论据，大喊大叫不予正视是容易的，正如要摆出充分、有力的理由和根据以解释这个事情是相当困难的。

（2）有两点不仅是每一个思想者都会关注，而且每一门宗教的追随者也是至为上心的，因此，宗教的力量和持久存在就取决于这两点：第一点是我们行为的超验道德意义，第二点是死后我们是否继续存在。如果一门宗教很好地照顾到这两点，那其余的一切都是次要的。因此，我将在这里就第一点检验一下一神论，在下面第（3）则检验第二点。

也就是说，一神论与我们行为的道德性有双重关系，亦即"无尽的过去"和"无尽的将来"，亦即涉及我们行事的原因和结果。我们先看看后者。虽然一神论给了道德学以支持，但这个支持却是至为粗糙的一种，并且对道德学的支持抵消了我们行为的真正的和纯粹的道德性，因为这样一来，每一个非自利的行为就会因为所获得的那一张保证兑现的期票（这也是某种支付，虽然其兑现期很长）而转变为自利的行为。也就是说，那一开始作为创世者的神，到最后就成了报复者和酬报者。出于对神的顾虑，当然会召唤出高尚的行为，但这些高尚的行为却并非纯粹的美德行为，因为害怕受到惩罚或者希望得到奖赏是这些行为的动因。更准确地说，这种高尚的行为在骨子里却是精明的、经过算计的自我主义。这说到底只是对无法显示、无法证明的事物信仰的坚定程度的问题：如果这种信仰是坚定的，我们当然就会毫不犹豫地承受短时间的痛苦而换来永恒的快乐；这样的伦理学的真正指导口号就是"我们可以等待"。只不过，每一个人如果做出的行为就是要得到回报，不管这回报是在这一世界还是留待将来的世界，那这个人就是个利己主义者。如果所希望的回报落空了，这是因为统治世界的意外和偶然所致，抑或是因为对将来的空洞幻想所致，对他都是一样的。正因为这样，真正说来，康德的道德神学也一样是侵蚀伦理学的。

现在，再说回"无尽的过去"，一神论也同样与道德学相抵触，因为一神论抹杀了自由和责任能力。因为对一个这样的人——就其存在和本质而言，这个人都是另一生灵所为——罪责和功德都是不可想象的。沃夫纳格就已经正确指出了，一个接受了一切的生物，也就只能以他所接受了的一切行事；神的全部和无限的力量也无法让他独立自主（《论自由》，巴黎，1823，全集第 2 卷，第 331 页）。这个人也就像其他每一个能想象出来的存在物一样，只能按照他那本性而发挥，并以此显现出这本性。但他的性质（beschaffen）就是他当初被创造（geschaffen）时造成的。那么，如果他行事卑劣，那是因为他就是卑劣的，这也不能怪罪于他，而应该怪罪造出他这种人的作者。创造出这种人的存在和这种人的本质以及处境的，不可避免的就是这种人的发挥和行事的作者，因为这种人的发挥和行事受到这种人的本质、处境的确切规定，正如一个三角形受两个角和直线的确切规定一样。这些正确的论据，很多人都狡猾地和胆怯地置之不理，但圣奥古斯丁、休谟和康德却看得很清楚，也坦白承认。对此，我在获奖论文《论意欲的自由》（第 67 页及以下）中已作详尽介绍。正是为了避开这可怕的和毁灭性的困难，人们才发明了意欲是自由的说法。这一说法包含了完全荒谬的，完全是虚构出来的东西，因此总是受到有思想者的批驳，并早已遭到摒弃。但在《论意欲的自由》中，这一说法得到了应该是至为系统的和至为彻底的驳斥。就让庸众继续受着意欲是自由的想法的困扰吧，甚至那些大谈哲学的庸众。这些与我们又有什么关系呢？声称某一既定之物是自由的，亦即在既定的情形下，既可以这样做也可以那样做，就等于说这一既定之物有其存在（existentia）却又没有本质（essentia），亦即只是却又不是任何某种东西（irgend etwas）；因此，他什么都不是，与此同时他又是，所以，在同一时间既是又不是。由此可见，这是荒谬到了极点。但对那些并不是要寻求真理，而只是为稻粱谋的人，仍然是没有问题的。因此，这些人永远不会承认任何与他们赖以维生的无用东西，与他们那"约定了的童话"不相吻合的东西。他们并不是以反驳，而是以不理不睬来抚慰其无能为力。对这些"朝着地上、一心要填饱肚子的动物"的看法，人们还需重视吗？所有称为是的，也就是某种东西，也就有某一本质、某一性质、某一性格，而这种东西也就只能根据其本质、性质和性格而活动、而行为（这称为根据动因而活动）——一旦外在的机会来临的话，这些外在机会就引诱那些本质、性质和性格个别地、独特地表现出来。那么，获得了存在，也就一并获得了性质、本质，因为两者虽然在概念上并不一样，但在现实中却是不可分开的。有了某一本质，亦即有了某一本性、某一性格的东西，就永远只是根据这些而不是根据别的发挥和活动，只是时间点和每个行为更具体的形态和特性，才是每一次由所出现的动因所决定。造物主把人造成自由的，这意味着某种不可能的事情，亦即造物主赋予了一个人存在，但这个人又没有本质，因此这个人也就纯粹只是在抽象中的存在，因为造物主听任其在抽象中随心所欲成为某一种东西。关于这个问题，请读者参见我的《论道德的基础》。道德上的自由和责任感或说应负责任，绝对是以自我独立的存在为前提条件。人的行为、行动总是发自性格，亦即发自生物或存在物特有的和因此不变的性质，受动因的影响并根据具体的动因而必然地发出。由此可见，如果一个人要负责任的话，这个人的存在就必须是原初的和出自自己绝对的权力和能力；就这个人本身存在和本质而言，必须是自己的作品；他必须是自身的创造者——如果要假设说这个人就是其所为的真正作者和发起者的话。或者正如我在我的两篇获奖论文里说过的，自由不会在运作和发挥之中，所以，必然是在本质那里。

既然所有这些不仅先验就可论证，甚至我们日常的经验就可清楚教导我们：每个人都带着他那已是完备了的道德性格来到世上，终其一生也坚守此性格不变；再者，既然这一真理在现实和实际社会中秘而不宣，但却得到人们的肯定，因为每一个人都是根据他人一旦暴露出来的性格特征而永远地确定了信任或者不信任他人——既然如此，那我们就会觉得奇怪：为何只是自 1600 年以来，人们在理论上宣称并因此教导与上述真理相反的东西，亦即教导说所有的人在道德上从一开始是一样的，人们在行事上的巨大差别并非出自原初的、与生俱来的素质和性格的差别，也并非出自那出现的情势和起因，而是真正从绝对的无中产生出来，然后，绝对的无就获得了"自由的意志"（或"自由的意欲"）之名。不过，荒谬的学说之所以有其必要，是因为另一个同样是理论上的假设，两者是密切相关联的。这另一个假设就是：人的诞生就是人的存在的绝对开始，因为人是从无中创造出来的。那么，有了这一前提假设，假如生活真还有某种道德上的含义和方向，就只能在生活过程中寻找道德含义和方向的源头，更准确地说，只能从无中寻找这些，因为这个人就是从无中产生的。这是因为道德性格那种深不可测的、原初的和与生俱来的差别，都清楚地还原为与之前的条件，与更早的存在，或者与超越了时间的某一行动的等等关系，但这些关系在此却一次性地、永远地被排除掉了。所以就有了意志（意欲）是自由的荒谬说法。人们都知道，所有真理都是互相连贯、协调的。但谬误也让另一个谬误变得必不可少，正如一个谎言需要又一个谎言的支持，或者就像两张纸牌对靠着以相互支撑——只要没有东西推翻它们的话。

（3）接受了一神论的假设以后，至于我们死后是否继续存在的问题，并不比自由意欲好得了多少。被其他的生物创造出来的东西，有其存在开始的时候。现在，从来不曾在过去的无尽时间里存在过的东西，从今以后却被认为是可以永恒长存的——这样的看法是非同寻常的大胆。如果在我诞生的时候，是从无中生成，那最有可能的就是我死后重归于无。在"无尽的将来"永远存在与在"无尽的过去"的无和什么都不是，却是无法走到一块的。只有本身是原初的、永恒的，不是创造出来的，才是不可毁灭的（参见亚里士多德，《论天》，第 1 卷，12，282，25 及以下；普利斯特里，《论物质和精神》，1782，第 1 卷，第 234 页）。因此，那些相信在 30 年或 60 年前自己还只是纯粹的无，然后，作为他人的作品从纯粹的无产生出来——相信这些说法的人，或许在死亡之际是相当绝望的，因为他们现在就要拼尽全力去设想：他们如此生成的存在，尽管是在流淌了无尽的时间以后才开始，却仍然可以无尽地延续下去。相比之下，如果认出自己就是一切存在的原初、永恒的实质和源泉，如果知道在自身之外，其实并没有任何东西存在；在自己的个体存在要完结之时，嘴上甚至心上念着神圣《吠陀经》这些字词的人——"我是所有的创造物，我身之外，再没有其他的东西"——又怎么会恐惧死亡呢？也只有这样，他们才能以前后一致的想法平静地去世。这是因为，正如我说过的，自我独立的存在既是应负责任的条件，也是不朽的条件。与此相应的是，蔑视死亡，在死亡时分能够完全泰然自若，甚至喜悦，在印度是很常见的。相比之下，犹太教原本是唯一的和纯粹的一神教，它宣讲的确实是上帝创造了天和地的宗教，也完全是前后一致的，即并没有永生不朽的学说，亦即没有死后的奖赏或惩罚，只有暂时的惩罚和奖赏。犹太教也因此有别于所有其他宗教，虽然这对犹太教并不是有利的。从犹太教生发出来的两个宗教，其实在这方面是前后不一的，因为它们从其他的，从更优秀的信仰学说中知悉并拿来了永生、不朽之说，却又

保留了创世者、上帝。[1]至于如上所说的，犹太教是唯一的、纯粹

---

[1] 从《创世记》一直到《编年记》的所有篇章所陈述和教授的真正的犹太教，是所有宗教中最粗糙的，因为犹太教是唯一完全没有永生学说的，甚至连这方面的点点痕迹都没有。每一个君主，每一个英雄，每一个先知死亡后，都会埋在其先父先祖那里。这样，一切就都完结了，死后并没有任何其他别样的存在，甚至这方面的任何想法似乎都被刻意扫除掉。例如，耶和华给约西亚王的赞词，在结尾处许诺了一个奖赏："看吧，我必使你平安地归到坟墓，归到你的列祖那里。"（《编年记》，2，34：28）。这样，他就不用活着看到尼布甲尼撒二世了。但并没有死后还有另一种存在的思想，亦即没有死后还有积极的奖励，而只是消极地死亡和不再承受更长远的苦痛。当耶和华用完和折磨完他的作品和玩具以后，随手就将其扔进垃圾堆里——这就是对那玩具的奖赏。正因为犹太教不知道永生这回事，因此不知道死后的惩罚，所以，对那些在这世上混得很不错的罪人及其恶行，耶和华只能威胁惩罚他们的孩子和他们孩子的孩子，直至第四代人，正如我们在《出埃及记》（34：7）和《民数记》（14：18）中所看到的。这证明了犹太教并没有任何永生不朽的教义。同样，在《多俾亚传》（3：6）中，多俾亚请求耶和华让他死去，"好让我得到解救，重归于尘土"；然后就什么都没了，对死后的某一存在没有任何概念。在《旧约》中，对美德所许诺的奖赏就是在尘世上过一段真正长的生活（例如，《申命记》，5：16、33）；但在《吠陀经》中，那奖赏却是不会再度诞生在此尘世。犹太人总是受到同时代各个民族的鄙视，大部分原因或许就是他们的宗教的可怜性质。《传道书》（3：19、20）所说的就是犹太教的真正观点和信念。如果对永生不朽有某种些许的暗示，例如，在《但以理书》（12：2）中，那也是从外来引入的学说，《但以理书》（1：4、6）表明了这一点。在《玛加比》第 2 书第 7 节，清楚地出现了永生不朽的教义，其源头是巴比伦。所有其他的宗教，不管是印度的婆罗门教还是佛教，还有埃及的、波斯的，甚至德鲁伊教也教导永生不朽，并且除了《阿维斯陀经》里面的波斯人以外，也都宣扬灵魂转生。北欧的《埃达》，特别是《埃达》的第一首歌就表明了灵魂的转移——冯·埃肯达尔在《文娱报》（1843 年 8 月 25 日）的评论中证明了这一点。甚至希腊人和罗马人也有关于死后的某些说法，亦即天堂和地狱，并且说："逝者的暗影依稀仍在，死亡并没有终结一切，从那火焰之中，胜利地升起了那影子。"（普罗帕尔修斯，第 4，7）

　　总的来说，一门宗教的真正本质就在于让我们确信：我们的真正存在并不局限在我们此生，而是无尽的。但那可怜的犹太教却完全没有这样做，甚至不曾尝试这样做。所以，犹太教是所有宗教中最粗糙和最差劲者，那不过就是宣扬荒谬的和让人恶心的一神论，最终就是上帝创造了这世界，且想要受到崇拜，因此，首先他是嫉妒的，嫉妒他的所有同行，所有其他的神祇。如果祭供、奉献是给了其他神祇，那上帝就会发怒，他的犹太人就会有好受的了。所有这些其他的宗教及其神祇，在圣经的希腊文译本中被辱骂为"令人憎恶的东西"，但配受此恶名的却是那没有永生不朽学说的粗糙犹太教。现在这一宗教已成了在欧洲占主流的宗教的基石，这真的是至为可悲的事情。因为（转下页）

的单一神教，亦即这个宗教教导人们只有一个上帝和创始者。

这个上帝是万物的源始，那是犹太教的优点，但人们却令人费解地试图掩饰这一点，所用的方式就是始终宣称和教导说，所有民族都崇拜那一个真神，虽然这真神的名字各有不同。在这一点上，他们不仅错得很多，而且全错了。佛教，亦即由于极其众多的信众而成了地球上最主要的宗教，就完全和明确的不是一神论。所有不曾受到歪曲的证明，所有古老、原初的文字都一致地确定了这个事实。《吠陀经》也没有宣扬某一个上帝与创世者，而只是宣讲某一世界灵魂，名为"梵天"（中性）；因此，从毗湿奴的脐中生出的、有四副面孔和作为三神一体的一部分的梵天，就是在极为透明的印度神话里大众拟人化的形象。梵天很明显地表现了生物的生殖、成长，正如毗湿奴表现了其高峰、湿婆表现了其毁灭一样。此外，他产生了这个世界就是一桩罪行，正如梵天这个世界化身就是一桩罪行。正如我们所知道的，《阿维斯陀经》的善神与恶神阿里曼的出身和势力都是不分伯仲的，两者都是出自无法估算的时间——泽尔万·阿克伦神（如果这是正确的话）。同样，在菲洛为我们保存下来的、作者为桑楚尼亚松的异常优美、很值得一读的《腓尼基人的宇宙论》——这或许是摩西的宇宙学的原型——我们并没有发现一神论的痕迹，或者某一具有人的形象的生灵创造了世界。也就是说，在此我们也看到那原初的混乱沉没在黑夜，就像在摩西的《创

（接上页）犹太教是没有任何形而上方向的宗教。其他所有的宗教都试图把生活的形而上的含意，以图像、寓言和比喻教给大众，但犹太人的宗教则完全是形而下的，所提供的不过就是在与其他外族的斗争中的呐喊助威。莱辛的《论人类的教育》应被称为"论犹太种族的教育"，因为整个人类都坚信"永生"的真理——除了上帝的选民以外。正因为犹太人是他们的神的选民，这神就是他的子民的选神。而这是用不着人们操心的，"我要成为他们的神，他们要成为我的子民"——根据亚历山大的克雷芒，这是出自叫先知的一句话。但当我注意到，现在的欧洲人都在某种程度上把自己视为上帝选民的继承人，我就无法掩饰我的惋惜。另一方面，无可争议，犹太教是地球上唯一真正的一神教，别的其他宗教并没有某一个客体的神，某一个天和地的创造者。

世记》中那样，但却没有神出来，命令说：要有光，要有这要有那
的。啊，没有！而是"那精灵爱上了它的自身原初"（桑楚尼亚松，
《腓尼基人的宇宙论》，第 8 页），就这样，世界的原初组成成分的
混合物就形成了；由此正是因为渴望（非常地准确和意味深长，也
正如评论者所正确指出的，这就是希腊人所说的厄洛斯、欲望）的
作用就发展出了原生质，最终从原生质生成了植物和最后的、有认
识力的生物，亦即动物。这是因为到这为止，正如明白说过的，所
有的一切都是在没有认识力的情况下自然发生的，"它自己没有认
出自己的创造"（同上书，第 10 页。桑楚尼亚松还补充说，由埃及
人陶特写的宇宙起源论，就是这样的）。在他的宇宙起源论之后，
就是更详细的胎生学。某些大气层和陆地上的进程得到了描述，而
这些确实让我们想起我们当代地质学合乎逻辑的假说，最终在倾盆
大雨之后就是电闪雷鸣；受到这些轰隆声的惊吓，有认识力的动物
就诞生、存在了，"从此以后，那些雄性的和雌性的，就活动在地
上和海里"。幸亏欧瑟比，我们才看到了菲洛的这些残篇（参见
《福音准备书》）。欧瑟比因此有完全的理由指责这个宇宙起源说并
不是一神论的，宇宙起源说毫无争议地并非一神论，这与所有有关
世界起源的学说都是一样的——除了犹太教以外。在希腊人和罗马
人的神话里，我们虽然看到一些神祇之父和附带的人类之父（虽然
人类原先是普罗米修斯的陶土作品），但却没有创世者的神祇。这
是因为尽管在那以后，了解了犹太教的某些哲学家想要把父亲宙斯
重新诠释为这样的创始者，与上述却没有关系。同样，但丁在《地
狱篇》里毫不迟疑地把创世者与多门尼都视为同一，而多门尼都那
闻所未闻的睚眦必报和残忍特性，在《地狱篇》里得到了刻画和颂
扬（例如，第 1 章，4、70；第 31 章，92）——这也与上述无关。
最后（因为人们已经用尽一切办法），已被重复了无数遍的这个报
道也是完全不正确的，亦即北美洲的野蛮人在"伟大精灵"的名下
崇拜天和地的创造者、大神，因此，他们是纯粹的一神论者。这一

谬误最近在一篇关于北美洲野蛮人的论文中遭到批驳。约翰·斯库勒在1846年伦敦人种志学学会的会议中宣读了该篇论文，《知识社会学院和杂志》（1847年7月，第2部分）刊登了此文的节选。约翰·斯库勒说，当人们向我们报道印第安人有关"伟大精灵"的迷信时，我们就会倾向认定这"伟大精灵"与我们心目中的"伟大精灵"的概念相吻合，印第安人的信仰就是朴素的一神论。但这样的解释却远远不正确。这些印第安人的宗教更应该说是某一纯粹的拜物教，其组成是巫法、巫术、巫术用具。塔那从小就生活在印第安人当中，在其报告中，各个细节都是奇特和忠实可靠的，与某些作家的胡编有天渊之别。也就是说，人们由此看出，那些印第安人的宗教的确只是某种拜物教，与以前在芬兰人和在时至今日的西伯利亚一些部落中仍可见到的宗教相似。居住在山的东麓的印第安人，其拜物教所包括的不过就是某种人们认定其有神秘特质的东西，等等。

根据所有这些，现在讨论的看法应该让位给与其相反的看法了，亦即唯一只有一个民族，虽然相当的小，毫不起眼，受到同时所有其他民族的蔑视，也在所有民族当中唯一完全不相信人死后还有任何持续的生存——唯一一个被选中的民族，是相信纯粹的一神论或拥有对真神的认识。并且不是通过哲学，而是唯一经由启示获得这一信仰或认识。这个认识方式也与此认识相匹配，因为如果某一启示只是教导我们不需要这一启示也会知道的东西，那这一启示又有什么价值呢？所有其他民族从来都不曾有过这样的念头——这必然因此增加这个启示的威望。

14. 对我自己的哲学的些许评论

很少有某一哲学体系像我的哲学那样简朴和由为数不多的元素

组成，因此可以很容易统揽和把握。这归根到底是因为其基本思想是完美一体和协调的。并且这也是真理的很好标志，因为真理的确是与简朴相关的，"谁要是有真理要说出来，那他就会言简意赅"（欧里庇得斯语）。"简朴是真理的印记。"我的哲学体系可以形容为在经验和知识范围之内的学说，因为这里面的原理虽然是教条似的，但却不会超出我们所经验的世界，只是解释了这世界是什么，因为我的哲学剖析了这个世界及其最根本的组成部分。也就是说，被康德推翻了的学说（也就是那三个当代的大学诡辩者轻率的、不负责任的东西）是超验的，因为它脱离了这个世界，其目的就是以某些别样的东西来解释这个世界，即把这个世界看作是某一原因所得出的结果，然后从这一结果试图推论出其原因。而我的哲学则提出，原因与结果只在这个世界，因为那四种形态的根据原则只是头脑智力最普遍的形式，客观世界的真正"世界位置"（locus mundi），也唯一只在这个头脑智力当中。

其他哲学体系之所以连贯一致，是因为从一个命题引申出另一个命题。为此，这些体系的真正内容就必须已经包含在最高的命题里面；这样，从这些最高命题所引申出来的其他命题，很难不是单调、贫乏、空洞和无聊的，因为这些东西本来就已经在那些基本命题中表达出来了，现在只是作更进一步的推论和重复而已。这种演示性的引申和推导所得出的可怜结果，在克里斯蒂安·沃尔夫的著作中至为明显。甚至谨守此方法的斯宾诺莎，也无法完全避免这些缺陷，虽然凭着斯宾诺莎的头脑，他知道如何弥补那些缺陷。相比之下，我的命题大部分都并非建基于连环推导，而是直接以直观世界本身为基础；我的体系严格地前后连贯一致，一如任何其他的体系，但我的这种连贯一致通常并不只是通过逻辑的途径而获得。更准确地说，我的各个命题之间那种自然的协调一致是不可避免的，因为全部的命题都是以直观认识为基础，亦即以对同一个客体持续地从不同方面的直观把握为基础；因此也就是在考虑到意识的情况下（因为现实世界就显现在意识里），以对现实世界的所有现象的直观把握为基础。所以，我从不担心我的命题之间是否连贯一致，就算有时候在一段时间里，在我看来某些命题似乎并不一致。这是因为只要那些命题是全部一起到来的，之后的确就会自动出现协调一致，因为这些协调一致恰恰就是现实自身的协调一致，而现实自身是永远协调一致的。这就类似于我们有时候在首次和从某一个方向观看一处建筑物时，并不会明白这个建筑物各部分之间的关联。但我们相信这之间不会没有关联的，只要绕过了这部分建筑，其中的关联就会显现出来。这种协调一致由于其原初性，也因为其总是经受得住实际经验的检验，所以是相当确切的。相比之下，那种从命题中引申出来的、只是通过逻辑三段论得出的所谓协调一致，轻易就可发现是假的——亦即一旦在长链条中的某一环节是不正确的，是衔接松动的或是有错漏的。与此相应的是，我的哲学有广阔的基础，所有的东西都是直接并因此牢固地伫立在这个基础上的。其他的哲学体系则像入云的高塔：某一支撑折断了的话，一切就都轰然倒塌。我所说的一切可以总结为一句话：我的哲学，其形成和表述是用分析而不是综合的方法。

　　我的哲学议论的特色就是要对事情一究到底，因为我不穷追到最终的现实根由是不会罢休的。这是我的天性所致，让我满足于某些泛泛的、抽象的，因此是不确定的知识，或满足于纯粹只是概念，甚至只是字词，对我是几乎不可能的。受这种天性的驱使，我会深究至所有概念和命题的最终基础，直到这些永远是直观的东西赤裸裸地呈现在我的眼前为止。然后，我就要么以这些作为所要审视的最原初的现象，要么如果可能的话，就把这些原初现象分解为基本组成部分，但不管怎么样，我都最大限度地追求事情的本质。因此，将来有朝一日（当然不是现在，不是在我还活着的时候）人们就会发现，我之前的随便一位哲学家在处理同样的对象物时，一旦与我相比都会显得肤浅。因此，人类从我这学到了很多永远也不会忘记的东西，我的著作永远不会湮没。

甚至一神论也认为这个世界是出自某一个意欲（或意志），在轨道上运行的行星受着某一意欲的指引，大自然则被呼唤而出现在行星的表面。不过，一神论就像小孩子一样，把意欲安排在外在一面，并且只是间接地，也就是在认识力和物质的筹划之下，以类似人的方式作用于事物。在我看来，意欲与其说是从外在作用于事物，毋宁说是在事物里面发挥作用。事实上，事物本身不是别的，正是意欲的可见部分而已。但是，从这种协调一致可以看出，所有原初性的东西，我们都无法想象为意欲以外的别的东西。泛神论把在事物之中发挥作用的意欲命名为神祇，对个中的荒谬我严厉指责得够多了。我把它称为生存意欲（Willen zum Leben），因为这个名称表达了我们对事物最终所能认识到的东西。同样地，间接与直接的关系也再一次在道德学中出现。一神论者想要在人所做出的行为与人所受的苦之间取得平衡，我也是这样。但他们相信只有间接通过时间和审判者与复仇者，才能把上面两者扯平，而我认为在此是直接的，因为我已证明做出行为者和受苦者是同样的本质。基督教的道德成果直至那最极端的禁欲、苦行，在我的著作里是理性的，是建立在事物的整体关联上；但这些在基督教那里却是通过寓言来表达的。人们越来越不相信这些寓言，所以，人们必须转向我的哲学。泛神论者不可能有任何真心实意的道德学，因为对他们而言，所有的一切都是神一样的，都是很好的。

我受过很多批评，说我在哲学里，因此也就是在理论上，把生活表现为可悲的、可怜的，一点都不值得羡慕。但谁要是在实际生活中至为明确地表现出对生的蔑视，那他就会得到人们的赞扬，甚至敬佩，而谁要是战战兢兢地细心呵护这一生，他就会受人鄙视。

在我的著作还只是引起了个别几个人注意的时候，就已听闻有人不承认我的基本思想是我最先提出的。有人提到谢林曾有一次说过"意愿（Wollen）就是最原始的存在"；除此之外，还有一些诸如此类的话。可以这样说，我的哲学扎根在康德哲学里，尤其关于验知性格和认知性格的学说。但总的来说，还因为每当康德稍为清楚地说起自在之物的时候，意欲就总是隔着一层纱幕而呼之欲出。我在《对康德哲学的批判》中就明确指出了这一点，并因此说过我的哲学只是把康德的思维和思路进行到底。所以，如果费希特和谢林的那些同样是从康德哲学出发的哲学观点，让人看见点点康德的基本思想的痕迹，那我们不必大惊小怪，虽然这些痕迹在出现的时候，其实并没有次序、连贯性和贯彻始终可言。因此，那些痕迹只是我的学说的前兆、幻影。关于这一点，大致上可以这样说，在每一个伟大真理被发现之前，有人对这个真理会有某种预感、某种猜想、某一如在雾中的含糊不清和如此大概，还有就是某种试图要把握此真意而又无法成功。恰恰就是时代的进步为此真理铺垫了道路。因此，零星分散的只言片语就成了这一真理的序曲。不过，只有透过其理据认识了这一真理，透彻思考了其结果，发展了其全部内容，统揽了其涵盖的范围，因此完全意识到这个真理的价值和重要性，并把这个真理清楚和连贯地阐述出来的人——只有这样的人，才是这一真理的发现者。相比之下，在很久的过去或当代，有人会在某一时刻半意识地、几乎是梦中说话一样地说出了只言片语的真理。这样，如果人们在之后的时间里要寻找这些东西，是会找到它们的。但这意味着就算那有着"同样多的字词"，也并不就是有了比"同样多的字母"多得多的东西。这就好比一样东西的发现者，只能是认出这样东西的价值，把这个东西捡起和保存起来的人，而不是曾经偶然捡到这个东西而又随手把它扔掉的人。或者正如发现美洲的是哥伦布，而不是因船只失事、最先被海浪抛到那里的水手。这也是多纳图斯这句话的含意："打倒那些在我们之前说出了我们的思想的人！"如果谁要想把诸如此类偶然说出的只言片语当作是先于我说出了真理，那他们尽可以从久远得多的时候讲起，例如，可以提出亚历山大的克罗门特（《基质》）说过，所以，意愿是先于一切的，因为理性的力量只是意愿的女仆。还有斯宾诺莎已经说了，欲望正是构成了每一个人的本性或本质的东西（《伦理学》，第 3 部分，命题 57 附注注释），以及之前的命题 9，这一推动力就叫做意志（或意欲）——如果它只是与精神有关的话；如果它同时涉及精神和肉体，那这个推动力就称为欲望。这个欲望不是别的，正是人的真正本质。

　　爱尔维修说得很对，嫉妒之人虽然表面上很公正，但却无所不用其极以贬低别人的成就。……唯独嫉妒促使我们在古人那里寻找所有当代的发现。在这些发现之前，前人所说过的随便某一句没有意义的或至少不知其所指的话，就足以引发"剽窃"的叫喊（《论精神》，第 4 部分，7）。在此，允许我再让大家回忆爱尔维修的另一段话，我请求读者不要以为是我的虚荣和自负所致，而要留意这段话所表达的正确思想；至于这里面所说的是否也适合我，则大可置之不论。谁有兴趣观察人的思想就会看到，在每一个世纪，围绕着某一天才人物做出的发现，都有五六个有头脑的人在那儿打转。如果发现的荣誉给了这个天才的话，那是因为这个发现在那天才的手里更加富有成效，因为他更有力、更准确、更清晰地表达了他的思想。最后也因为从应用这一原则或者这一发现的不同方式，人们总能看出这一原则或者发现到底属于谁（《论精神》，第 4 部分，1）。

　　正因为无论在哪里，无论在何时，没有能力的、愚蠢的人都会发起对抗思想者的战争，双方势不两立：一方是人多势众，另一方则是单打独斗，所以，谁要是带来了有价值的、真正的东西，就得与愚昧、迟钝，与被扭曲了的趣味、私人利益和嫉妒陷入苦战，这些对手结成了可敬的联盟——对此，尚福尔（《选集》，国家图书馆，第 2 卷，第 44 页）是这样说的，仔细看看那些蠢人是如何拉帮结伙以对抗有思想的人，那就好像是一帮用人在那里阴谋推翻其主人。我呢，则还多出了一个不同寻常的死对头。在我的这一学科中，那些本职工作就是引导大众的判断，并且是有机会这样做的人，绝大多数都接受了安排和酬劳，要把至为拙劣的东西——黑格尔哲学——广为传播、赞扬，甚至捧到了天上。这本来是很难成功的——如果人们同时也在某种程度上愿意接受好东西的话。由此才可以向以后的读者解释这样一个事实，否则就是不解之谜了：即为何我的同时期的人对我是那样一无所知，我就像是住在月亮上的人。但一套思想体系尽管没有别人感兴趣，也没有别人的参与，却可以让这个思想体系的作者在其漫长的一生中，不间断地、热切地投入其中，激励他从事持续的、没有报酬的劳作——这正好是对这个思想体系的价值和真理的一份证词。我不曾从外在获得任何鼓励，只有对所做事情的热爱支撑着我在许许多多的日子里不知疲倦地埋头苦干。与此同时，对拙劣之作所赢得的喧哗和名声，我却冷眼鄙视。这是因为在我初涉人生之时，我的守护神就已经要我作出选择：要么认识真理，但却无法以此取悦任何人；要么与其他人一道教授错误的东西，但却被赞誉和学生簇拥着。对我来说，做出选择并不困难。因此，我的哲学的命运就完完全全是黑格尔哲学那种命运的反面，人们甚至可以根据这两种哲学的性质，视这两者为一张纸的正反两面。黑格尔哲学没有真理，没有清晰，没有思想，甚至欠缺人的理解力，但却以让人恶心的胡说八道、满嘴歪理加以包装，成为被指定的、享有特权的课堂哲学，因此是毫无意义的东西，养肥的只是其作者。我的哲学与其同一时间出现，虽然有黑格尔哲学所欠缺的一切素质，但由于我的哲学并不是根据任何哲学之外的目的剪裁而成，所以，在那段时间里并不适合在课堂教授，也因此正如人们所说的，无法以这种哲学达到什么目的。正如黑夜以后就是白天一样，接下来的结果就是黑格尔哲学成了一呼百应的一面旗帜，而我的哲学则既没有获得赞誉也没有学生。更准确地说，我的哲学受到一致的、故意的、完全的无视、封杀和尽可能的灭绝，因为由于我的哲学的存在，那庞大的游戏就受到了干扰，正如阳光照进来以后，在墙上的影子游戏就无法玩下去了。因此，我成了一个铁面人，或者就像高贵的多尔古特所说的，我成了哲学教授的卡斯帕尔·豪泽，被隔绝了空气和光线，好让人们看不到我，我也无法伸张我那与生俱来的权利。[1]

（节选自《附录和补遗》第 1 卷）

---

[1] 但现在被哲学教授噤声、灭掉了的人，却再度复活了——这让哲学教授大为惊恐。他们现在将如何自处呢？

观念论和实在论简史

把笛卡尔视为现代哲学之父是合理的，首先和大概是因为笛卡尔通过教育人们要运用自己的头脑而让理性独立站了起来，而在笛卡尔之前，代替理性行使功能的一直是《圣经》和亚里士多德；但在特定和狭隘的意义上而言，则是因为笛卡尔首先让人们意识到了这一个难题——自此以后，所有的哲学思考就都主要围绕这个难题。这也就是观念论和实在论的难题，亦即在我们的知识中，到底哪些成分是客观的，哪些成分是主观的？因此，有哪些东西是属于与我们有别的事物，哪些东西又是属于我们自己？也就是说，在我们的头脑里面，图像的产生并不是基于内在的、随意的或说是联想的原因，而是基于外在的原因。这些图像是唯一让我们直接认知的东西，是给出之物。这些图像与那些完全分开的、独立于我们存在的，并且在某些方面是这些图像的原因的事物，是什么样的关系呢？我们真的可以肯定这样的事物是存在的吗？在这种情形下，这些图像给了我们有关这些事物的本质的信息和说明吗？这就是上述的难题，因这难题的缘故，自两百年来，哲学家的主要工作就是用一条正确划出的切割线，纯粹地分开观念的东西，亦即只属于我们的认知的东西，与现实的，亦即独立于观念而存在的东西，并确定这两者的关系。

的确，不管是古老的哲学家，还是经院哲学家，都似乎不曾清晰地意识到这个哲学的原始难题，虽然在普罗提诺的著作中，甚至在《九章集》（第3集，第7书，第10章）中可发现作为观念论，甚至作为时间的观念性学说的这一难题的某些痕迹。普罗提诺在那里教导说，灵魂创造了世界，因为灵魂走出了永恒而在时间中出现了。例如，他说："对这宇宙而言，除了灵魂以外，别无其他的地方。"还有："但我们却不要脱离了灵魂而假设时间，也不要脱离了存在而假设彼岸的永恒。"——这话其实也就已经说出了康德的时间的观念性学说。在接下来的章节中，"这生命衍生了时间，所以这也意味着时间是与这宇宙一同产生出来的，因为灵魂是与这宇宙一同衍生了这时间"。但当所需的深思明辨在笛卡尔那里被唤醒了以后，那清晰认识到的和清晰说出来的难题就一直是现代哲学特有的主题。笛卡尔震撼于这样的真理：首先，我们是囿于我们自己的意识之中，我们看到的世界只是表象。他通过他那著名的"我怀疑，亦即我思考，故我存在"的观点，想要强调主观（主体）意识中唯一确切的东西（与此对照的是那大有疑问的所有其他一切），并表达了这一伟大的真理：唯一真正的和无条件给出的就是自我意识。仔细审视之下，笛卡尔的著名命题就等同于我所出发的这一命题："世界是我的表象。"这两者唯一的区别就是：笛卡尔的命题强调主体的直接性，而我的命题强调的则是客体的间接性。两个命题从两面表达了同样的东西，是相互的另一面。两者之间的关系，根据我在《伦理学的两个基本问题》的序言所说的，也就是惯性法则与因果法则的关系。（《伦理学的两个基本问题》分为两篇学士院的有奖征文，由叔本华博士撰写。美因河畔法兰克福，1841，第24页；莱比锡，1860，第2版，第24页。）自那以后，笛卡尔的命题当然就被人无数次地重复，但人们只是感觉到了这命题的重要性，但却没有清晰地明白这命题的意义和目的（见笛卡尔，《第一哲学沉思录》，第2部分，第14页）。所以，笛卡尔发现了主体，或说观念与客体，或说实物之间的鸿沟。他把这深刻的见解包装为怀疑外在世界的存在，不过，他对这一问题没有解决答案，亦即亲爱的上帝肯定不会欺骗我们，以此让我们看到这难题是多么深奥和多么难以解决。与此同时，这种怀疑通过他进入了哲学，并必然继续发挥让人不安的作用，直至得到根本解决为止。从那时起，人们就意识到对那所说的差别没有透彻的认识和解释的话，是不可能有确切和让人满足的体系的。他所提出的疑问也再不能被拒绝了。

为解决这问题，马勒伯朗士首先想出了偶然原因的体系。他比笛卡尔更加清晰、严肃和深刻地看到这问题的全部（《真理的探求》，第 3 部，第 2 部分）。笛卡尔出于相信上帝而假定了这外在世界的现实性，所以，当其他一神论哲学家致力于透过这世界的存在以证明神的存在时，笛卡尔则是反过来首先透过神的存在和真确性以证明这世界的存在，那看上去当然就是奇怪的，因为这是把宇宙论证明倒了过来。在这一点上，马勒伯朗士更进了一步，因为他教导说，我们在上帝本身直接看到了所有的事物。这当然就是透过某一更加未知的东西以解释某一未知的东西。此外，根据马勒伯朗士的观点，我们在神那里不仅看到了所有事物，而且这上帝也是在所有事物中唯一发挥作用的，以致自然、物质的原因也只是看上去是这样而已，只是偶然原因而已（《真理的探求》，第 6 部，第 2 部分，第 3 章）。所以，在此我们基本上已经有了斯宾诺莎的泛神论，而斯宾诺莎似乎从马勒伯朗士那里学到的东西比从笛卡尔那里更多。

总的来说，人们会觉得奇怪，为何到了 17 世纪，泛神论还没有完全战胜一神论，因为欧洲关于泛神论的最原创的、最美丽的和最透彻的阐述（因为与《吠陀经》、《奥义书》相比，所有这些当然就微不足道了）在那时候已经都出来了，亦即透过布鲁诺、马勒伯朗士、斯宾诺莎和斯考特斯·艾利葛那的著作，而斯考特斯·艾利葛那的著作在被遗忘和丢失了多个世纪以后，在牛津又再度被发现了，并在 1681 年，亦即在斯宾诺莎逝世 4 年以后，首次印刷面世。这似乎证明了零星个别的深刻见解是不会产生影响的——如果时代的思想还不够成熟以接纳这见解的话。相比之下，在我们这年代，泛神论虽然只是得到了谢林那些零乱和支离破碎的重整、翻新阐述，但仍然成了学者，甚至受过教育者的主流思维方式，因为康德在这之前清除了一神论的教义，为泛神论腾出了地方。这样，时代的思想就准备好了接受泛神论，正如犁好了的土地可以播种了。而在17世纪，哲学再度舍弃了那道路，因此一方面到达洛克那里，因为培根和霍布斯已为其铺好了道路；另一方面，则经由莱布尼茨而发展至克里斯蒂安·沃尔夫；然后这两人在18世纪就成了主流，尤其是在德国，虽然最终只是在这两人的思想被宗教、哲学融合的折中主义吸收了以后。

马勒伯朗士的深刻思想首先催生了莱布尼茨的"前定的和谐"体系，这"前定的和谐"体系在那时候声名远扬和享有崇高威望证明了这一点：在这世上，荒谬的东西最容易混得如鱼得水。虽然我无法自诩清晰想象得出莱布尼茨的初始单子是些什么东西，因为这些初始单子在同一时间既可以是数学上的点，也可以是实体上的原子和灵魂，但在我看来这一点似乎是没有疑问的：莱布尼茨的这一设想一旦得以确立，那就可以帮助我们免去为解释观念论和实在论之间的关系而采用的种种微妙假设和猜想，那疑问也就此打发掉了，因为观念论和实在论这两者在初始单子里面已经完全是同一了（也因为这缘故，在我们今天，谢林作为同一性体系的作者，再度津津乐道于此）。但是，那闻名的喜发哲学思辨的数学家、博学家和政治家并不喜欢为此目的而应用这些，他是为了那最终的目标而特意拟好了"前定的和谐"说。这说法给我们提供了两个完全不同的世界，每一个世界都无法以某一方式作用于另一个世界（《哲学原则》，第84节；《莱布尼茨作品集》中"对马勒伯朗士的情感的考察"，拉斯佩出版，大约第500页）；每一个世界都是另一个世界的完全多余的重份，而这两者被设想为就是这样存在着，相互精确平行发展，保持着毫厘不差的拍子。因此，这两者的创造者从一开始就在它们之间确立了最精妙的和谐。在这和谐之中，这两个世界至为美妙地并肩前进。附带说一句，如果把这"前定的和谐"与戏剧的舞台相比较，那或许就最容易让人明白了，因为在舞台上，物质、自然的影响很多时候就只是表面上的存在，因为原因和效果仅纯粹是由导演预先定下的和谐而联系起来，例如，当某人射击时，另一个人就会倒下。莱布尼茨在《神正论》第 62 和 63 节，以极其粗糙和简略的方式表达了这离奇、荒谬的见解。并且对于这整个教条，莱布尼茨甚至还称不上有原创的功劳，因为斯宾诺莎在《伦理学》第 2 部分已经足以清楚地阐述了"前定的和谐"，亦即在第 6 和第 7 命题及其附带推论中；在第 2 部分第 5 命题中以他的方式说出了马勒伯朗士那相当类似的学说以后，即我们在上帝那里看到所有的一切[1]，再度在第 5 部分（命题 1）里面阐述。因此，马勒伯朗士才唯一是这整个思路的原创者，无论是斯宾诺莎还是莱布尼茨都以各自的方式利用和改进了这些思想。对莱布尼茨来说，就算是没有了这问题也无所谓了，因为他已经抛弃了构成这一难题的纯粹事实，亦即抛弃了这世界是直接向我们展现的、只是我们头脑中的表象这事实，企图以一个实体世界和一个精神世界的理论取而代之，而这两个世界之间却是不可能有任何桥梁的。这是因为莱布尼茨把表象与自在之物的关系的问题与身体经由意志（或说意欲）而活动的可能性的问题拼凑在了一起，那么，现在就通过他的"前定的和谐"一并解决了这两个问题（参见莱布尼茨，《大自然的新体系》，艾德曼编，第 125 页；布鲁克，《哲学史》，第 4 卷，第 2 部分，第 425 页）。莱布尼茨的设想极其荒谬之处已经由他的几个

---

[1]《伦理学》，第 2 部分，命题 7："观念的次序和联系与事物的次序和联系是一样的。"第 5 部分，命题 1："正如思想和事物的观念在心灵内是连接的，身体的各种感情或者事物的各个图像也恰恰是同样在身体内排列和连接。"第 2 部分，命题 5："观念的形式存在，其原因是神，只要这神被视为有思想的生灵，而不是经由某一别的特性而形成。那就是说：关于神的特性的观念，一如关于个别事物的观念，其原因并不是这些观念的对象，亦即不是所察觉到的事物，而是神本身——只要这神是有思想的生灵。"

同时代人，尤其是贝尔通过展示从这假想引申出来的结论而暴露无遗（参见莱布尼茨的短篇文章，1740 年，胡特译；第 79 页注释，莱布尼茨本人在那里也不得不说了他的宣称引出了让人匪夷所思的结果）。尽管如此，面对那一难题，一个有头脑思想的人竟然不得已给出荒谬的设想，这恰恰证明了摆在面前的这一难题是多么巨大、多么困难和多么迷惑人，而想要通过否认这难题就把其推到一边去，然后就可以剪掉那些死结，就像我们今天有些人大胆所做的，又是多么的难以成功。

斯宾诺莎再度直接从笛卡尔那里出发，所以，在开始的时候，这位笛卡尔门徒甚至保留了他的老师的二元论，因此确定了某一"思维的物质"和某一"广延的物质"，前者是认知的主体，后者是认知的客体。但后来，斯宾诺莎站稳自己的脚跟了，他就发现这两者是同一样东西，只是从不同的一面审视而已，因而一会儿把那理解为"思维的物质"，另一会儿又理解为"广延的物质"。而这其实就等于说把思维的东西和广延的东西（或说精神和实体）区分开来是没有根据的，因此是不可以的；所以，不宜更多地谈论这区分。不过，他还是在某种程度上保留了这种区分的，因为他不厌其烦地重复那两者就是同一物。与此相关，他还说了，"同样"（"sic etiam"），"广延的模式和关于这模式的观念也是同一样东西"（《伦理学》，第 2 部分，命题 7 附注）——意思就是我们头脑中有关这实体的表象和这一实体本身是同一样东西。但那"同样"却是不充分的过渡，因为尽管精神与实体（或者说产生头脑表象者与广延的东西）之间的差别是没有根据的，但也完全无法得出结论说：我们头脑中的表象与在我们头脑之外存在的客体和真实事物之间的差别（这是笛卡尔提出的原初问题）也是没有根据的。尽管产生表象者与表象的对象物可能是同样的东西，但仍存在这一问题：是否可以根据我头脑中的表象而确切推论出与我不一样的、自在的，亦即独立于那些表象而存在的本质和实质？这困难并不是莱布尼茨（例如,《神正论》,第 1 部分,第 59 节)想要曲解成的那种,亦即在那假设的灵魂与实体世界之间,在这两个完全不同种类的物质之间,是无法发生任何影响和联系的,所以,他否认自然、物质的影响。这是因为这一困难只是理性心理学的一个结果,因此只需视其为天方夜谭而撵到一边去即可,正如斯宾诺莎所做的那样;此外,反对这理性心理学主张的"对人而不是对事的辩论证据",就是他们的教义,即上帝(也是一精神或精灵,Geist)创造了这实体世界,并持续地统治着这世界,亦即某一精神能够直接地作用于实体。个中的困难毋宁说只是笛卡尔的,即这直接呈现给我们的世界,绝对只是观念中的世界,亦即是由我们头脑中的表象而组成的世界,而我们则要越过这些以判断这现实的、亦即独立于我们的头脑表象而存在的世界。所以,斯宾诺莎在取消了"思维的物质"和"广延的物质"的区分以后,并没有解决这一难题,顶多只是现在再一次准许了自然、物质的影响。但这并不足以解决这困难,因为因果律已被证明有其主体的根源。但就算这因果律与此相反,是出自外在的经验,那也恰恰是属于处于疑问之中、纯粹在我们观念中呈现的世界,也就无论如何都无法在客体与主体之间架起一座桥梁;准确地说,那只是连接起各个现象的纽带而已(见《作为意欲和表象的世界》,第 2 卷,第 12 页)。

但为了更详细地解释上述的广延性与关于广延性的表象所具有的同一性,斯宾诺莎提出了某些同时包含了马勒伯朗士和莱布尼茨的观点。所以,完全与马勒伯朗士的观点相符的,就是我们在上帝那里看到了一切事物:"观念的形式存在,其原因是神,只要这神被视为有思想的生灵,而不是经由某一别的特性而形成。那就是说:关于神的特性的观念,一如关于个别事物的观念,其原因并不是这些观念的对象,亦即不是所察觉到的事物,而是神本身——只要这神是有思想的生灵。"(《伦理学》,第 2 部分,命题 5)并且,这一神在同一时间也是一切事物里面的现实之物和发挥作用者,就正如马勒伯朗士在其著作中所写的那样。因为斯宾诺莎以"神"一词形容这世界，所以，这最终也什么都不曾解释。但与此同时，在斯宾诺莎那里，就像莱布尼茨的著作所说的，在广延的世界和表象所见的世界之间，有着某一精确的平行："观念的次序和联系与事物的次序和联系是一样的"（《伦理学》，第 2 部分，命题 7），以及许多相似的段落。这就是莱布尼茨的"前定的和谐"，只不过在此并不像莱布尼茨所说的那样，表象所见的世界与客体存在的世界是全然分开的，只是由于某一预先的和从外而来的调节好的"和谐"而相互对应和吻合，而是两者的确就是同一样东西。所以，我们在此首先就有了某一完全的实在论（Realismus），因为事物的存在是与我们头脑中的表象所见精确地对应，两者的确就是一样东西。[1]据此，我们是认识自在之物的，就其自身而言是"广延的"，也表现为"广延的"——只要其作为"思维的"东西出现，亦即在我们的头脑表象中出现的话。（顺便一说，这就是谢林所说的现实和观念的同一性的源头。）所有这些基础其实也只是些宣称而已。斯宾诺莎因为使用"神"及其他一些词并非原本的含义而带来了歧义，并使其阐述变得不清楚，所以，他的阐述失之于含混。到最后，那就是："目前，我无法把这解释得更加清楚。"（《伦理学》，第 2 部分，命题 7 附注）阐述之所以不清晰，总是因为阐述者自己的头脑和对那哲学论题的思考不清晰所致。沃夫纳格说得很中肯，"清晰是哲学家的信用保证"（见《两个世界杂志》，1853 年 8 月15 日，第 635 页）。音乐中的"纯净乐章"也就相当于哲学中的完美清晰，因为这是哲学不可或缺的条件，而达不到这一条件，一切就都失去价值，我们也就必须说："你向我展示的一切是不可信的，我也憎恨这些。"如果甚至在一般的实际生活事务中，人们都要小

---

[1]　斯宾诺莎：《知性改进论》，第 414—415 页。斯宾诺莎把其明确的现实主义公之于众，甚至是这样的意思，"一个真正的观念是与这观念的对象物有着某些不同的"，等等，毫无疑问，这部著作是先于他的《伦理学》的。

心地清晰表达以避免误会，那我们怎么可以在处理最困难的、最深奥的、几乎是无法解答的思想问题和在完成哲学家的任务时，表达得如此闪烁其词，甚至神秘兮兮？我这批评的斯宾诺莎学说中模糊不清的地方，源自他并不是抛开定见从眼前所见的事物的本质出发，而是从笛卡尔的理论出发，并因此从所有传承下来的概念出发，诸如"神"、"物质"、"完美"，等等。他就试图左兜右转地把这些概念与他所见的真理协调起来。他经常只是以间接的方式表达出他最好的思想，尤其是在《伦理学》第 2 部分，因为他总是转弯抹角、几乎就是寓言式地说话。在另一方面，斯宾诺莎再度明白无误地展示了先验观念论，亦即认识到了（虽然那只是泛泛地）由洛克尤其是康德清楚地阐述了的真理，那也就是对现象与自在之物所作出的重要区分，并且承认了我们接触到的只是现象。我们看看《伦理学》第 2 部分命题 16 及其第 2 条推论；命题 17 附注；命题 18 附注；命题 19；命题 23，延伸到自我认识；命题 25，清楚地表达了先验观念论；最后作为摘要的命题 29 的推论，这推论清楚地表明：我们既不认识我们自己，也不认识那自在之物，而只是认识其表面显示的样子。对第 3 部分命题 27 的说明，则从一开始就至为清楚地表达了这情形。在斯宾诺莎学说与笛卡尔学说的关系方面，我在此提醒大家，在《作为意欲和表象的世界》（第 2 卷，第 639 页）中我就此所说的话。但因为是从笛卡尔哲学的概念出发，所以，斯宾诺莎的阐述不仅有了许多晦暗不清和让人误解之处，而且还陷入许多刺眼的似是而非的说法、明显的错误，甚至荒谬和自相矛盾之中。这样，斯宾诺莎学说中的许多真实和优秀的东西，就与绝对是难以消化的东西掺和在了一起，让人极为讨厌，而读者则在赞叹与厌烦之间摇来摆去。但在这所要考察的方面，斯宾诺莎的根本错误则是他所划出的观念与现实的分界线，或说主观世界与客观世界的分界线，是从不正确的点上开始的。也就是说，广延性绝不是与表象相对立，而是完全就在表象的范围之内。事物在我们的表象中就是广延的东西，而只要这事物是广延的，那它们就是我们的表象。但在独立于我们的表象的情况下，是否有东西是广延的，甚至在总体上是存在的——这却是个疑问和原初的难题。稍后这一难题由康德解决了，并且这解决至今为止无可否认是正确的，即广延性或者空间性唯一只是在头脑表象之中，亦即是与这表象相连的，因为整个空间不过就是表象的形式。所以，独立于我们的头脑表象的话，就不会还存在广延的东西，并且的确是什么东西都不存在了。据此，斯宾诺莎划的分界线完全落在了观念的一边，他还停留在了表象中的世界；斯宾诺莎就把透过广延形式标示出来的表象中的世界，视为现实的东西，因此就是独立于我们的头脑表象的、亦即自在的存在。他说广延的东西与成为表象的东西是同一样的，亦即我们头脑中关于实体的表象与这实体本身是同一样的（《伦理学》，第 2 部分，命题 7 附注）；这当然是对的。这是因为事物也只有是表象的时候才是广延的，也只有是广延的时候才可以成为表象：作为表象的世界和在空间中的世界是同一样东西——这我们可以完全承认。那么，如果广延性是自在之物的一种特性，那我们的直观就是对自在之物的一种认识。斯宾诺莎就是这样的设想，他的实在论（或说唯实论）就由此而成。但因为斯宾诺莎并没有创立这实在论，不曾证明我们直观所见的空间世界是对应着一个独立于这直观所见的空间世界，所以，这根本的难题仍然没有得到解决。但这恰恰就是因为那区分现实的与观念的、区分客观的与主观的、区分自在之物与现象的分界线并没有正确地划好。正如我所说的，斯宾诺莎毋宁说是在观念的、主观的和这世界的现象一边分界，亦即在作为表象的世界当中分界，把这表象的世界分为广延的或说空间的世界与我们对这些的表象，然后就相当卖力地去展示这两者只是同一物，而这两者事实上也是同一物。正因为斯宾诺莎完全停留在观念世界一边，因为他误以为在属于观念的广延之物那里已经找到了现实的东西，并且正如对他来说，直观所见的世界因此就是我们自身之外的唯一现实的东西，认知（思维）的东西就是在我们自身之内的唯一现实的东西，所以，斯宾诺莎也在另一方面把唯一真正的现实之物，意欲错置到了观念的一边，因为他认为这只是"思维的样式"，甚至视意欲与判断为同一物。读者可看看《伦理学》第2部分对命题48和49的证明。在那里，斯宾诺莎是这样说的，"所谓意愿（或意志，或意欲），我理解为肯定和否定的能力"，再就是，"我们采取一个确定的意志行为，亦即采取了思维的样式，透过这思维样式，精神思想可以肯定三角形的三个内角等于两个直角"。在这之后就是推论，"意愿和智力是同一样东西"。总体上，斯宾诺莎所犯的巨大错误，就是他故意误用词语，以标示一些在全世界都已有别的含义的名称概念，而在另一方面，则剥夺了一些词语无论在哪里都会有的含义。所以，斯宾诺莎把无论在哪里都称为"世界"的名为"神"，把无论在哪里都称为"武力"的名为"正义"，把无论在哪里都称为"判断"的名为"意愿"。我们也就完全有理由想起科茨布的《本佐夫斯基伯爵》中的科萨克统帅。

贝克莱虽然是在这之后出现的，且已经有了洛克的知识，但仍然在笛卡尔的这条路上连贯地走得更远；他也因此成了观念论的真正始创者。这名副其实的观念论也就是认识到：在空间中广延的、填塞着空间的东西，亦即直观、生动的总体世界，绝对只在我们头脑表象中才有其如此这般的存在；认为在一切表象之外和在独立于认知主体的情况下，还另有某一存在，因此就是设想另有某一自在的物质，这就是荒谬的，甚至自相矛盾的。[1]这是一个相当准确和

---

[1] 那些哲学门外汉（许多哲学博士也属于此类）应该完全禁止使用观念论（Idealismus）一词，因为他们不知道这词到底是什么意思而瞎闹一气。他们以为"观念论"一会儿是唯灵论的意思，一会儿又大概是"庸俗"的反义词。因为一些平庸文人的缘故，他们更坚定了自己的看法。观念论和实在论并不是无主之词，而是有其固定的哲学含义的。想要表达其他意思的话，就用其他字词好了。观念论与实在论的对照，两者涉及被认识者，涉及客体；唯灵论与唯物论的对照，两者则涉及认识者，涉及主体。（今天的无知写作者混淆了观念论与唯灵论。）

深刻的观点，贝克莱的整个哲学就由此观点所组成。他找到和拣选出纯粹观念性的东西，但现实性的东西却不知如何寻找，也不曾为此操心和努力，而只是偶尔地、零碎地、不完整地对此做出解释。上帝的意志和全能就是这直观世界所有现象（亦即我们所有的大脑表象）的直接原因。真正的存在只属于认知着和意欲着的生物，类似我们自己——这些生物就与上帝一道构成了现实之物。他们是精灵，亦即恰恰就是认知着和意欲着的生物，因为在贝克莱看来意欲和认知是绝对不可分的。贝克莱在这方面也与其前辈一样：以为对上帝的了解比对我们眼前世界的了解还要多，因此，归根溯源于上帝就算是给出了解释。总体上，贝克莱的神职，甚至主教的职位给他套上了太过沉重的镣铐，把他限制在了一个狭隘的、永远不可以冲撞的思想圈子里面。所以，他无法走得更远。在其头脑中，真的和假的必须学会尽量相互容忍。所有这些哲学家的著作都是这种情形（斯宾诺莎的著作除外），因为那些著作被犹太—神论败坏了。这一神论拒绝一切检查，不接受任何探究，因此的确就成了一个固定不变的观念。这一神论阻挡了通往真理路上的每一步，以致在此理论方面所造成的祸害，与其千年来在实际方面的祸害是一样的——我指的是在宗教战争、信仰裁判庭和强迫民族皈依中透过刀剑所造成的祸害。

马勒伯朗士、斯宾诺莎和贝克莱之间有着至为精确密切和相似的关系，这是不难一眼看出的。我们也看出他们都是从笛卡尔的观点出发，起码保留并试图解决由笛卡尔以怀疑外在世界存在的形式所阐述的根本问题：他们尽力去探究观念的、主体的，亦即只在我们的思想观念中给出的东西与现实的、客体的、独立于我们的思想观念的，因而是自在的世界的区分和关系。所以，正如所说的，这一难题就是整个现代哲学所围绕着的中轴。

洛克与这些哲学家的区别就在于：大概是因为受到霍布斯和培根的影响，所以，洛克尽可能地紧贴经验和常识，尽量避免超自然的假设。对洛克来说，实在之物就是物质（Materie）。他并不在意莱布尼茨就非物质的、思维的东西与物质的、广延的实体物质之间不可能有因果关联的顾虑，明白无误地设想在物质与有认识力的主体之间有着自然的、物质的影响。但在此，洛克以罕见的慎思和诚实竟然承认那有认识力的和能思维的东西本身也有可能是物质（《人类理解论》，第4部，第3章，第6节）。而这在以后为他带来了伟大的伏尔泰连番的赞誉，但在洛克的时代，这却给他招来了一个狡猾的英国圣公会教士、沃塞斯特主教的恶毒攻击。[1]那么，在洛克看来，实在的东西，亦即物质，在认识者那里经由冲力（impulse）而产生出头脑的表象或观念（同上书，第1部，第8章，第11节）。所以，我们在此有一相当巨无霸的实在论，而正是其过分引起了异议，促成了贝克莱的观念论。那特别的起源点或许就是洛克在其第2部第21章第2段结尾处所说的那些明显欠缺慎思的话，其中是这样说的："不可穿透性、延伸性、形状、运动和静止，确实是在这世界上存在的，不管是否会具有感觉的生物发

---

[1] 没有比英国教会更惧怕光明的了，这恰恰是因为没有其他教会像英国教会那样有着如此之大的金钱利益，其收入总计达500万英镑，比两个半球的所有教会的收入还要多出4万英镑。在另一方面，没有任何国家会像智力超群的英国那样，让人痛苦地看到受着最低级的盲目信仰有计划地愚弄。这一不幸的根源就是在英国并没有公共教育部门，因此，公共教育一直是完全掌握在教士的手里。而教士则确保国家中2/3的人不会读和写。他们甚至不时胆大气粗地狂吠自然科学，情形至为滑稽。所以，把光明、启蒙和科学通过一切想得出来的渠道走私进入英国，以此终结那些被喂得脑满肠肥的教士的行当，是人类的责任。一旦受过教育的英国人在大陆表露其犹太守安息日的迷信和其他的愚蠢偏执，那人们就要毫不掩饰地嘲笑他们，直到他们感到羞耻而回到常识中来。这是因为诸如此类的迷信对于欧洲是一种耻辱，不应对其继续容忍。所以，就算是在日常生活当中，人们也永远不要对英国的教会迷信作出丁点儿的让步，而是一旦在其想要喧哗，就应该马上锐利地迎上去；因为没有任何傲慢够得上英国教士的傲慢，所以，必须在大陆给他们足够多的羞辱，这样他们就可以带一部分回家，因为在家是缺少羞辱的。英国圣公会教士和教士仆人的大胆放肆，直至今日都是让人难以置信的，所以，应该让其局限在他们的岛上。而一旦他们胆敢让人们在大陆上看到这些东西，那就必须马上让其扮演猫头鹰在白天的角色。

觉它们。"我们只要细想一下这一说法，那就必然认清这说法是错的，但贝克莱的观念论明摆在那里，是不可否认的。与此同时，就算是洛克也没有忽略那一根本问题，即没有忽略我们头脑中的表象与独立于我们而存在的事物之间的鸿沟，亦即观念与现实的差别。大体上，洛克是打发掉了这一问题，但依靠的却是虽然健康但却粗糙的智力所得出的辩论，以及诉诸在应付实际目的方面还算胜任的知识（同上书，第4部，第4、9章）——但这些方面的知识很明显与所讨论的难题无关，也仅显示了在这方面，经验主义远远不足以解决这一难题。但现在，正是他的实在主义引导他，甚至把我们所认知的与实在之物相对应的东西限定为自在之物所固有的特质，并且把这些特质与我们只是对这些特质的认识，亦即与只是属于观念的东西区分开来。据此，洛克现在就把属于观念的东西名为第二特质，而自在之物固有的特质则是第一特质。这就是稍后在康德哲学中变得至为重要的自在之物与现象的差别的源头。这里就是康德学说与康德之前的哲学，亦即与洛克哲学真正的起源连接处。康德的哲学由休谟对洛克哲学的怀疑和质疑所激发和促成，但康德哲学与莱布尼茨和沃尔夫哲学则只是论战的关系。

那些第一特质，亦即据说是对自在之物本身的特别限定，因此只属于自在之物，甚至是在我们对其观念之外的、独立于我们的观念的东西，其实就是人们不可以以思维去掉的特质，这些特质也就是延伸性、不可穿透性、形状、运动或者静止和数目。其余的所有一切都被视为第二特质，也就是第一特质作用于我们的感官以后的结果，因此就只是我们感官的感觉而已，就是颜色、音声、味觉、气味、坚硬、柔软、光滑、粗糙，等等。据此，这些第二特质与刺激起它们的属于自在之物的特质并没有丁点儿的相似，而是可以还原为作为原因的第一特质。只有第一特质才唯一是纯粹客观（客体）的和的确在事物中存在的（同上书，第1部，第8章，第7节）。因此，这些在我们头脑的表象就的确是忠实的副本，精确再现在自在之物那里存在的特质（同上书，第 15 节。我祝那些在此真正感觉到现实主义已变得多么滑稽的读者好运）。具体地说，我们看到洛克把属于感官的神经活动的东西排除在自在之物的特质之外，而我们从外在接收的是关于自在之物的表象。洛克的这一观察是容易的、可以明白的和无可争论的。但沿着这条路子，后来康德就迈出了无比巨大的一步，也把我们的脑髓（即大得多的神经群）活动的东西排除了。这样，所有的那些据说是第一特质的就降格为第二特质，那误当作是自在之物的就沦为现象；但那真正的自在之物，现在排除掉了那些所说的第一特质以后，剩下的就是某一完全不认识的量，只是一个 X。这剩下的东西当然就需要某一艰难的、深入的、能长期抵御误解者和无知者的攻击的分析。

洛克并非究本溯源得出事物的第一特质，也不曾给出更深入的根据以说明为何恰恰是这些而不是其他就是纯粹客观的东西——除了只是说这些特质是无法消灭的。那么，如果我们自己去探究一下为何洛克把那些完全直接作用于感觉，亦即完全是从外在而至的事物特质，称为并非客观（客体）的存在，而把那些出自我们智力自身特有功能的特质（自康德以后，人们认识到了这一点）则说成是客观（客体）存在的，那原因就是这个：客观（客体）的直观意识（对其他事物的意识）必然需要一个复杂的装置，而客观的直观意识则是这一装置的功能；所以，这客观的直观意识，其最关键的根本限定已经是从内在确定下来了。这就是为何那直观的普遍形式，亦即直观的方式方法（那先验可认识的也只能由此产生），就表现为这直观所见的世界的基本组织和网络，并因此成了无一例外绝对不可缺少的、无论如何都不可以去掉的东西；所以，这是预先就已经确定下来的、能让所有其他事物及其各式各样的差别得以出现的条件。大家都知道这首先就是时间和空间，以及从这些而来、并且只有通过这些才有了可能的东西。就其本身而言，时间和空间是空的，某些东西要进入时间、空间的话，就必须作为物质而出现，亦即作为某种发挥出作用的东西，因此就是作为因果而出现，因为物质彻头彻尾就是因果，其存在就在于其作用，反之亦然。物质就只是智力对因果本身的客观把握方式（《论充足根据律的四重根》，第2版，第77页；《作为意欲和表象的世界》，第1卷，第9页，第2卷，第48、49页）。所以，接下来的推论就是：洛克的第一特质完全就是那些无法思维掉的东西，而这恰好足够清楚地显示了它们的主观源头，因为这些东西是直接从那直观装置本身的性质和构成而来的；所以，洛克就把作为脑髓功能的东西，把比感官感觉（这是直接由外在引起，或说起码由外在更仔细规定了）更属于主体的东西，视为绝对的客观。

与此同时，我们可看到：经过所有这些不同的理解和解释，笛卡尔所提出的有关观念与实在关系的难题不断获得进展和阐明，这也就促进了真理。这是多么美好的事情。当然，这是在有了时代之利，或更准确地说有了大自然之利以后才发生的事情，因为在那短短的两个世纪的时间里，在欧洲诞生和成熟了好几个那么有思想头脑的人。此外，拜命运所赐，这些人虽然身处一个低级感官的世界，周围尽是些只沉迷于用处和享乐的人群，但却得以追随他们的高贵使命，不曾理会教士们的狂吠，不受当时哲学教授的胡说八道和带目的的活动的影响。

那么，当洛克根据其严格的经验主义，甚至也只是通过检验让我们了解因果关系的时候，休谟却没有据理力争做出正确的事情，而是马上打偏了目标，因果关系的现实性本身，并且是通过这本身是正确的简短意见：经验在感官上直接给予我们的永远不过就是连串的事物（或事情），而不是某一真正的作用与结果、某一必然的联系。众所周知，休谟的这一怀疑论的反对意见就促成康德对事情进行了深刻得多的探究，而这探究所带来的结果就是：因果，此外还有空间和时间，是为我们所先验认识的，亦即在经验之前就在我们自身，因此属于认识的主体部分。然后，由此接着推论：所有那些由洛克确定下来的第一特质，亦即绝对特质，由于都是由时间、空间和因果的纯粹限定而成，所以，不会是自在之物本身固有的，而是属于对这些自在之物的认识方式；因此，不可以算进实在一边，而要归入观念里面。最终就得出这样的结果：我们所认识的事物，无论在哪一方面都不是其自在的样子，而仅仅是自在之物的现象而已。据此，现实的、自在之物本身就是我们全然不知的，在我们面前就只是个 X，整个直观世界只是作为表象和现象隶属于观念，也恰恰是作为表象和现象必然在某些方面与自在之物相吻合。

从这一点出发，我最终又迈出了一步，我相信这将是最后一步，因为我把自笛卡尔以来所有哲学议论都围绕着的难题以这样的方式解决了：我把所有的存在和认知还原为我们的自我意识的两个要素，在这两要素之外就再无法给出任何解释准则了，因为这两个要素的解释是最直接的，并因此是最终的了。也就是说，我重温了这一点：正如在我之前的所有先行者所作的探究（我在此已讨论）所表明的，虽然绝对实在的或说自在之物本身是永远不会直接从外在，通过只是头脑表象的路径呈现给我们，因为这不可避免地就存在于这些表象的本质，所给出的也永远只是观念性的东西；而在另一方面，正因为我们本身毫无争议是实在的，所以，对实在之物的认识就必然以某种方式从我们自身的内在本质汲取。事实上，现在这实在之物就以一种直接的方式进入我们的意识，也就是作为意欲。这样，对我来说，实在的与观念的之间的分界线就取消了，以致整个生动和客观展现出来的世界，包括一个人自己的身体，连同空间、时间和因果，因此也就是连同斯宾诺莎的广延的东西和洛克的物质，就作为表象属于观念之物；但唯独意欲是实在之物，而我之前的所有的先行者却不加思考、未加查验，就把意欲视为只是表象和思维的结果而扔进了观念之物里面。笛卡尔和斯宾诺莎甚至把意欲与判断视为同一样东西。[1]这样，现在在我这里，伦理学是

---

[1] 斯宾诺莎的上述引文，见笛卡尔在《第一哲学沉思录》中第四个沉思，第28页。

完全直接地和史无前例地与形而上学联系在了一起，联系的紧密程度甚于在任何其他的体系中。这样，这世界与这存在的道德含义也就比以往都要更加扎实地提了出来。唯独意欲和表象才是从根本上不一样的，因为它们构成了这世界所有事物中终极和根本的对应，除此之外，别无其他。那在头脑中留下了表象的事物和有关事物的表象认识是同一样东西，但那也只是留下了表象的事物，而不是自在之物本身。这自在之物永远是意欲，不管意欲在表象中呈现出何种形态。

附录

读者如果了解在这个世纪里，在德国什么东西会被认为是哲学，就或许感到奇怪为何在康德和我之间的时间段里，我既没有提到费希特的观念论，也没有提及有关实在与观念的绝对同一性的体系，因为这些似乎本该属于我们谈论的课题。我之所以无法一并列举它们，是因为在我看来，费希特、谢林和黑格尔并不是哲学家，因为他们达不到成为哲学家的第一个要求：诚实和认真地进行探究。他们只是诡辩者，只是想要做出样子而不是真要名副其实；他们并不是要寻找真理，他们追求的是他们在这世上的安乐和成功。政府的任命、学生和书商的付酬，还有就是为达到此目标，尽其所能地让他们那些假冒哲学引起轰动，引人注目。这些才是真理的这些门徒的指路明星和守护神。所以，他们还没通过入门考试，不能让其进入由服务人类的思想家组成的尊贵团体。

但他们却有异常出色的一面，亦即有着出色的技巧以迷惑公众，自己明明不是哲学家，但却可以让人们认为就是哲学家。这毫无疑问是很需要功夫和才能的，但这种才能可不是哲学上的才能。而他们无法在哲学领域有所真正的成就，归根到底就在于他们的智力并不是自由的，而只是为意欲服务，因为虽然他们的智力可以为意欲及其目标做出殊多的成就，但为哲学却是一如为艺术那样而一无所成。这是因为哲学和艺术的首要条件就是：智力可以纯粹出于自身的动力而活动起来，并能在这活动的时间里停止为意欲服务，亦即停止只盯着自身的目的。但一旦这智力完全自发地活动起来，那这智力根据其本质就只认得真理，而不会还有其他目的。所以，要成为一个哲学家，亦即成为一个热爱智慧（智慧不是别的，正正就是真理）的人，那只是热爱真理是不够的——如果这真理是与这人的自身利益，上头的意志，教会的教义，同时代人的偏见定见或趣味联系在一起的话。如果只是这样，那这人就只是"自我之友"，而不是"智慧之友"。"智慧之友"这一荣誉称号之所以是美丽和巧妙的，就是因为这称号表明了这人对真理的爱是真诚的、全心全意的，因此是无条件的、无保留的，甚于一切的，在需要的时候是不顾一切的。个中的原因就是上面所说的智力获得了自由：在此种状态中，这智力除了真理以外，甚至不知道和不明白还会有其他别的兴趣。但这样的结果就是我们会对一切谎言和欺骗，无论其披着怎样的外衣，都怀有无法消除的憎恨。当然，这样的话，我们是不会在这世上走得很远的，但在哲学上却完全可以。而如果有人自称是以探索真理为目的，但从一开始就跟真诚、正直、纯粹说再见，一心只想着冒充自己其实不是的身份，那对哲学而言可是个不好的兆头。然后，人们就会像那三个诡辩者一样，时而装出充满激情，时而显得那样高贵的认真，时而又摆出高不可攀的样子，目的就是在实在无法让人信服的时候好欺骗他人。他们不曾深思就动笔写作，因为既然只是为了写作才去思考，那就省着点，到要写作了才去思考吧。他们现在会试图走私一些一眼就可识穿的鬼话当作证明，写出浮夸和没有意义的废话当作高深的思想，援引"智力直观"或者"绝对思维"和"概念的自我活动"，反对和拒绝"思考"的立场和角度，即反对和拒绝理性的反省、不带偏见的推敲和诚实的表达，因此也就是真正和正常地运用理智。据此，他们公开对"思考的哲学"表示出极度的鄙视，而"思考的哲学"所标示的就是环环相接、从根据引出结论的思路，这种思路也就是构成了在他们之前的所有哲学论辩。所以，如果人们足够放肆，又再受到可怜时代的鼓动，那人们大概就会阐发这样的议论，"不难看出：提出一个命题，并为此命题列举根据；同样，列举相反的根据，并以此反驳这一命题——这样的方法，并不是让真理出现的方式。真理是其在自身的运动"，等等（黑格尔，《精神现象学》序言，第 57 页；总集第 36 页）。我想，不难看出：推出诸如这样的文字的人就是个无耻的骗子，想要迷惑头脑简单的人，并意识到在 19 世纪的德国人当中找到了他要迷惑的对象。

因此，如果声称在向真理的殿堂匆匆进发，但却放任个人利益指挥我们，而个人利益盯着的却是完全不一样的指路星辰，例如盯着同时代人的趣味、怪癖和弱点，按照国家宗教尤其是按照执政者的目的和暗示而行事——那么，人们又如何抵达耸立在高峻、陡峭、光秃的岩石之上的真理殿堂？人们或许可以通过共同利益这一更加保险的纽带，把一帮确实是满怀希望、亦即期待获得照顾和职位的门生拉到自己的身边，组成了表面上看是一个派别、但事实上只是凑成了一个小集团。这些人齐声高喊，就可以声嘶力竭地向各方宣布某某人就是前无古人的智者。个人的利益是满足了，真理的利益则被出卖了。

由此可以解释为何我们在认真读过上面考察过的真正思想家的著作以后，回过头看看费希特、谢林的货色，还有黑格尔那些放肆地信手胡写、不知所云的文字（黑格尔对德国人的愚蠢有着无限的、但却是估计正确的信心），我们就会有种难受的感觉。[1] 在那

---

[1] 黑格尔的伪智慧完全就是《浮士德》第 1 部，第 1947 行的学生头上的里程碑。如果我们想要故意弄蠢一个年轻人的头脑，让其完全无法胜任思维，那没有比勤勉研读黑格尔原作更加可靠、有效，因为这些怪诞地组合在一起的字词，相互取消、自相矛盾，读者绞尽脑汁地琢磨，想读出些思想，直至筋疲力尽，垂头丧气。这些东西就会逐渐完全毁灭掉读者的思维能力，以致从此以后，对这些读者来说空洞、乏味的套话就成了思想。除此之外，再加上这经所有德高望重者的言行例子公证了的狂妄看法：黑格尔的那些空壳辞藻就是真正高深的智慧！假如某一监护人害怕他的被监护人太过聪明了，不会听从其规划，那让其努力研读黑格尔的哲学就可以避免这一不幸了。

些真正思想家的著作里，人们随处可发现对真理的诚实探索，和同样诚实地努力把他们自己的思想传达给他人。所以，阅读康德、洛克、休谟、马勒伯朗士、斯宾诺莎、笛卡尔的著作，会感觉到提升，会沉浸在快乐之中。这是与高贵的精神思想相交融所产生的作用。这些高贵的思想者，有其想法也激发起别人的想法，思考着也让别人思考。但在阅读上述三个德国诡辩者的作品时，却是恰恰相反的情形。不怀任何偏见的读者翻开他们的书以后，可以问一下自己：这种腔调是一个想要教诲别人的思想家的呢，抑或属于一个想要骗人的江湖骗子呢？——那不用 5 分钟，就不会对此还有任何疑问，因为这里面到处都散发着不诚实的味道。在他们之前的所有哲学著作中特有的静静探索的语气，一换而成了一口咬定的确凿无疑，正如任何时候、任何式样的江湖骗术都固有的那种语气。但在这里，这种确凿无疑的腔调据说是基于主体所谓直接的、智力的直观，或者基于绝对的思维，亦即基于独立于主体及其易犯错特性的思维。每一行、每一页都说出了那要迷惑、欺骗读者的企图：时而摆出派头以震慑，时而以完全不知所云的文字来坑蒙，时而又借大胆的宣称以令人目瞪口呆，一句话，就是向读者出虚招、花招，尽可能地让读者不知所以。因此，放下真正思想家的著作而转读这些人的文字时，在理论方面所感受到的就犹如在实际方面，从一群正人君子那里出来而一头掉进了骗子、流氓的窝点。克里斯蒂安·沃尔夫与他们相比是个多么值得敬重的人！但沃尔夫却遭受上述那三个诡辩者的轻视和嘲笑。沃尔夫具有和给出了真正的思想，但他们却只有词、句的框框，其目的就是欺骗。因此，这整个所谓的后康德学派哲学真正的独有特性就是不诚实，其成分就是烟雾，其目标就是个人的打算。这学派的权威人物所要全力争取的就是显得是，而不是真的是。所以，他们是诡辩者，而不是哲学家。后世对他们的嘲笑也及于崇拜他们的人，然后，等待着他们的就是遗忘。顺便说一下，与这些人的上述倾向相连的是那种争吵和责骂的语气——

这语气就像必要的伴奏一样贯穿于谢林的作品。假如情况不是这样，假如谢林不是那样装腔作势和夸夸其谈，而是老老实实地去写作，那谢林作为这三人当中最具能力者，或许可以在哲学中占得一个折中派（这折中派暂时是有其用处的）的次要地位，因为他从普罗提诺、斯宾诺莎、雅各布·伯麦、康德的著作中，从现代自然科学中整理出一部大杂烩，以暂时填补康德哲学的消极结果所带来的巨大空白，直至总有一天某一真正新的哲学的到来，真正提供那消极结果所要求得到的满足。谢林尤其利用了我们这世纪的自然科学，以复活斯宾诺莎的抽象泛神论。也就是说，斯宾诺莎没有任何有关自然的知识，只是从抽象概念出发，然后就海阔天空地哲学论辩，并在不曾真正了解事物的情况下，从抽象概念引出他的学术大厦。为这干巴巴的骨架覆盖上肌肉和色彩，通过运用在此期间成熟了的自然科学于斯宾诺莎的泛神论（虽然在运用时经常出差错），尽其所能地赋予这泛神论以生命和运动——无可否认这些是谢林在其自然哲学中做出的成绩，而谢林的自然哲学恰恰是他的各种各样尝试和新的冲击当中最好的作品。

就像小孩摆弄、玩耍成年人那些有严肃用途的武器或者其他工具，同样，现正说到的三个诡辩者也不知所云地摆弄这样的论题，我在此就介绍了前人对这些论题的论述，因为相对哲学家们这两百年来殚精竭虑的探究而言，这三个家伙提供了可笑的反例。也就是说，康德把自在之物与我们的表象的关系这一巨大难题厘清到了极致，甚于以往的任何人，并因此把对这难题的解决又拉近了许多。在这之后，费希特出现了，声称在表象的后面再没有其他东西了，表象只是有认识力的主体、"我"的产物。在费希特试图以此方式超越康德的同时，他只是把康德的哲学弄成了某一滑稽的东西，因为在经常运用那三个假冒哲学家已经在大吹特吹的方法时，费希特完全取消了实在的东西，而剩下来的只是观念之物。然后就是谢林了。谢林在其有关实在之物与观念之物的绝对同一性的体系中，宣称两者的差别是无关重要的，声称观念之物也就是实在之物，两者为一体。谢林就是这样卖力地去混淆人们好不容易借助一小步一小步逐渐演进的思考才分开来的东西，把一切都掺和在一起（谢林，《论自然哲学与费希特哲学的关系》，第14—21页）。在模仿斯宾诺莎受到我的上述批评的错误时，谢林放肆大胆地否认了观念之物与现实之物的区别。与此同时，莱布尼茨的单子又被搬了出来，受到顶礼膜拜，以作救命之用。但这单子却是莱布尼茨把两样离奇之物，即原子和不可分的、原初的和本质上有认识力的、名为"灵魂"的个体荒谬地同一起来（谢林，《自然哲学的观念》，第2版，第38节，第82页）。谢林的自然哲学带着同一性哲学的名称，是因为谢林的哲学步着斯宾诺莎的后尘，也同样取消了斯宾诺莎所取消了的三个差别，亦即上帝与世界的差别、肉体与灵魂的差别和最后在直观世界中观念与实在的差别。但这最后的差别却一点都不是取决于其他两种差别，正如上面在考察斯宾诺莎的时候已经表明的。并且这一差别越是表现得明显，那前两种差别就越是成疑，因为前两种差别是基于教条式的证明（这些证明也被康德推翻了），而观念与实在的差别却是基于简单的反省思考。与所有这些相应，谢林也把形而上学与物理学等同划一，并因此把只是有关物理和化学的批评文字冠以"关于世界灵魂"的高贵名称。对那些无休止地强行进入人的意识的所有真正的形而上学难题，谢林一概通过强硬的话语大胆予以否认和平息。大自然是这样，恰恰因为大自然就是这样，出自其自身、经由其自身就是这样；我们赋予其上帝的称谓，那这事情也就打发掉了，谁要是还要求更多，那就是个傻子，因为主体与客体的差别仅仅是学校中的恶作剧，整个康德哲学也是如此，里面的先验与后验的差别是无意义的，我们的经验直观确实为我们提供了自在之物，等等。读者可看看《论自然哲学与费希特哲学的关系》，第51和67页，还有第61页，谢林在那些地方意思清楚地嘲笑了"对为何在此是空洞无意义感到奇怪，对为何在此真存在什么东西而诧异不已"的人。所以，在谢林先生看来，所有的一切都是那样的不言自明。但从根本上，类似这样的说话就是在典雅、讲究的语词的包装之下，诉诸所谓健康的、亦即粗糙的理解力。另外，我想起了在我的主要著作第 2 卷第 17 章开头所说过的话。就我们的论题而言，在上述谢林的书第 69 页的这样一段话，是很有典型意义的，也是相当幼稚的："如果由经验得来的知识完美地达到了目的，那经验知识与哲学的对照，以及哲学作为科学特有的范畴和类别，就会一道消失。所有的抽象都会化为直接的、'友好的'直观；至高的直观就会是某种赏心、单纯的游戏，而最难的成了容易的，最非感官的成了感官的，人们也就惯性地、自由地阅读那自然之书。"——那当然是最可爱不过了！但是，我们的情形可不是这样。思维并不是这样就可以打发走的。那严肃、古老的斯芬克司及其神秘之谜就动也不动地躺在那里，并不因为你们宣称思维只是鬼魂而已就会从石头上掉下来。正因为这样，在谢林后来说形而上学的难题是不可以用强硬的话语拒绝和否决掉的时候，他就给我们写出了一篇真正形而上的文章《论自由》。但这却只是一篇幻想的作品，一篇童话故事。所以，这就是为何每当谢林一旦用上论证的口吻（例如，第 453 页注释），其表达就有了明显滑稽的效果。

通过他那实在与观念的同一性学说，谢林试图解决自笛卡尔正式整理出来以后，所有伟大的思想家都已经处理过的那一难题。这一难题最后被康德推到了极致。谢林解决此难题的方式就是干脆剪掉那难题的结子，因为他否认观念与现实两者是对立的。这样，谢林就与康德直接相矛盾了，而谢林却声称是从康德的理论出发的。但谢林却至少牢牢把握了此难题的原初和本来的含义，那就是我们的直观、思想与呈现在我们的直观、思想中的事物的自在存在和本质的关系。但因为谢林主要是从斯宾诺莎那里汲取了自己的学说，所以，谢林很快就从斯宾诺莎那里拿来了"思维"和"存在"的用语，但如把这些用语用以描述我们谈论中的难题，却是相当的糟糕。这在之后也成了引发荒诞离奇念头的原因。斯宾诺莎以其学说，"思维的物质和广延的实体是同一样实体，这些时而通过这一属性，时而又通过那一属性去理解"（《伦理学》，第2部分，命题7附注）；或者，"精神和肉体是同一样东西，有时借思维的属性，有时借广延的属性去理解"（《伦理学》，第3部分，命题2附注），首先是要取消笛卡尔的肉体与灵魂的对立说。斯宾诺莎或许也承认经验之物并没有有别于我们对其表象的认识。那谢林现在是从他那儿拿来了思维和存在的用语，然后就逐渐以这些代替了表示直观，或者更准确地说被直观之物和自在之物的词语（《思辨物理杂志》，第1册，第1篇文章）。这是因为是我们所直观的事物，而不是我们的思想（亦即概念），与这些事物的存在和自在本质的关系，构成了那巨大的难题（我在此勾勒的就是关于这一难题的简史），因为我们的这些思想很明显的和不可否认的只是从直观知识中抽象出来的，是在思维过程中随意去掉了某些特质和保留了另外某些特质。对此，有理性的人都不会怀疑。[1]所以，这些概念和思想（这些构成了非直观表象的类别）与事物的自在本质和存在永远不会有一种直接的关系，而始终只是间接的，亦即透过直观的中介的关系。而正是直观，一方面为概念和思想提供素材，另一方面则与自在之物，亦即与事物未知的、在直观中客体化的自身本质构成了关系。

谢林从斯宾诺莎那里取得的并不精确的用语，后来被黑格尔采用了。这个没有思想、没有趣味的江湖骗子在这方面就俨然谢林般的小丑。黑格尔把这事情扭曲到这样的地步，以致思维本身和本义，亦即概念与事物的自在本质就被假定为同一的；因此，诸如此类在抽象中思维的和间接的东西，与自在的客观存在的东西就被假

---

[1] 参见《论充足根据律的四重根》，第2版，第26节。

定为一体，而据此，逻辑同时也就是真正的形而上学了。我们也就只需思维，或者只需让概念做主，就可以知道那外面的世界是如何绝对地构成的。据此，在脑壳里游荡的一切东西，马上都是真实的了。再者，因为"越荒唐就越好"是这一时期的假冒哲学家的格言，所以，这一荒诞看法就由这第二个荒诞的看法所支撑：并不是我们在思维，而只是概念在没有我们参与的情况下独自完成其思考程序的。所以，这也就被称为概念的论辩自我运动，并且现在就被假定为关于这大自然内内外外一切事物的一种启示。但这滑稽的意思却是基于因同样是误用词语而起的另一个滑稽错误，这意思甚至从来不曾清晰地表达出来，虽然毫无疑问隐藏在这些词语的后面。谢林照着斯宾诺莎的样子把世界冠以上帝的头衔。黑格尔就照这词的含义拿了过去。因为这词意指一个人格化的神灵，这神灵除了具有其他的与世界完全不相协调的特质以外，还是无所不知的，所以，现在无所不知这特质也被黑格尔转移给了这世界。当然了，在这世界是没有地方可以保存这无所不知的特质的——除了在人那傻乎乎的脑袋里。这样，人也就只需放飞其思想（辩证的自我运动），亦即用黑格尔雄辩术的绝对的胡言乱语，就可以获得启示，知道天与地的神秘之谜。黑格尔是真正明白一种艺术的，亦即如何牵着德国人的鼻子走的艺术。但那可不是伟大的艺术。我们可以看到他是如何玩弄把戏，可以在 30 多年里让德国学术界对其毕恭毕敬。哲学教授之所以还把这三个诡辩者当一回事，认为在哲学史上给予他们一个地位是重要的，只是因为这关乎这些教授的生计，因为他们就有了素材，就这所谓的后康德哲学的历史作出详尽的口头和文字报告。在这些报告中，教授们就详尽阐述和认真讨论那些诡辩者的学术观点。其实，有理智的话，人们本就不应关注那些人为了要冒充和做样子而给市场带来了什么货色，除非我们是要把黑格尔的文字宣布为药用的，作为心理上有催呕作用之物需储备在药房里，因为这些所引起的恶心的确是很独特的。但关于这些及其始作俑者已经说得够多了，对他们的敬意我们就留给丹麦科学院好了，因为丹麦科学院在黑格尔身上看到了真实意义上的"哲学的顶峰"，并因此在其对我的《论道德的基础》的评语中要求我尊重他，而这评语就附录在这论文的后面，成了永恒的纪念物。这评语值得保护以免失之遗忘，既是由于其洞察力，也由于其值得纪念的诚实，同时还因为这评语给出了证明，证实了拉布吕耶的这句妙语："源于同样的理由，一个人既可以漠视一个出色的人，也可以崇拜一个傻瓜。"

（节选自《附录和补遗》第 1 卷）

论哲学及其方法

1

我们所有知识和科学的支撑基础是不可解释之物。所以，每一种解释经过或多或少的中间环节，最终都会回到那不可解释之物，正如测量大海深度的铅锤，无论投放在大海何处，都必然抵达或深或浅的海底。这不可解释之物属于形而上学探究的内容。

2

几乎所有人都总是认为自己是一个这样或者那样的人，具有由此推论出来的这样或者那样的素质，但却很少想到他们根本就是一个普遍意义上的人，有着由此引出的普遍人性。是否认识到这一点是至为重要的。坚持第二种更甚于第一种主张的极少数人是哲学家。其他人倾向于第一种看法，原因就是总的来说，他们在事物当中只是看到个别、零星的个体，而不是事物普遍性的东西。只有智力天赋更高的人，根据其思想的卓越程度而相应在单个事物中越来越多地看到事物的普遍性。这一重要的差别完全渗透于人的认知功能，以致我们对最平凡、普通事物的直观也因此呈现出差别。所以，头脑卓越的人和智力平庸之辈各自对普通事物的观察和看法已经大不一样。这种从每一单个呈现的事物中把握其普遍性，也对应与吻合于我名为不带意欲的纯粹认识主体和定义为事物柏拉图式理念的主体对应物，因为只有当认知瞄准了事物的普遍性，认知才可以处于不带意欲的状态。相比之下，意欲打算的对象物则是单一、个别的事物。所以，动物的认知严格局限于这些单个事物，因而动物的智力完全为动物的意欲服务。而思想智力瞄准事物的普遍原理，则是要在哲学、诗歌和总的来说艺术、科学真正有所建树的必不可少的前提条件。

对为意欲服务的智力而言，亦即在智力的实际事务应用中，就只有个别、单一的事物；对追求艺术或者科学的智力，亦即自为活动起来的智力，就只有事物的普遍性，事物整个的类别、种属和理念，因为甚至造型艺术家也只是旨在个体当中表现出理念，亦即种类。这是因为意欲只是直接瞄准个体事物——这些才是意欲的真正对象，因为也只有这些个别事物才具有经验的现实性。而概念、类别、种属则只能非常间接地成为意欲的目标。所以，粗人不会感知普遍的真理，但思想天才却忽略和无视个体的事物。如果被迫纠缠于构成了实际生活素材的单一、个别的东西，那对于天才就是令人难受的苦役。

3

探索哲学的两个首要条件是：具备勇气不把疑问留在心里；把一切所谓理所当然的事情引入清晰的意识之中，以发现问题。最后，要真心探究哲学，我们的精神思想必须是真正空闲的：不能带有任何目的，亦即不能受到意欲的指挥，而是全神贯注地接收直观世界和自己的意识所给予的教诲。相比之下，哲学教授却是惦记着自己个人的利益和好处，以及能带来这些利益和好处的东西——这些才是他们所关切的。这就是为什么他们根本看不到如此之多再清楚不过的东西，甚至哲学的问题也从来不曾进入过他们的知觉意识。

4

　　文学家把生活、人的性格和人的处境之画面展现给我们的想象力，把所有这些图像活动起来，然后让每一个人透过这些画面尽其思想所能去思考。所以，文学家可以同时满足思想能力参差不一的人，不管他们是傻瓜还是智者。但哲学家并不以此方式展现生活，而是对生活抽丝剥茧，概括出成熟、完善的思想。现在，哲学家就要求他的读者以他本人同样的方式、同等的程度去思考。所以，哲学家只有很小的读者群。据此，我们可以把文学家比作带来鲜花的人，而哲学家带来的则是鲜花的精华。

　　文学作品相对哲学著作还拥有这一巨大的优势：文学的众多作品可以同时并存而又不会互相干扰和妨碍。而且那些彼此差异极大的作品也可以同时为同一个思想的人所欣赏和珍视。相比之下，某一哲学体系在这世上甫一露面，就已经睥睨着它的兄弟姐妹，处心积虑要毁灭它们，就像上台登基的亚洲国家的君主一样。这是因为正如一山只容一虎，同样，只有一种哲学可以君临天下。也就是说，哲学体系就其本质而言是孤独、不喜交际的，一如那些孤独坐守丝网的每一只蜘蛛：它们现在就看着苍蝇自投罗网。而一旦一只蜘蛛向另一只蜘蛛靠近，那就是想要一场你死我活的搏斗。因此，文学作品和平共处，就像安静吃草的绵羊，但哲学著作就是天生的猛兽；那种破坏和毁灭一切的欲望使它们甚至成为要吞噬自己同类的蝎子、蜘蛛、昆虫幼体一类。它们来到这一世上，就像从杰森的龙牙种子冒出来的全副披挂的武士，在此之前同样是经历了一番自相残杀。这场争斗已经持续了两千多年，会有最终的赢家，天下从此可以归于太平吗？

由于哲学体系具有这一争辩好斗的本性，这一"群雄并起、互相厮杀"的特质，所以，哲学家要获得认可和名气，难度比文学家要大无数倍。文学作品只要求读者进入为其提供娱乐消遣或者鼓舞升华的系列文字之中，为此花上几个小时的时间。但哲学家的著作却试图使读者的整个思想模式来个翻天覆地的变化。它们要求读者宣布自己在此之前，在这一门学科里所学过的、相信过的东西都是错的，所花的时间、精力全都白费了，现在必须从头开始。他们至多只能保留某一位前任哲学家的部分思想，以便在此之上重建基础。此外，现存哲学体系的每一个教授者也都因职位所致而成了与新的哲学体系较劲的强力对手。而且有时候甚至国家政府也会把其偏爱的哲学体系纳入保护伞下，并且通过强有力的物质手段，防范和阻挠其他学说的传播和流行。再者，如果我们考虑到哲学著作的读者群与欣赏文学作品的人数之比，恰如愿意聆听教诲的读者与想要寻求消遣、娱乐的人数之比，那么，一个哲学家的出场究竟会是怎样的"凶多吉少"——这我们自己就可以下判断了。但当然，哲学家能够得到的酬劳是思想家及经过很长时间才会出现的、不分国籍的、为数不多的出类拔萃者所给予的鼓掌和喝彩。而大众则是逐渐地、基于权威地学会敬重这位哲学家的名字。据此，同时也因为哲学的进展对整个人类发挥着虽然缓慢、但却深远的影响，哲学家的历史与帝王的历史一道，自千百年来并肩排列；帝王比哲学家的数目要多百倍。因此，一个哲学家能为自己在哲学家的青史中留下名字，就是相当伟大的事情。

5

哲学作者是向导，他的读者则是旅游者。如果他们要想一起抵达目的地，首先就必须一起出发；换句话说，作者必须把读者置于一个肯定是共同的立足点和审视角度——而这不是别的，正是我们每一个人所共有的经验意识。在此，作者紧牵着读者的手一步一步地引领他，沿着山间小道，尽力登上云外的高处。康德就是这样做了：他从对事物和自身的完全普通的意识出发。相比之下，试图把下面这些作为出发点却是多么颠倒和荒谬：据称是对超自然、超物理的关系或者事件，甚至对超感觉的知觉理性，再不就是对某一绝对的、自为思考的理性的智力直观！因为这就意味着从无法直接言说的认识立场出发——这样，读者从出发起就已经不知道自己是和作者站在一起，抑或离他有千里之遥。

6

我们自己认真静思和琢磨一样事情与跟别人交谈这件事，两者的关系犹如一个活的机体与一台机器的比较。这是因为只有在第一种情形里，所有的东西才好像来自某一整体，或者用一个调子发出声音，因此，这可以达至完美的清晰度和真正的连贯性；但在第二种情形里，不同出处并且各自差异悬殊的部件被凑合在一起，以强行产生某种统一协调的运动，但往往会出其不意地停止下来。也就是说，我们只能完全透彻地明白我们自己，对其他事物我们都只能是一知半解，因为我们顶多只能把概念集合起来，而不能把这些概念的基础——直观了解——统一起来。因此，采用对话中的共同思考的方式，永远不可能发掘出深刻的哲学真理。但这样的对话却有助于我们先期演习一番，找到和厘清需要解决的问题，以及对随后提出的解答加以检验、核实和评判。柏拉图的对话录就是在这一意义上撰写的，也因此，柏拉图学派分流出第二和第三个学院派别，其怀疑的态度有增无减。对话文字作为传达哲学观点的一种形式，只有在被讨论的话题可以有两个或者两个以上完全不同，甚至彼此相反的观点时才是恰当适宜的。对于这些不同观点，要么交由读者自己判断，要么就把这些不同的观点集合起来，以补足并完整地正确理解这话题。如果是前者，那就应有对反对意见的反驳。为此目的而选取对话形式的话，那观点的差异就必须从根本上突出地、明显地表达出来，以达到真正的戏剧性：两种声音确实是在对话。如果没有这样的目的，那这种对话就只是要贫嘴闲聊而已——就像绝大多数的对话那样。

<h1 style="text-align:center">7</h1>

讨论和比较别人所说过的东西不会特别增加我们的真知和灼见，因为这样做始终就像只是把水从一个容器注入另一个容器而已。只有通过自己对事物的观察和思考才可以真正充实我们的真知和灼见，因为事物才是永远近在眼前、随时准备好的活的源泉。所以，看到那些一心一意要做哲学家的人总是在第一条道上走到黑，而对第二条途径则似乎一无所知；总是纠缠于某某人说过这样或者那样的话，某某人的意思到底是这样还是那样，以致就好比一次次重复地把旧瓶子倒转过来，以防遗漏了瓶里存留的一两滴水，而对自己脚下潺潺流过的活水却视而不见——这样的情景让人百思不得其解。没有什么比这更清楚地暴露出这种人的无能和更有力地指控他们那貌似深刻、独创和煞有其事的表情就是欺骗。

<h1 style="text-align:center">8</h1>

那些希望通过熟读哲学史而成为哲学家的人，更应该从其阅读

的哲学史中了解到：哲学家就像文学家一样，只能是天生的，并且前者比后者更加稀有。

9

哲学的一个奇怪和不当的定义就是：哲学是一门由纯粹的概念组成的学科。甚至康德也做出了这一定义。其实，我们所拥有的概念不是别的，而是概念中所贮存的从直观认识那里借来、乞来的东西，而直观认识是我们一切真知的真实和永不枯竭的源泉。所以，真正的哲学并非只是用抽象的概念编织而成，而只能建基于观察和经验，不管是对外在的还是对内在的东西。要在哲学上做出点扎实成绩，也不是通过试图组合概念就可以的，而我们当代的诡辩主义者，如费希特、谢林之流，就尤其习以为常地玩弄这一手法，而黑格尔则在这方面发挥得让人至为厌恶。施莱尔马赫则是在道德理论上运用这一手法的佼佼者。哲学一如艺术和文学，其源泉就是对这一世界的直观把握。再者，人们无论怎样保持高抬着头，但世事也不至于如此冷血，以致不会最终让整个人全身心地投入行动和感受到完全彻底的震撼。哲学不是一道代数题，相反，就像伏维纳古正确无误地说过的："伟大的思想从心而出。"

10

就总的和大的方面而言，我们可以把各个时期的哲学理解为就像钟摆一样地在理性主义和启蒙主义之间，亦即在应用认知的客观源头和认知的主观源头之间摇来摇去。

理性主义所具有的器官，就是原初唯独只为服务于意欲而设的智力，所以是面向外在的；理性主义首先是以教条主义的身份出现的。作为教条主义，理性主义是持完全客观的态度的。然后，这教条主义就转变为怀疑主义，并因此而最终成了批判主义。批判主义想要通过考虑到主体而调解争端，那也就成了超验（先验）哲学。所谓先验哲学，我的理解就是所有从这一事实出发的哲学，即其最近的和最直接的对象物并不是事物，而唯独是人对事物的意识，因此这意识是永远不可以无视和不理的。法国人很不准确地把这称为"心理学的方法"，在这名称之下的就是他们所理解的不带成见地从客体，或者从客观上思维出来的概念出发的哲学，亦即教条主义。到达了这一地步以后，理性主义就认知到：其研究原则和推理方法就只是抓住了现象，但并没有抵达事物那最终的、内在的和自身固有的本质。

在所有的阶段，光明主义与理性主义都表现为对立、矛盾的，但在此阶段则尤其如此；光明主义本质上是投向内在的，其研究原则和方法则是内在觉悟、智力的直观、更高级的意识、直接认知的理性、对上帝的意识、合一，等等，而把理性主义贬为"自然之光"。那么，如果同时还把一种宗教作为其基础，那就成了神秘主义。它的根本缺陷就是它的认知无法传达，部分是因为对于内在的感知并没有判定不同主体的客体同一性的规范，另一部分则是因为这样的认知必须透过语言来传达，但语言是为了智力那投向外在的认知的目的而形成，以由那些认知而来的抽象为手段，完全不适用于表达从根本上有别于那些认知的内在状态，而这些状态就是光明主义的素材。所以，光明主义就不得不形成自己独有的语言，但这再度由于第一个理由而行不通。由于无法传达，这样的认知也就是无法证明的；这样，理性主义就与怀疑主义一道进场了。在柏拉图的一些段落中就已经有了光明主义的痕迹，但却是在新柏拉图主义、诺斯替教派和亚略古巴的狄奥尼修，以及斯考特斯·艾利葛那等哲学中明确出现的；还有在穆罕默德的信徒中作为苏菲学说，在印度的吠檀多和弥曼差都有显现；但表现得最明确的则是雅克布·伯默和所有基督教的神秘主义者。每当理性主义完成了它那一个阶段而又不曾达至其目标时，光明主义就总会出现。所以，在学院派哲学接近尾声之时，光明主义就出现了，并且是作为神秘主义与其针锋相对；尤其是在德国人当中，表现在陶勒和《德国神学》的编撰者那里；也同样在新时代作为康德哲学的对立面表现在雅各比和谢林，以及最后期的费希特的作品里。不过，哲学应是可以传达的知识，所以必须是理性主义的。据此，我在我的哲学里虽然在结尾处指出光明主义的领域是存在的，但我却小心不会涉足哪怕一步；正是因为我并不曾要对这世界的存在给予终极的答案，而只是在客观的、理性主义的路上尽可能地走得远点。我给光明主义留有足够的空间，它尽可以其方式达到所有谜团的答案，而用不着挡住我的前路或者对我论战。

与此同时，光明主义却经常会隐藏于理性主义的基础，这样，那哲学家虽然说只是以星辰为前进的方向，亦即只盯着那外在的、清楚地摆在眼前的客体事物并只考虑这些事物，但其实，他看着那隐藏的光明主义就像看着藏起来的罗盘一样。这是可以允许的，因为他并不是要传达那无法传达的知识，他所传达的始终是纯粹客观和理性的。柏拉图、斯宾诺莎、马勒伯朗士和其他许多人有可能就是这样的情况，这与任何人都无关，因为这是他们心中的秘密而已。相比之下，高声嚷嚷诉诸智力的直观、大胆的，并要求内容具有客观的效力，就像费希特和谢林所做的那样，那就是卑鄙和无耻的。

此外，就其本身而言，光明主义是探究真理的一种自然的和情有可原的尝试方式。这是因为那朝向外在的智力，只是为意欲的目标服务的知识手段，并因此是次一级的，那只是我们的整体的人的一部分；智力属于现象，智力知识只吻合于现象，因为智力也唯独只是为现象的目的而存在。那还有什么比这更加自然呢，即在我们应用客观的智力并没有取得成功以后，现在就押上我们的整个本质——这属于自在之物，亦即属于世界的真正本质的东西，因此也必然承载着解决所有谜团的答案——以通过同样的东西寻求帮助。这就像古时候的德国人，在输掉所有一切以后，最终就把自己本人押了上去。但实施这一手段唯一正确和客观有效的方式，就是把握这一经验事实，即意欲在我们的内在展现并的确构成了我们的唯一本质；把这一事实用于解释客观的外在知识，就像我所做的那样。相比之下，光明主义的路径却由于上述理由不会通往目的地。

11

只是精巧和敏锐或许使人有能力成为怀疑论者，但却无法造就一个哲学家。不过，哲学里的怀疑论就好比国会中的反对派，也同样是有益和必需的。怀疑论无一例外都是因为哲学无法给出像诸如数学那种清楚的证据，就跟人无法做出动物的本能技巧一样——而动物的本能技巧也是先验真实的。所以，针对每一哲学体系，怀疑论者永远可以站到天平的另一边，但与对方相比，其分量归根到底是不足道的，不会比怀疑算术上对圆圈的方形化计算——因为那种计算毕竟也是大概的——有更大的杀伤力。

如果我们知道一些东西的同时，又承认不知道自己所不知道的东西，那我们的所知就有了双倍的价值和分量。因为这样一来，我们所知道的东西就不会招致别人的怀疑。但如果就像谢林的门生那样，冒充知道我们其实并不知道的事情，那这种情形就是避免不了的。

12

每一个人都把他认为真确的、无需检验的某些陈述和命题名为理性的表达，对这些命题他是如此地确信，就算他想要这样做，他也没有办法去认真地检验它们，因为要这样做，他必须是暂时对其有了怀疑。人们对这些陈述和命题深信不疑，是因为在他们开始说话和思想的时候，这些东西就持续不断地告诉他们，并以此灌输进他们的头脑。所以，人们这样思维这些命题的习惯就与他们的思维习惯一样的老套。结果就是他们无法把两者分开，这些东西事实上就与他们的脑髓一道成长起来了。这里所说的千真万确，要提出证明的话，既多余也危险。

13

发自对事物的客观和直观认识，以前后一致的方式总结出来的世界观不可能是完全错误的，就算是碰上最糟糕的情形，那也不过是失之片面而已，例如，完全的唯物主义、绝对的唯心主义，等等。这些世界观都是真实的——各有各的真实。所以，这些世界观所包含的真理都是相对的。也就是说，对世界各自不一的把握只是在出于某一特定的立场、角度的时候才是真实的，就好比一幅图画也只是从某一视角去表现一处风景。但如果我们提升到比某一体系的立场更高的角度，那我们就会看出其真理只是相对的，亦即片面的。只有最高的、把一切都一览无遗和考虑进去的审视角度才可以为我们带来绝对真理。据此，例如，如果我们把自己视为大自然的产物，只是暂时出现但终将完全毁灭，大概就像《传道书》所说的那样，那这一说法是真实的；但认为过去存在的和将来存在的集于我身，在我之外的一切皆是无的观点，与此同时也是正确的。同样，如果我像阿那克里安那样把最大的幸福设定为享受现时此刻，那也是对的；但假设我从痛苦和虚无中看到其有益的特性，或者从一切快感逸乐中认出有害的东西，领会到死亡就是我的存在的目标，那我的这些观点也同样是正确的。

所有这些都有其理据，因为每一合乎逻辑推理、前后一致的观点都只是把我们对大自然的直观和客观理解以概念承载和固定下来；而大自然，亦即那被直观之物是从来不会撒谎的，也不会自相矛盾，因为大自然的本质排除了这些东西。所以，假如出现了自相矛盾和谎言，那是因为我们的想法并非出自对大自然的客观理解，乐观主义就是这样的例子。但对大自然的某种客观理解有可能是片面的和不完整的，那需要的只是补足，而不是驳斥和驳倒。

14

面对自然科学所取得的如此伟大的进步，人们总是不知疲倦地责备形而上学进展过于缓慢。甚至伏尔泰也慨叹："啊，形而上学！我们在这方面的进展就跟古代克尔特人的巫师时期相差无几。"（《形而上学杂论》，第9章）但试问又有什么学科像形而上学那样总是遭遇阻力，总是面对拥有职权的对手，一个国家特派的检察官，一个配备全副武装的国王卫士？这些人随时准备着扑向手无寸铁、全无还手之力的形而上学。只要形而上学仍然受到威胁，被迫委屈逢迎那些为照顾大众低劣的理解力而设的教条，那形而上学就永远不会展现其真正的能力，就永远无法迈出巨大的步伐。我们首先被别人捆起了臂膀，然后就因为无法施展一番拳脚而遭受别人的奚落。

宗教夺走了人们探求形而上学的能力，一是通过在早年向人们强行灌输教条以扼杀这种能力，二是禁止人们自由和不带偏见地表达形而上学的观点，或者对此加以种种避讳，以直接禁止，或间接阻挠，或透过上述的瘫痪作用而在主观上造成不可能去自由探索至关重要的、最具乐趣的和关乎自己存在的事情。这样，人们最高贵的能力也就以这种方式被禁锢起来了。

15

要让自己容忍别人与己相反的观点和耐心对待别人对自己的看法提出的异议，最行之有效的方法或许就是记住这一点：我们自己何尝不是对同一审视对象经常性地连续变换截然相反的看法？有时候甚至在很短的时间之内，根据对象物在不同光线之下所展现的样子，而相应地一再变换看法，一会儿抛弃某一看法，一会儿又抛弃与之相反的看法和重拾原先的看法。

同样，在我们说出与别人看法相抵触的意见时，没有比这一说法更能争取别人的好感了，"我以前也持有与你一样的想法，但……"，等等。

16

某一错误的学说不管是因其错误观点所致，还是出自人为的别有用心，都总是服务于特定的情势，因此只会流行某一段时间。只有真理才是永远不会过时的，哪怕这一真理在某一时间内受到低估、误解或者扼杀。这是因为只要从人的内在生发出点点光明，从外在吹进点点空气，那就会有人宣扬或者保卫这一真理。也就是说，因为真理并不是出自某一党派的目的，所以，具有头脑思想的人随时都会成为这真理的捍卫者和辩护者。真理好比磁石，无论何时何地都始终指向某一绝对确切的方向，而错误的学说则像一尊塑像，以手指向另一尊塑像，而一旦与后者分离，那这塑像就失去其全部意义。

17

通常，妨碍我们发现真理的不是发自事物的和诱人犯错的虚假外表，甚至也不直接是我们的理解力薄弱，而是先入为主的观念和偏见——这些作为虚假的先验之物对抗着真理，就像逆风把船只吹向与唯一的陆地相反的方向——对此，方向盘和风帆是徒劳无功的。

18

歌德的《浮士德》中有两行诗句：

> 祖辈留下的遗产，
>
> 要去挣取，才能拥有。

以下是我对这两行诗所做的诠释。我们全凭自己之力，独立地和不知情地发现了在我们之前思想家已经发现的东西，那可是有着巨大的价值和用处。这是因为对自己想出来的东西，与学来的和接受过来的东西相比，我们会更透彻地了解前者；当我们在这之后，在前贤的著作中发现了同样的东西时，由于与已被承认的权威说法不谋而合，自己的正确思想在无意中获得了有力的证实。我们就会由此增强了信心，并能更坚定地捍卫这一思想。

但如果我们首先是在书本里发现了某种说法，然后经自己琢磨也得出了同样的结论，那我们永远不能确切地知道这结论到底是经过自己的思考、判断而获得，抑或只是重复说出、跟随别人感应同样的说法。事实到底如何是有很大区别的，因为如果是后一种情形，那我们就可能终究是受了影响，只是与前人一道得出了错误的见解，就像流水轻易地顺着此前流出来的水道前行。如果两个人独立进行运算而得出同样的结果，那这一结果就是可靠的；但如果一个人只是浏览另一个人的计算过程，那情形可就不一样了。

19

那源自意欲的智力，其本质所带来的结果就是我们无法避免地把这世界视为要么是目的，要么就是手段。目的的意思就是这世界的存在由其本质证明是正当和合理的，所以，这样的存在明确优于其不存在。不过，这一想法在认识到这世界只是痛苦和可朽的生物的地方以后，就再无法成立了。另一方面，把这世界视为手段的想法，是那已经过去了的无尽的时间无法允许的，因为由于那逝去的无尽的时间，每一个要达到的目的必然是早已达到。由此可推论：把那对我们的智力来说是自然的假想套用在事物或者世界的整体是超验的，亦即这样的想法在这世界是……但……。这可以作此解释：这想法是出自智力的本质，而智力正如我已阐明了的，是为个体的意欲服务的，亦即是为了得到意欲的对象物而产生的，所以是专门为意欲的目标和手段而设，因此是不会知道和理解任何其他东西的。

20

当我们向外审视时，无法测量的世界和数不胜数的造物就展现在我们的眼前，我们作为个体的自身就缩小为无物，犹如消失了似的。着迷于和惑于那超大的体量和数量，我们就会进一步推想：只有着眼于外在的，因而客观（客体）的哲学才是走对了路子。古老的希腊哲学家对此甚至不曾存有一丝怀疑。

相比之下，当我们向内审视时，首先就会发现每一个体都只是对自身感到直接的兴趣，并的确更多地关心自己甚于除此之外的一切东西加在一起。这是因为每一个人只是直接地了解自己，对于其他一切只是间接了解而已。此外，如果我们还考虑到：具有意识和认知之物只能想象为个体，而不具有意识的东西则只有一半的、某种只是间接的存在，那一切真正和真实的存在就属于个体。最后，如果我们还记得：客体以主体为条件，所以，那无法测量的外在世界就只在认知之物的意识中存在，所以，是与个体——这一外在世界的承载物——的存在如此明确地结合在一起，以致这一外在世界在这一意义上而言，甚至可以被视为那永远是个体意识里面的布置、偶然和附属的东西——如果我们考虑到上述这几点，那我们就会得出这一看法：只有审视内在、从直接给予的主体出发的哲学，因而也就是自笛卡尔以后的哲学才是走对了路子；而古人们则忽视了主要的东西。但只有深入自己的内在，把藏在每一认知之物那里的对本源的感觉引入意识之中，我们才会完全确信这一点。事实上，还不止这些。每一个人——哪怕这个人是多么的微不足道——都在自己简朴的自我意识中认出自身就是最实在之物，必然了解到自身就是这一世界的真正中心点，甚至就是一切真实性的本源。这种原初意识有可能说谎吗？最强有力地表达这里所说的就是《奥义书》（第一部分，第 122 页）中的这一句话："我是万物，除我以外，别无其他；一切因我而起。"当然，由此看法会过渡到光明主义，甚至神秘主义。这是观照内在得出的结果，而投向外在的审视则让我们看到：我们存在的结局就是一堆白骨而已。[1]

---

[1] 有限（Endlich）和无限（Unendlich），只有在涉及时间和空间的时候才是有意义的概念，因为时空都是无限的，亦即没有尽头的，正如这两者也是无限可分的一样。如果我们把这两个概念也套用其他东西，那这些东西必须是充塞时间和空间之物，并通过时间和空间共有了那些东西的属性。由此可以判断：有限和无限这两个概念在 19 世纪被冒牌哲学家和肤浅、轻浮的人滥用到多么厉害的程度。

21

　　哲学的分类是重要的，尤其是在表述方面。以下从自我的角度对哲学分类的看法是有其价值的。

　　虽然哲学探究的对象是经验，但哲学却不像其他学科那样探究这一类或者那一类特定的经验，而是探讨总体的经验本身，根据其可能性、范围、关键内容、内在和外在的成分、形式和素材。所以，哲学当然是有经验基础的，而不是从纯粹抽象的概念就可想象出来的。这一点我在我的主要著作第 2 卷第 17 章第 180—185 节已详尽说明，本章第 9 小节也作了扼要的总结。从哲学的确定了的题材出发，接下来的就是：哲学所要考察的首要东西，必然就是让总体经验得以展现的媒介，以及形式和特质。这一媒介就是表象、认识力，因而也就是智力。因此，每一套哲学都必须首先考察认知功能，其形式和法则，以及这一认知功能所适用之处和局限所在。因而这种考察就是"首要的哲学"。这可分为：对首要的，亦即直观的表象的考察——这一部分的考察人们名为思想法则学或者认识论；对次要的，亦即抽象的表象的考察，连带其操作的规律性，也就是逻辑学，或者理性学说（Vernunftlehre）。这泛泛的一大类考察总括了，或者更精确地说，取代了以前人们所称的本体论。本体论就是人们提出的所谓有关总体事物的至为普遍和基本特性的学说，因为人们把那只是得之于表象功能的形式和本质的事物特性当作是自在之物的特性，而这又是因为所有透过表象功能而被把握的实质都必然与表象功能的形式和本质相符，因此，所有的实质都具备了为所有这些实质所共有的某些特性。这就好比透过一层玻璃看东西，然后就说这东西是这玻璃的颜色。

　　进行这样的考察的哲学就是狭隘意义上的形而上学，因为这一类哲学不仅只是让我们认识现存的东西、大自然，把这些总结、归类联系起来考察，而且还把这些视为既有的、但却是有条件的现象——某种与现象本身不同的本质，因此也就是自在之物展现这一现象。形而上学就力图更进一步地了解这一自在之物，而为此目的所采用的手段就是：把外在和内在的经验结合起来；通过发掘总体现象的含义和其中的关联以获得对这总体现象的理解——就好比猜测、解读一篇不认识的文字里面的神秘字词。沿着这条路子，形而上学从现象出发而到达发出现象者，到达那匿藏在这一现象背后的东西，亦即"紧随物理学之后的东西"。这种形而上学因而又分为三类：

大自然的形而上学

美的形而上学

道德伦理的形而上学

不过，这样的支流划分已经预设了形而上学本身。也就是说，形而上学证实了自在之物、现象的内在和最终的本质就在我们的意欲。因此，根据对意欲在外在大自然的显现的考察，我们就可以探究其在我们内在的完全不一样的和直接的表现——由此就产生了道德伦理的形而上学。但在这之前，人们思考了如何才能至为完美、纯粹地把握意欲的外在，或者说客观的现象——而这就生发了美的形而上学。

理性生理学或者灵魂学说是没有的，因为正如康德已经证明了的，灵魂是超验的，而超验之物就是无法证明、欠缺根据的假设，因此，"灵魂和大自然"的矛盾说法也就始终留给菲利斯丁人和黑格尔之流。人的自在本质只能与所有事物——亦即这一世界——的自在本质结合在一起才能理解。因此，在《菲德洛斯篇》（第270页），柏拉图就已经让苏格拉底把这一问题以否定的意味提了出来："你认为在不知道整个宇宙的基本本质的情况下，有可能恰当地了解灵魂的基本本质吗？"也就是说，微观宇宙和宏观宇宙互相诠释，并以此证实了两者在本质上同属一物。这种与人的内在本质紧密联系起来的考察，贯穿和渗透在整个形而上学的各个部分，因此不会再度作为心理学而单独出现。相比之下，人类学（或者人种学、人体构造学）作为一门经验科学却可以成立，但却部分是解剖学和生理学，部分只是经验的心理学，亦即通过观察而获得的有关人的道德和智力的表现，有关人类的特性，以及在这些方面的个体差别的知识。但这里面最重要的东西却必然是作为经验的素材，由形而上学的三个部分先行拿下和加以处理。对剩余的素材，需要细心观察和有头脑地解读，甚至要从更高的角度思考——我的意思是，需要得到具有某些智力优势的人的处理。所以，只有那些头脑出色的人写出的作品才有可读性。诸如此类的作者就是泰奥弗拉斯托斯、蒙田、拉罗什福科、拉布吕耶尔、爱尔维修、尚福尔、艾迪逊、沙夫茨伯里、申斯通、利希腾贝格，等等。但在由没有思想并因此憎恨思想的哲学教授所编撰的教材里，却找不到上述的观察和思考，他们的那些思考也让人无法忍受。

（节选自《附录和补遗》第 2 卷）

论哲学和自然科学

70

大自然就是意欲——只要大自然是在自身之外察看自己。而采用这样察看的立场和角度的，必然是某一个体的智力。这智力也同样是意欲的产物。

71

我们不要像英国人那样，把大自然的作品，把动物循本能的巧夺天工视为上帝的智慧，而是要由此明白：所有通过表象媒介，亦即通过智力（哪怕这个智力已经发达至理性的高度）而成就的东西，一旦与直接发自意欲（作为自在之物）、并不需要通过表象以达成的东西相比，诸如与大自然的杰作相比，简直就是拙劣之作。这就是我的《论大自然的意欲》的论题。因此，我极力推荐读者阅读我的这一著作，在那里，读者可以读到我就我的理论中的真正焦点所作的最清晰的论述。

72

如果我们观察到大自然对于个体并不怎么关注，但对于保存种属却异常地操心，所用的手段就是那威力无比的性欲，还有那难以胜数的多余种子：对植物、鱼类、昆虫来说，那经常是随时以数十万以上的种子来取代一个个体——那么，我们就会假定：大自然要生产出个体固然是很容易的事情，但要创造出一个种属却极其困难。所以，我们从来没有看到有新的种属形成，就算那"自然发生"（亦称"原初发生"，即从无生命的物质中产生出生物）真发生了（这种事情是没有疑问的，尤其是那些体表寄生虫一类），那产生的也是些已知的种属。但现在居住在地球上的动物群中的极少数已经灭绝的动物种类，例如渡渡鸟，大自然却无法再度替代它们，虽然这些曾在大自然的计划里。因此，我们感到惊讶：我们的渴望成功地捉弄了大自然。

73

根据拉普拉斯的宇宙起源学说，太阳是由发光的扩展至海王星的原初雾霭所组成的。在这些发光的雾霭里面，化学的元素是不会实际存在的，而只是有可能地和潜在地存在。但把物质首次和原初地分开为氢和氧、硫和碳、氮、氯，等等，以及分为不同的、彼此相似的、但又截然分开的各种金属——这是首次弹拨了世界的基本和弦。

此外，我猜想所有的金属就是两种我们仍不认识的绝对元素的结合，而金属间也只是由于这两者的量的比例而有所差别，而金属的电阻也以此为基础，所根据的法则就类似于这一法则：在一种盐的根里面，氧与盐基的比例与其在同一种盐的酸里面的比例是相反的。假设我们真能把那些金属分解为成分，那我们很可能就可以造出它们。但现在门闩上得死死的。

74

没有什么哲学头脑的人还保留着古旧的、从根本上是错误的关于精神与物质相对立的观念。这些人包括所有没有学过康德哲学、因而就是大多数的外国人，还有许多今天在德国从事医学的人，等等。这些人是那样蛮有信心地以其问答手册的标准答案进行哲学探讨。尤其是这些人当中的黑格尔主义者，由于他们相当无知，且其哲学思维粗糙，所以就又拿出前康德时期的"精神与自然"的名称，以重新开始讨论精神与物质的对立。他们以一副天真无邪的样子，打着那一名称又端出了这一话题，就好像从来不曾出现过康德，我们也好像仍然戴着假发，在修剪了的矮树篱之间走来走去，因为我们就像莱布尼茨那样，在庄园住宅（《莱布尼茨》，埃尔德曼编，第 755 页）与公主、贵妇议论哲学，谈论"精神与自然"——"自然"就是那修剪整齐的矮树篱，而"精神"被理解为假发下面的东西。在假设了精神与物质这错误的对立以后，就有了唯灵论者和唯物论者。唯物论者声称，物质经由其形式和混合产生出万物，因而也就产生了人的思维和意欲。对此说法，唯灵论者则是大喊大叫地反对。

但事实上，既没有精神也没有物质，在这世上有的却是许许多多的胡言和幻象。石头那不依不饶的重力恰如人脑的思维一样无法解释，我们也可以据此推论石头里面也有精神。因此，我想对这些争论者说的是，你们以为了解某种死物，亦即了解某种完全被动的和缺乏特性的物质，因为你们错误地以为真的明白了所有你们能够还原为机械作用（效果）的东西。但是，正如物理和化学的作用也是你们公认无法理解的——只要你们仍不知道如何把那些作用还原为机械作用——那同样，这些机械作用本身，亦即发自重力、不可穿透性、内聚力、坚硬、僵硬性、弹性、液体性等的外在展示，也就如同那些物理和化学作用一样的神秘，并的确就如人脑里的思想一样的神秘。既然物质可以往地面下落（你们不明白为什么是这样），那这个物质也可以思考（你们也不明白为什么是这样）。在机械学（力学）中真正纯粹和完全能够让人彻底明白的，并不会超出在每一解释中的纯数学部分，因而就只是局限在空间和时间的规定之内。但空间和时间两者及其整套法则，却是先验为我们所意识到的，所以，是我们认知的形式和唯独属于我们的想法和表象。因此，空间和时间上的限定和规定，从根本上是主观（主体）的，并不涉及纯粹客体之物，并不涉及独立于我们认知的自在之物本身。甚至在机械力学中，一旦我们走出纯粹数学之外，一旦我们走到那不可穿透性、重力，或者僵硬性，或者液体性，那在我们面前的外在展示就已经充满了神秘，其神秘性一如人的思维和意欲，因而也就是无法直接探究的东西，因为每一种自然力都是这样无法直接探究的东西。那现在你们所说的物质又在哪里呢？你们对物质认识和理解得如此真切，以至于你们想用物质来解释所有的一切，想把所有的一切都还原为物质！能够纯粹把握和完全透彻解释的，永远只是在数学方面，因为这植根于我们的主体，植根于我们的表象机制。一旦某种真正客体的东西出现，某种并不是先验就可明确规定的东西，那到最后也就马上变得无法探究。我们的感官和理解力所察看到的东西，完全就是表面的现象，根本就不曾触及事物真正的和内在的本质。这是康德想要说的意思。既然你们认为在人的头脑中有某一精神，就像"机器机关里跑出的神"，那就像我说过的，你们也就必须承认每一块石头有其精神。另一方面，既然你们那死的、纯粹被动的物质能够作为重力而发力，作为电力而吸引、排斥、迸出火花，那这物质也可以作为脑浆而思想。一句话，既然我们可以给每一个所谓的精神配上物质，那也可以给每一个物质配上精神。这表明精神与物质对立起来是错误的。

因此，并不是笛卡尔把所有事物都分成精神和物质才是哲学上正确的，正确的做法是把事物分成意欲和表象，这种分法与笛卡尔的分法不是平行并进的。这是因为笛卡尔的做法把所有的一切都精神化了：一方面把完全真实和客体的东西、实体、物质等放到表象一类，另一方面则把每一现象中的自在本质归为意欲。

关于物质的想法和表象，其源头我首先在我的主要著作（即《作为意欲和表象的世界》，第1卷，第9页；第3版，第10页）里阐述了，然后在我的《论充足理由律的四重根》（第2版，第21节，第77页）中作了更清晰和精确的说明，也就是说，物质是承载所有质素和特性的客观之物，但这个承载者自身却又完全不具有质素和特性。在此我向读者提示这些，以便读者能牢牢记住这个崭新的、在我的哲学中极为关键的学说。这物质就只是客体化了的，亦即向外投射的、就因果律方面的智力功能本身，也就是客观化了的作用、效果，但却又没有其实质和方式的更细致的规定。所以，在客观理解这个物体世界的时候，智力就自己给出了这物体世界的所有形式，也就是时间、空间和因果律，也与此一并给出了物质的概念：物质就是在抽象中被思考的、没有质素特性也没有形状、并不会在实践经验中碰到的东西。但一旦智力通过这些形式并在这些形式中察觉到某一（永远只是发自感官的）现实的成分，亦即某一独立于他自己的认知形式的东西，某一并不显现为作用、效果，而是显现为某一特定的作用形式的东西，这就是智力所认定的实体，亦即定形的和有具体规定的物质，因而也就是独立于智力形式的东西，亦即某一完全客观的东西。但我们必须记住，实践经验中的物质在任何情况下也只是通过在其身上外现的力而显现出来，正如反过来，每一种力也永远只是作为藏在某一物质里的东西而为我们所知。这两者一起构成了经验的现实世界。但所有经验的现实东西都带有超验的观念性。在每一个这样的经验物体，亦即在每一现象中显现出来的自在之物本身，我已经证明就是意欲。如果现在我们再一次把这当作出发点，那么，正如我经常说过的，物质就只是可视的意欲，而不是意欲本身；因此，物质只属于我们想法、表象的形式和样式部分，而不属于自在之物。据此，我们必须把物质想象为不具有形式、不具有具体特性、绝对是惰性的和被动的；我们也只能在抽象中想象这样的物质，因为在经验里从来没有过不具有形式和不具有品质特性的物质。正如虽然只有一种物质出现在各种各样的形式和变故当中，但那仍然是同一样的物质；同样，那在所有现象中的意欲，归根到底也是同一样的意欲。客观上的物质也就是主观上的意欲。所有的自然科学都无法避免这一不足之处，即都唯一从客体（客观）的一面把握大自然，而对主体（主观）的一面漠不关心。但在主体的一面必然藏着关键的东西：这属于哲学的范围。

根据以上所述，对我们那受制于智力的形式，从一开始就只是为个体意欲服务，而不是要客观了解事物本质的智力而言，那万物所由出的东西必然显得就是物质，亦即现实的东西，填充时间和空间之物，在所有的质量和形式变化中持续坚持着，是一切直观的共同支撑基质——但这东西就其本身而言，却唯独是无法直观的。与此同时，物质本身到底是什么，首先和直接的就是一个没有定论的问题。那么，既然按照人们的理解，如此常用的"绝对"一词指的就是从来不曾形成，也从来不会消失，但一切存在的东西都由此组成和产生，那我们就不用到那些幻想出来的地方去寻找这"绝对"的东西；因为非常清楚：物质就完全符合所有这些要求。在康德表明了物体只是现象、其自在的本质却是无法认识的以后，我还是终于证明了这个本质与我们在自我意识中直接认识为意欲的东西是同一的。因此，我（《作为意欲和表象的世界》，第 2 卷，第 24章）把物质表述为只是可视的意欲。还有就是，因为在我看来每一种自然力都是意欲的现象，所以，自然力不会不带有某一物质基质而出现，因此，自然力的外现也必然伴随着某一物质上的变化。这种情况让动物化学家李比希得出了这种说法：每一次的肌肉活动，甚至头脑中的每一次思考，都必然伴随着某一化学上的物质转化。但我们要永远记住，在另一方面，我们在实践经验中认识物质时，永远只是通过显现在物质上的自然力。物质恰恰只是这些总体上的自然力的显现，亦即在抽象中，在泛泛中的显现。就自身而言，物质就是可视的意欲。

75

那些每天都可见到的小规模的、完全是简单的作用和效果，一旦我们有机会目睹其大规模地发生，那所展现的情景就是全新、有趣和具有启发意义的，因为只有目睹那些情景，我们才会对显现出来的自然力有了相称的表象认识。这方面的例子就是月食、冲天的大火、气势宏大的瀑布，在圣费里尔山间开凿运河水道，以把水转移到朗格多克运河；在冰融河水上涨的时候，那些拥挤成一堆堆互相碰撞的冰块；还有大船从船台上下水，甚至在拖船时人们所看到的一条大概200德国尺长、绷得紧紧的大粗缆绳，几乎瞬间整条被拉出水面时的情形。如果我们能够直接观照引力的作用，一览无余地观照其在天体间恢宏的活动和效果，亲眼见到：

> 它们是如何追逐戏玩
>
> 那充满吸引力的目标。*

那将是怎样的情景！因为对地球引力，我们只能极其片面地直观认知，例如只是了解了地球上的重力。

---

* 引自席勒的诗歌《世界之大》。——译者注

76

实践经验在狭隘的意义上就是知识只停留在作用和效果的层面，而无法深入其根源。要应付实际需要的话，这经常就足够了，例如在治疗学方面。一方面是谢林学派的那些自然哲学家的滑稽胡言，另一方面是经验主义的进步，造成了现在许多人对体系啊、理论什么的敬而远之，以致人们以为全凭一双手、不用动脑子就会取得物理学的进步，所以，人们最喜欢只是埋头做实验，而不用在这个过程中开动脑筋。他们误以为他们的物理或化学仪器和装置会代替他们思考，会用纯粹实验的语言把真理说出来。为此目的，现在是实验无限地叠加，在实验中的各种条件也一样叠加，以至于所做的是至为复杂、相当纷乱棘手的实验。也就是说，做这样的实验永远不会得到纯粹和明确的结果，而只是向大自然用上了大拇指螺丝刀，以强迫大自然开口说话。但真正的、自为思考的探究者，却把自己的实验设计得尽可能的简单，以真正地听到大自然的清晰发话，然后据此做出判断，因为大自然始终就只是证人。尤其可以证明上述论断的例子，就是在过去 20 年间，由法国人和德国人所处理的视觉光学中的载色和层色部分，包括生理颜色的理论。

总的来说，若想发现最重要的真理，并不是靠观察那些罕见的、隐藏的、只能经由实验而产生出来的现象，而是要观察公开摆在每一个人面前的、每一个人都可以接触到的现象。因此，我们的任务并不是要看到别人还没有看到的东西，而是要在每个人都可以看到的事情那里，想到没有人想到的东西。这也是为什么要成为一个哲学家，所需要的东西要比成为一个物理学家多得多。

77

对听觉来说，声音的高和低的差别是质的方面，但物理学却把这种差别归因为只是量的方面，亦即只是更快或更慢的振动；物理学就通过这样的方式，用机械的作用效果来解释一切。因此，在音乐方面，不仅是韵律的成分，节奏拍子，而且和声的成分，音调的高和低，都还原为运动，因而就是还原为时间的计量单位，还原为数字。

在此，类推给出了一个支持洛克自然观的有力根据，亦即一切我们透过感官在物体上所察觉到的、作为物体的质（洛克所说的第二性质），本身不过就是量的差别而已，那也只是最小的部分的不可穿透性、大小、形式、静止、运动和数目所得出的结果，而洛克认为这些特质构成了唯一客观真实的东西，并因此命名为第一性质，亦即原初的性质。在声音方面，这些是完全可以证实的，因为在此实验可以允许增减，方式就是我们可以让长和粗的弦线颤动，其缓慢的振动能够点算。但所有的性质都是这样的情形。所以，这实验首先应用到光的方面：光的作用效果和色彩就从某一完全是想象出来的以太的振动推导出来的，并且被相当精确地计算。这种极为离谱、丝毫不会脸红的吹牛皮和胡说八道，却尤其受到学术界的无知者的追捧，他们重复这些胡话时，带着如此小孩子般的自信，人们甚至会以为那些什么以太及其振动、原子等其他乱七八糟的东西，是他们亲眼见过、亲手摸过的。由此观点会得出有利于原子论的结论，而原子论在法国尤其占据着统治地位，但在德国，在获得了贝采里乌斯的化学计量学的支持以后，也得以蔓延和扩散（普耶，《实验物理学和气象学的元素》，1，第 23 页）。在此，要详尽地驳斥原子学说是没必要的，因为那顶多只是某一未经证实的假说而已。

一个原子，无论其多么的小，也永远是一个不间断的连续统一体。假如你们能够把这样的东西想象为小的，那为何就不能想象为大的呢？但那原子，目的又是什么呢？

化学的原子就只是表达出物质间结合的固定不变的比例关系。因为这种表达必须以数字给出，所以，人们就以某一随意定下的单位，即每一物质用以结合的某一定量的氧的重量，作为这些数字的基础。对于这些重量比例，人们极其不幸地采用了原子这一古老的表达。由此，经那些法国化学家之手，就产生了粗糙的原子学说，而那些化学家除了他们的化学以外，并不曾学到过任何其他的东西。这原子学说相当严肃地对待其原子，把用以计算的筹码一般的东西实体化为真正的原子，然后，完全就是德谟克利特的那种方式，大谈这个物体里面是这样的原子安排，而那个物体里面又是那样的原子安排，以解释那些实体的质量和差别。而这些谈论者丝毫都不曾感觉到这事情的荒谬之处。不言自明，在德国，也不乏无知的药剂师，他们也是"装饰了讲台"的人，跟着那些化学家的步子。如果这些人在课本纲要中，以十足教条和严肃的方式向学生们陈述，就好像他们的确是知道一点所说的东西，"物体的水晶形式，其基础就是原子的直线布置"（沃勒，《化学概要》，第 3 页），那也是不奇怪的。但这些人说的却是与康德同一样的语言，并且从青年时代起就听到人们毕恭毕敬说起康德的名字。但他们却从来不曾读过康德的著作。结果就是他们只能炮制出这些丑恶的闹剧。如果有人把《自然科学的形而上学基础》精准地翻译出来，以治疗他们退回到德谟克利特理论的毛病——如果这仍有可能的话——那就是为那些法国人做了件大好事。人们甚至可以补充谢林的《自然哲学的观念》中的几个段落，例如第 2 部第 3 和 5 章以作说明，因为在此——如其他别处，谢林只要是站在康德的肩上，就会说出很多不错的和值得记在心上的东西。

只是思考而不做实验会引向何方，中世纪已经显示给了我们，但这个世纪确定是要让我们看到只是实验而不做思考又将引向何方，以及青年教育如果只是局限于物理学和化学，会得出什么样的结果。只能从法国人和英国人一直以来对康德哲学的完全无知，从德国人自黑格尔的愚民进程以来对康德哲学的疏忽和忘记，才能解释当今的机械物理学为何粗糙至让人难以置信的程度。这机械物理学的学生们想把更高级的一类自然力，光、热、电、化学过程等还原为运动、碰撞、压力的法则，还原为几何形态，即他们所想象的原子。这些原子，他们通常都只是羞怯地冠上"分子"之名，正如他们也是出于羞怯而不敢把那些解释套用于重力。对重力，他们也是以笛卡尔的方式还原为某一碰撞和冲击。这样的话，在这世界上，除了碰撞和反碰撞以外，就别无其他了，这些就是他们唯一所能理解的。他们谈论空气的分子，或者空气中氧气的分子时，是很让人开心的。因此，对他们而言，那三种聚合状态，就只是某一细腻的、更细腻的和再加更细腻的粉末。这就是他们所理解的。这些人实验得太多、思考得太少，所以是至为粗糙的一类现实主义者。他们把物质和碰撞法则视为绝对既定的东西，是可以彻底理解的东西，因此，还原为这些东西，对于他们似乎就是一个可以完全让人满意的解释。但事实上，物质的那些机械性质如同以这些性质作解释的那些东西，都是一样的充满神秘。所以，例如，我们对内聚性的理解，并没有比对光或电的理解多。实验中许多手工操作使我们的物理学家的确荒废了思考和阅读。他们忘记了：实验是永远不会提供真理的，而只是提供了资料以找出真理。与这些物理学者相似的还有生理学家：它们否认生命力，想要以化学力取而代之。

在他们看来，一个原子并不只是某一丁点的没有细孔的物质，而是——因为原子必然是不可分的——要么是没有广延性的（但这样，它就不会是物质了），要么就是具备了绝对的，亦即最强的内聚和黏合其各个部分的力。在此，我推荐大家参见我在主要著作（第2卷，第23章，第305页；第3版，第344页）就这方面的议论。再者，如果要在本来意义上理解化学原子，亦即理解那客观的、真实存在的原子，那从根本上就不会再有真正的化学组合了，每一种这样的化学组合就都会被还原为由不同的、永远都是保持分开的原子组成的某一细腻的混合。但一个化学组合的真正特征恰恰就在于这个化学组合的产物是一个完全同质、均一的物体，亦即在这一物体里，并不会找到某一哪怕是最无穷小的部分是不包含组合在一起的两种物质。也正因此，水与氢氧爆鸣气有着天壤之别，因为水是氢氧两种物质的化学结合，而在氢氧爆鸣气中，氢和氧只是细微的混合和并存。氢氧爆鸣气就只是一个混合体。人们只要点火，那可怕的爆炸伴随着极强的光和热，就宣告了这是一个巨大的、全面的转化，涉及那混合体中的两个组成部分最内在的东西。事实上，我们马上就发现那转化的结果就是某样与那两个组成部分从根本上和在各个方面都不一样的、但又是完完全全同一、均质的实体物质：水。因此，我们就看到：这里所发生的改变是与宣告这改变的大自然精灵的暴动相吻合的，也就是说，那氢氧爆鸣气的两个组成部分在完全给出了自己独特的、彼此对立的本质以后，两者又互相完全穿透，现在就只显现出一种绝对同一的、均质的实体：就算在其可能的最小的部分，那两个组成部分也是永不分离地联合在了一起，以致其中一部分是不会单独在实体中找得到的。这就是为什么这是一个化学的而不是机械性的变化过程。这样的话，又如何可能与我们的当代德谟克利特一道，对所发生的事情罗列出这样的解释：之前无序散布的原子，现在是各就各位、队列整齐，一双一对的，或者毋宁说，由于它们的数目极不相等，所以，现在围绕一个氢原子就组合了排列有序的九个氧原子，这是与生俱来的和无法解释的策略所致。据此，那爆炸就只是击鼓，要原子们"各就各位"，因此，那些大的噪音也没有什么，小题大做而已。所以，我说了，这些就是胡闹，一如振动的以太，以及留基伯、德谟克利特、笛卡尔的所有机械的和原子的物理学及其笨拙的解释。只懂得给大自然上老虎凳逼供是不够的，在其发话的时候，我们还需要能够听得懂。但在这方面却是能力欠奉。

但总的来说，如果有原子的话，那原子就必须是无差别和无特性的，因此也就是没有硫原子、铁原子等，而只有物质原子，因为差别会破坏了简单，例如，铁原子就必然包含了某些硫原子没有的东西，因此就不是简单的，而是组合而成的；而质的变化总的来说，其发生不会不伴随着量的变化。所以，如果原子是可能的话，那原子就只能被想象为绝对的或者抽象的物质的最终组成部分，而不是特定材料的最终组成部分。

上述把化学组合还原为相当精微的原子混合的做法，当然助长了法国人要把一切都还原为机械过程的疯狂和顽固的想法，但却无助于真理。为维护真理，我提醒诸位奥肯（《论光和热》，第9页）说过的一句话："在这宇宙里，任何事情，任何算是世界现象的事情，都不会是经由机械原理而成的。"根本上，也只有一种机械作用效果，那就是一个物体要侵入其他物体所占的空间：压和撞都可还原为这一点，而压和撞的差别就在于逐渐还是突然，虽然透过后者，那力就变"活"了。所有机械学所成就的都建基于此。拉只是表明上这样，例如，有人用绳子拉动一个物体时，也就是推动它，亦即从后面压它。但人们现在就想以机械学解释整个大自然：光在视网膜上的作用效果就在于时而缓慢、时而快速的机械性撞力。为此目的，他们还幻想出了一种据可以碰撞的以太。与此同时，他们却看到在折弯一切的至为剧烈的风暴中，那光线却保持纹丝不动，就像幽灵一样。假如德国人能够尽量远离那备受称赞的经验主义及其手工劳作，假如学习康德的《自然科学的形而上学基础》，以便不仅一次性地清理那实验室，而且也清理干净头脑，那就好了。[1]

---

[1]　由于其素材的缘故，物理学相当频繁和不可避免地碰到形而上学的难题，但我们那些除了带电玩具、伏打电堆、青蛙后腿以外就一无所知的物理学家，对哲学的事情暴露出如此极度的、修鞋匠一般的无知，以及与无知通常结伴而来的狂妄。由于这种狂妄，他们对哲学家数千年来一直思考的难题（如物质、运动、变化）就像粗糙的农夫一样擅发哲学议论。所以，他们应该得到的回答，没有比这首讽刺小诗更好的了：可怜的经验主义魔鬼！/你根本不知道你自己的愚蠢。/啊，那可是先验的愚蠢呀！（参见席勒和歌德的短诗，博阿斯主编，第1部分，第121页）

77（补充）

至于康德的排斥力和吸引力，我发现吸引力并不像排斥力那样消耗于和完结于其结果，亦即物质。这是因为排斥力的功能是不可穿透性，排斥力只有在某一外来物体试图进入既定物体的范围才会发挥作用，因此不会在这范围以外发挥作用。相比之下，吸引力的本性却不会因某一物体的界限而取消，所以，在超出既定物体的范围以外也能发挥作用。也就是说，否则的话，一旦物体的某一部分被分开了，这部分就马上不会再受到吸引力的作用。但吸引力却吸引一切物质，甚至从遥远的距离，因为它视一切都归属于一个物体，首先归属于这地球物体，然后是更多的其他。从这一观点出发，我们当然可以把重力也视为物质的先验可被认识的特质。但也只有在其部分的最紧密接触中，在我们称为内聚性当中，这吸引的力量才得以足够集中，以抵御那比它大百万计倍数的地球物体的吸引，让既定、分开的物体的部分不至于向着地球垂直地落下。但如果这物体的内聚性微弱的话，那这种事情就会发生：这物体就只是因为其各部分的重力缘故而破裂、剥落和掉下来了。但那内聚性本身，却是一种充满神秘的状态，我们也只能经由融合与凝固，或者分解和蒸发，亦即只有通过从液体的状态过渡到固体的状态，才能促成内聚性。

如果在绝对的空间（亦即除去所有的环境），两个物体以直线互相靠近，那我说 A 走向 B，或者 B 走向 A，从运动学看，那是同一回事，并没有差别。但从动力学看，促使运动起来的原因是对 A 还是对 B 正在或者曾经发挥作用，却是有差别的，因为根据此差别，我阻止 A 或者 B，那运动就会停止。

圆圈运动也一样：从运动学看，（在绝对的空间里）是太阳绕着地球转抑或地球在自转，都是一回事；但从动力学看则有上述差别，并且还有这一点：在那自转的物体上，切线的力会与物体的内聚性发生冲突，也正是因为这种力，那圆圈运动的物体就会飞走的——假如不是有另一种力把这物体系于其运动的中心点的话。

78

化学分解就是通过亲和性克服了内聚性。两者都是隐藏的特质。

79

光就如重力一样，很难以机械性解释。人们开始的时候也同样试图用某种以太的碰撞解释。牛顿就提出了这样的假设，但他很快就放弃了。莱布尼茨并不承认引力，但他却很喜欢这一假设。在《未经编辑的作品和书信集》（由卡雷尔在1854年出版）中，莱布尼茨的一封信（第63页）证实了这一点。以太的发明者是笛卡尔，"欧拉把笛卡尔的以太应用在他的光的传播理论"，普拉特纳在他的论文《论生机》第17页说。光毫无疑问与引力有着某种关联，但却是非直接的，是在某种反射的意义上而言；光是作为引力的绝对对立物。光是一种从根本上扩散出去的力，就如同引力是一种集结、收缩的力。两者始终都是直线产生作用。或许人们可以用比喻，称光就是引力的反射。物体是无法通过碰撞发挥作用的——假如这物体不重的话；而光是无法测重的，因此无法机械性地，亦即通过碰撞产生作用。与光最近似的，但从根本上却只是光的变形、变质，那就是热。热的本质可以首要用来说明光的本质。

热虽然与光一样，本身是不可测重的，但在这方面显现了某种物质性：热表现为长久存在的东西，可以从一个物体和地方转移到另一个，并且要占据这另一地方的话，就得撤离原先的地方。这样，在其离开了某一物体以后，我们就可以说出热到了哪里，并且也必然可在某个地方找到它，哪怕它只是处于潜伏的状态。所以，在此，热表现出来的就是某一长久存在的东西，亦即与物质一样的东西。虽然并没有什么物体是热绝对无法渗透的——以此热就可以被完全封闭起来——但我们看到，热是根据那不导热体具体不导热的程度而相应地或快或慢地逃跑。所以，我们对此用不着怀疑：某一绝对的不导热体可以永远地把热封存起来。当热处于潜伏状态时，尤其清晰地显示出热的长存性和实质性，因为热进入了一种状态——在那种状态中，热可以保存某一任意的时间；在那以后，又可以丝毫不减地作为自由的热而重现。热的潜藏和重现，无可争辩地证明了热所具有的物质性，并且既然热是光的某种变形、变质，所以，也就证明了光具有物质性。所以，那发散和放射理论体系是对的，或者更准确地说，是最接近真理的。热被正确地称为"无法测量的物质"。一句话，我们看到热虽然会转移，也可以潜藏起来，但却永远不会消失，我们在任何时候也都能说出这热变成了什么。只有在燃烧的时候，热才转化成光，并具备了光的性质和遵循光的法则。这种变形和变质，在舞台照明的灰光灯中尤其明显，而人们都知道，这种灰光灯就被用于氢氧显微镜。既然所有的恒星都是新热的永恒源泉，但现有的热又永远不会消失，而只是转移了，起码是潜伏了，正如我已指出的，那我们就可以推论：这世界总体上就会越来越热。这提出的问题我就搁在这里。因此，这样的热就始终显现为某一虽然无法测重、但却长久存在的定量。针对这样的观点，即热这一材料会与受热了的物体形成化学连结，那我们可以提出：两种材料彼此有着越多的同属关系，那就越难把这两者分开。但现在，很轻易受热的那些物体也会很轻易让热离开，例如金属体。而热在物体的潜藏，则更应该被视为热与这物体的真正的化学连结；所以，冰与热就给出了一种新的物体水。正因为热与这样的物体通过压倒性的同属关系而真正连结，所以，热就不会马上从这一物体转移到所靠近的另一物体，就像热从其只是依附的物体所做的那样。谁要是想把这用于如歌德的《亲和力》的那种比喻，那就可以说：一个忠实的女人与其丈夫的结合，就像潜伏的热与水的结合；而不忠实的恋人与这男人就只是像从外而飞至的热之于金属，只要没有更想要她的其他男人靠近，那她就仍是她的男人的。

我惊讶地发现，物理学家都是（或许没有例外的情形）把热容量（Wärmekapazität）与自身专有的热量（或称比热量）（spezifischer Wärme）视为同一样东西和同义词。但我却发现这两者是对立的。一个物体有越多自身专有的热（比热），就越少吸收传给它的热，反而马上把这热再度传导出去，因此，这一物体的热容量也就越少。反之亦然。如果要把某一物体弄至某一级温度，这物体比其他另一物体需要得到更多从外传入的热，那这一物体就有着更大的热容，例如，亚麻籽油有水的一半的热容。要把 1 磅的水弄至列氏60 度所需要的热，可以把 1 磅的冰融化——此时，热潜藏起来了。而亚麻籽油则只需这一半的热，就可达至列氏 60 度了，但因为亚麻籽油会再度把热传出去而降至列氏 0 度，所以，这热也只能融化半磅的冰。这就是为什么亚麻籽油会有比水多一倍的自身专有的热（比热），因此也只有水的一半的热容量，因为亚麻籽油只会把传送过来的热而不是自己专有的热再度传送出去。因此，一个物体有着越多专有的热，那这物体的热容量就越少，亦即更轻易赶走那传过来的、作用于温度计的热。为此目的所需而传给物体的热越多，那物体的热容量就越大，那物体自身的、专有的和无法转让的热就越少，据此物体就再度把转移过来的热传送出去；因此，1 磅列氏60 度热量的水会融化 1 磅的冰，在这期间，水就降至列氏 0 度。1 磅列氏 60 度的亚麻籽油则只能融化 1/2 磅的冰。水比油有更多自身专有的热的说法是可笑的。一个物体有越多专有的热就越少需要外在的热以加热自身，但也越少把热给出来：快速冷却下来的也会快速地热起来。这件事情在托比亚斯·迈耶的《物理学》（§350）里面说得完全正确，甚至迈耶在§365也混淆了热容量与自身专有的热量，并把两者视为同一。只有当液体性的物体改变了其聚集态或物态，亦即在其冻结时，那物体才会失去其专有的热。所以，在流体物那里，那不过就是潜藏的热，但就算是固体物也有其专有的热。鲍姆格特纳则列举了铁屑的例子。

光并不显现出像热那样的物质性，更准确地说，光只有某种鬼魂的性质，因为其来去都不留踪影。光也只有在其产生的时候才会在那里，一旦光停止形成和展开，甚至就会停止发亮，就会消失，而我们却无法说出那光去了何方。我们有足够的不透光材质的容器，但我们却无法收起这光和再度把光放出来。至多是重晶石，以及某些钻石能留住光亮几分钟的时间。但最近的报道说，有一种紫色的萤石，只需暴露在太阳光线中几分钟的时间，就会在三到四个星期里保持发亮（参见奈曼，《化学》，1842）；也正因此，这萤石被命名为氯性或者火样的绿宝石。这让人想起有关红宝石的古老神话，顺便一说，这方面的所有笔记都汇编在《斐罗斯屈拉特著作》（奥利厄斯编，1709，第65页，笔记第14）。我补充这一点：在《沙恭达罗》（第2幕，威廉·琼斯译，第32页）也是提到过的，而最近和最详尽的报道则是在本韦努托·切利尼的《切利尼自传》（第2版，威尼斯，1829，第4个故事），这个缩减的版本也见之于他的《论工匠艺术和论雕塑》（米兰，1811，第30页）。但由于所有的萤石受热以后都发光，我们也就必然得出结论：这萤石轻易地把热转化为光，也因为这一理由，火样的绿宝石并没有像其他物体那样把光转化为热，好比不曾消化就再度把光交出来了，这也适用于重晶石和某些钻石。所以，只有在光落在了不透明的物体上，根据这物体的不透明度而相应转化为热，并且在取得了热的实体性，我们才可以就这方面给出解释。但在另一方面，光的反射，在其遵循弹性物体的反弹规则时，却显示出某种物质性；在折射中也同样如此。在折射中，光也显露出意志，因为在对其开放的透明物体中，会优先选择更厚、没有那么透明的。[1]这是因为光放弃其笔直的路线，以便朝向有更多更厚透明物质的地方；所以，在从一个媒介到另一个媒介的进出过程中，光永远朝着最靠近的质量，或者朝着质量最密集的地方，亦即永远朝着这个方向争取。在凸面镜那里，最大质量的集结会在中间，亦即光在出来的时候是圆锥形的；在凹面镜里面，那最大的质量会在周围边缘集结，光在出来的时候会是漏斗一样。当光斜落在一个平面上，那在进和出集结的质量时，光总是转变其路线而朝向集结的质量，就好比是向这伸出了欢迎或者告别之手。在折射的时候，光也显现了对物质的倾向和争取。在反射的时候，光虽然是反弹了，但一部分透进去了，这是建基于所谓的光的极性。热的类似的意欲外现，尤其可以在其对良好和糟糕的导体的表现得到证明。要深究光的本质，唯一的希望就是探究在此谈及的光的素质特性，而不是沿袭机械论所设想的、与光的本质不相吻合的振动或者放射。那些有关光的分子的童话就更不用提了，那些极度古怪的东西出自法国人的定见，因为他们认为无论什么事情，最终都必然是机械性的，所有的一切都必然以那撞击和反撞击为基础。我觉得奇怪的是，他们为何还没说酸是由小钩和带小环的碱所组成的，所以它们才可达成如此坚固的结合。他们在骨子里仍然是笛卡尔。但每次都用机械性的解释是不可能的，日常可见的事实，即垂直的影像就已经清楚地表明这一点。也就是说，我站在镜子的面前，光线就从我的脸上垂直落到镜面上，从镜面上又沿原路返回到我的脸上。这两者的发生持续不间断，所以也是同步发生。如果这发生的是机械性的事情，那不管是振动还是放射，沿直线和各自从对立方向而来的光的摆动或流动（就像两个没有弹

[1] 某些细节上的调节，参见普耶著作，第2卷，第180页。

性的球，从彼此对立的方向，以同样的速度迎向对方）必然会彼此阻挡和取消，以致无法成像；或者它们会互相把对方压到一边去，一切都混乱起来。但我的影像却稳定、不动摇地就在那里。因此，这里发生的不是机械性的事情（参见《作为意欲和表象的世界》，第2卷，第303、304页；也见第3版，第342页）。但普遍的假设（普耶著作，第2卷，第282页）就是振动不是纵向的，而是横向的，亦即垂直朝着光线的方向发生；振动以及连带的光的印象不是从光所在的地点而来，而是在那跳舞，那振动骑着其光线，就像桑丘·潘沙坐着塞到他的胯下的木马——这马是任何马刺都无法策动的。正因此，他们就不说振动而喜欢说波了，因为他们与这说法相处得更好一些。但也只有没有弹性的和绝对可移动的东西，例如水，而不是某一绝对弹性之物，例如空气、以太，才会激打出波。的确，无法称量之物的无法称量的特性就已经排除了其作用所作的任何机械性解释：无法称出重量的东西也是无法撞击的；而无法撞击的东西是无法通过振动而发挥作用的。但人们广为宣传的那些完全是未经证明的、从根本上已经是错的、从空气（的确如此，亦即从音乐中的空气振动）中拿来的假想，即颜色取决于那（完全是假想中的）以太的不同摆动速度——其无知无畏，恰好证明绝大多数人都是完全没有判断力的。猴子模仿做出所见到的动作，人们则模仿说出他们所听到的话。

他们的"照射的热"正正就是光转化成热的过程中的中间点，或者也可以说是蛹变时期。照射的热就是光放弃了作用于视网膜的特性，但却保留着其他特性——这可以比之于相当低度的低音弦或者管风琴声管仍可被看到在颤动，但已经不再发出声音，亦即不对耳朵起作用了——所以，光是以直线射出，穿越了若干物体，但也只有当其进入不透明的物体时，才会加热这些物体。法国人的方法，即通过堆砌条件使实验更复杂，可以增加实验的精确性和有助于其量化，但却增加了判断的难度，并的确扰乱了人们的判断，也对造成歌德所说的这一情况负有责任：对自然的理解和判断，完全没有与丰富了的事实和经验知识同步。

就透明的本质能够为我们提供最好资料的，或许是那些只在液体状态时才是透明的，而在固体状态时却是不透明的东西，类似这些东西就是蜡、鲸脑油、动物脂肪、牛油、燃油，等等。我们可以暂时这样解读这种事情：这些东西和所有固体物体所特有的争取成为液体状态的努力，就表现为与热的一种强烈的亲和性，亦即对热的爱，因为热是它们成为液体的唯一手段。所以，在固体状态时，这些物体就把所有落在它们那里的光马上转化为热，也就是保持不透明，直至成为液体为止。得到饱和的热以后，它们就为光放行了。[1]

那些固体普遍都有要成为液体状态的渴望和争取，其最终原因或许就在于液体状态是一切生命的条件，而意欲则是在其客体化的等级上永远往上争取和奋斗。

光转化成热和反过来热转化成光，通过玻璃受热时的表现得到了明显的证明。也就是说，在加热到了一定温度时，玻璃就热得发红、无火燃烧，亦即把所接受的热转化为光；在热度更甚时，玻璃就融化，然后就会停止发亮，因为现在热量已足够让其变成液体了——这样，热量就为了成为液态的目的而大部分潜藏起来了，也就是说，再没有多余的热无谓地发光。但如果热量再一次增加，那热还会发光的，亦即液体的玻璃本身就会发亮，因为现在液体玻璃不再需要把传送过来的热用于其他方面。（顺便一说，巴比内在1855年11月1日《两个世界的杂志》上提到了这一事实，但却半

---

[1] 我斗胆提出一个猜想，即从一件类似的事情或许可以解释一些司空见惯的现象：那洁白的铺路石板，一旦被雨水湿透了，就会显得深褐色，亦即不会反光，因为现在水一心要想蒸发，就把落在石板上的所有光都马上转化成热；而石板在干燥的时候却是反光的。但为何白色、擦亮的大理石在湿了以后，却不会变成深色，白色的瓷器也同样不会？

点都不曾明白个中的道理。)

人们指出,在高山上,空气的温度虽然相当低,但阳光直射在身上,热度是相当强劲的,可以做出这样的解释:阳光还没有被更低的、也是更厚的一层大气层所减弱,照在身上就马上转化为热。

人们都知道,在晚上,所有的声响和杂音都会比白天更响。人们惯常都是以晚间普遍安静来解释这一事实。我不再知道是谁在大概 30 年前提出了这一假设:这其实是因为音与光的真正交锋所致。更仔细地考察一下这种现象,我们当然会感觉倾向于接受这一解释。但唯有讲究方法的实验才会定夺这桩事情。那么,这种音与光的对抗,可以以光的走向是绝对直线这一特性加以解释,因为光穿过空气,减弱了空气的弹性。那么,如果得以这样确认,那就又多了一个有助于了解光的本质的事实。如果以太和振动理论得到证明,那光波打乱和阻碍了音波的解释就有了一切支持。在另一方面,人们会很容易得出这件事的最终原因,亦即缺乏光亮会在动物失去了应用视力的同时提高了听力。亚历山大·冯·洪堡在 1820 年的一篇论文*(后来修正的论文,参见《短篇文章集》,第 1 卷,1853)中讨论了这件事。他也认为以晚间的安静来解释是不够的,他还给出了这一解释:在白天,地球上的土壤、岩石、水和物品受热并不均匀,这样,厚度不均匀的空气柱就升起来了。音波就得逐次地穿过这些气柱,因此就断裂和不均匀了。但在晚上,我认为,那不均匀的冷却也会造成同样的效果;再者,只有当噪音从远的地方传来,并且噪音是如此强烈,以致仍能被听到,这一解释才是成立的,因为只有在那样的情况下,声音才会穿过多个空气柱。但在晚上,泉水、喷水池、溪水在我们的脚边流动的声音是白天的两至三倍。总的来说,洪堡的解释只涉及声音的传播,而没有

---

* 参见比恩鲍姆,《云的王国》,第 61 页。——译者注

涉及在最近的周围所发生的声音为何得到了直接的加强。此外，普遍的下雨会因为平衡了各处地上的温度，所以也就必然会像晚上那样带来声音的同样加强。但在海上，声音却一点都没有得到加强，洪堡说这种加强会小一些，但这说法是很难检验的。所以，洪堡的解释与本话题无关。因此，在晚上声音得到了加强，要么归因于没有了白天的噪音，要么归因于音与光的直接交锋。

79（补充）

每一朵云都有某种收缩力：这云必须通过某种内在的力而合在一块，让其不至于完全溶解和分散在大气中，不管这收缩力是电方面的抑或只是内聚力，或者只是引力及其他。这种力越活跃和越起作用就越牢固地从里面维系住这一朵云，这云也以此获得了一个更加线条分明的轮廓和总的来说一个更巨大的外形，就类似积云的情形。这样的云不会轻易降雨，而雨云则具有模糊不清的轮廓。在打雷方面，我有这样一个假设，相当的大胆，或许也可称为异想天开，我自己对此也不确信。但我也不会一定要压制这一设想，而是想提交给把物理学当作主业的人，好让他们首先检验这事情的可能性。如果这可能性是确定存在的话，那这事情的真实性就用不着怀疑了。

既然现在我们仍没有清楚地了解打雷最直接的原因，因为流行的解释并不足取，尤其当从导体中咔嚓发出火星时，我们就会具体想象出打雷的声音——那我们是否可以大胆提出那奇特的，甚至放肆的假设：云里面的电压分解了水，从云的其余部分产生的爆鸣气（爆炸瓦斯）形成了小气泡，而稍后，电子火花就点燃了这些？那雷的轰鸣声恰恰就与此爆炸相吻合，而在那打雷巨响之后通常紧随而至的阵雨也可以此得到解释。缺少了水的分解，那云中的电击就只是闪电而已，就是没有雷鸣的闪电。[1]

斯库特滕先生在科学院朗读过《关于电子大气层的回忆》，其中的摘录见 1856 年 8 月 18 日的《记录》。基于所做过的实验，斯库特滕先生陈述说，那在阳光下从水和植物中往上升，形成了云的雾气，是由微小的气泡组成的，包含了带电子的氧，其外壳就是水。[2]至于与这氧相对应的氢，他就一点都没说。但在此我们起码必须假设，在云里就算没有水的电解，也已有了爆鸣气的一个成分。

在大气中的水电解为两种气体时，许多热量就必然潜藏了起来，而由此形成的冷就可以解释那仍然是一大难题的冰雹——这冰雹常常伴随着雷暴而出现。这见之于《云的王国》第 138 页。当然，冰雹是由错综复杂的情形所致，所以很少发生。我们在此只是看到那冷的来源，而在炎热的夏天要凝结这雨水，冷源是不可缺少的。

---

[1]　但人们现在仍想要把这种闪电再度视为很远的打雷！普伊曾在《科学的学士院》1856—1857 年主持过一次有关没有雷鸣的闪电和没有闪电的雷鸣的很长的辩论。他指出（1857 年 4 月），甚至是那种有能量的蛇形闪电，其发生有时候也是没有雷鸣的（《对关于没有雷鸣的闪电的假设的分析》，普伊，《数学杂志》）。在 1856 年 10 月 27 日的《记录》上，有一篇文章就闪电而没有雷鸣和反过来的问题纠正了另一篇文章的看法。这篇文章很确信地，就好像已经解决了问题似地认为：雷鸣只是由导体那些飞跃的火花造成的巨大噪音。对他而言，不闻雷声的闪电就只是远方的闪电。约翰·米勒在《宇宙物理学》（1856 年）中按照其老套的方式提出，"雷鸣只是在电的飞溅期间，那激荡的空气的振动而已"，因此就是火花从导体中发出的咔嚓声。但雷的轰鸣与跳跃的电子火花所发出的声音却毫无相似之处，就像苍蝇与大象之别差不多。这两种声音的差别不仅在音量上，更在音质上（参见比恩鲍姆，《云的王国》，第 167、169 页）。相比之下，雷鸣却与一连串的爆炸声极为相似；这连串的爆炸声可以是同时的，纯粹只是因为路程长远而接连抵达我们的耳朵。是莱顿瓶电池吗？

[2]　如果云正如人们所假设的是由小的泡泡组成的（因为真正的水雾是看不见的），那就能漂浮，这些云里面就必须充斥比大气更轻的气体，因此，要么充斥着水雾，要么充斥着氢气。

80

没有哪一种科学能像天文学那样让大众肃然起敬。所以，那大部分的天文学家虽然只有算术的头脑，而在其他方面一般都是能力偏下，但他们却以其"至为高贵的科学"等说法，经常摆出一副自命不凡的派头。柏拉图早就嘲笑过天文学的自负，还提醒人们说：在头顶之上的东西，并不就可以称为高贵（《理想国》，50，7，第156、157页，比朋蒂尼编）。牛顿所享受到的近乎偶像般的崇拜，尤其在英国让人难以置信。在不久前的《泰晤士报》上，牛顿仍被称为"人类中最伟大的一位"；同一份报纸的另一篇文章则试图安慰我们，反复强调牛顿始终仍是个凡人而已！1815 年（根据《监察家》周报的报道，1853 年 1 月 11 日《加利尼亚利》重印），牛顿的一颗牙齿以 730 英镑卖给了一个勋爵，而这个勋爵就把牙齿嵌进了一个戒指上面。这让人想起了佛陀的圣牙。对伟大算术家的这种可笑的崇拜，就是因为这个人为硕大无朋的大块头找到其运动的法则，把这些法则还原为在这大块头中活动的自然力，而这硕大无朋的大块头就成了人们衡量这个人的成就的依据（并且那些运动的法则源于在大块头中活动的自然力，甚至不是牛顿发现的，而是罗伯特·胡克发现的。牛顿只是通过计算加以证实了而已）。否则，就难以设想为何给牛顿的崇拜要多于任何其他一个把展现出来的作用效果还原为某一自然力的外现的人，为何？例如，拉瓦锡就没有得到同样程度的崇敬。其实，要以多种多样一起作用的自然力去解释所出现的现象，甚至从这些现象中找出那些自然力，比只需要考虑在没有阻碍的空间中两个，并且是两个简单和单一形式作用的力，如引力和惯性力要困难得多。也正是基于天文学素材太过简单和贫瘠，才有了天文学的数学实在性、可靠性和精确性。所以，天文学才有能力宣告，甚至还没有见过的恒星的存在，并以此让这世界惊奇不已。这虽然让人无比赞叹，但仔细察看，这种能力也只是我们每次从呈现出来的、出自某一仍然还没见着的原因的效果，去确定那一原因时所进行的智力运作。一位品酒家把这一能力发挥得更惊人：他从一杯酒就能确切品出酒桶中肯定有一块皮革。他的说法被否认了，直至酒桶清空以后，在桶底找到了一串钥匙，系着钥匙的是一个小皮条。在此和在发现海王星时所进行的智力运作是同一样的，区别只在于其应用，亦即其对象物。那只是运作涉及的素材之别，而一点都不是运作形式有别。相比之下，达盖尔的发明，如果那并非就像某些人所说的大部分得之于偶然，阿拉哥因此只能在之后才给出理论[1]，那就比勒维里耶的让人惊叹的发现要聪明百倍。但正如我已说过的，大众的敬畏是基于那大块头的巨大分量和那遥远的距离。利用此机会，我想说许多物理学的和化学的发现对整个人类可以有着难以估量的价值和用处，但做出那些发现的就只是点点的聪明、机智，以致有时候偶然发生的事情就已单独胜任。所以，这些发现和发明，其思想上的价值与在物质上的价值有着很大的差别。

从哲学的角度出发，我们可以把天文学家比之于这样的人：他们到场观看一出伟大戏剧的演出，但他们不会让那音乐和剧中的内容分散其注意力，他们只会留意布景装饰的机械装置，能够终于完全弄清楚那传动装置及其中的关联，就很高兴了。

81

黄道带的符号是人类的族徽，因为在印度人、中国人、波斯人、埃及人、希腊人、罗马人等那里都有同样的图像和同样的顺

---

[1] 发现和发明通常都只是在摸索和试验中发生的，而这个理论则是在之后才想出来的，正如对某一公认的真理的证明是在之后才给出的一样。

序；至于其起源，则是有争论意见的。依德勒（《论黄道带的起源》，1838）并不敢决定黄道带最先是在哪里被发现的。李普修宣称它最先出现在托勒密时期和罗马时期之间的纪念碑上。但乌勒曼在《古代，尤其是古埃及的天文学和占星学的特征》（1857）中提到，甚至在公元前16世纪的国王墓碑中就已有黄道带的符号。

82

回顾毕达哥拉斯的天体和谐说，我们应该要计算一下：如果我们根据恒星的不同速度而相应地把一系列声音集合在一起，海王星给出低音，水星给出高音，那出来的是什么样的和音。在这方面，人们可参看《亚里士多德著作注释》（勃兰迪斯编，第496页）。

83

如果以我们现在的知识程度看，而莱布尼茨和布封也已经声称，地球过去曾经处于烧得火热和熔化的状态，而事实上，地球也仍然是这样的状态，因为只是地球的表皮冷却和变硬了——那么，地球在这之前，正如所有的燃烧的东西那样也是发亮的；并且因为巨大的行星也都是发亮的，而且发亮的时间更长，所以，更久远和古老世界的天文学家就提出太阳是双重、三重，甚至四重的恒星。那么，因为地球表面的冷却是如此的缓慢，以致历经历史时期，也不曾有过证据证明冷却在些微地增加。事实上，根据傅里叶的计算，些微程度的冷却都已不再发生了，因为地球每年放射出来的热量，又从太阳那里再度接收了；在体积上大1 384 472倍的太阳——地球曾经就是这其中的组成部分——冷却是与体积的差别相应而成比例地更加缓慢，虽然并没有外来的补偿。因此，太阳的发光和发热就以此得到解释：太阳现在还仍处于地球过去曾经所处的状态，但在太阳那里，光和热的减少是太过缓慢了，甚至历经数千年，仍然感受不到其影响。至于太阳的大气层应该是发亮的，可以从其最炽热的部分的气化得到解释。这对于恒星也是一样的。在那些恒星中，双重星也就是其行星仍然处于自发光的状态。根据此假设，所有的余火都会逐渐熄灭，并且在过了多少万亿年以后，整个世界就必然会陷入寒冷、僵硬和黑暗之中，除非在这期间，发光的星云中凝固出某些新的恒星，并引出又一"劫世"。

84

我们可以从自然天文学中得出下面的目的论的思考。

利用不同的温度以冷却或者加热某一物体，所需的时间与物体的体积成比例而相应快速地增加。所以，布封试图根据那些被假定为热的星体的不同块头、质量而计算出冷却所需的时间。但在我们这个时代，傅里叶在这方面却做得更彻底和更成功。在小的规模，那些夏天无法融化的冰川向我们展示了这一点，甚至放进地窖里的足够大的一堆冰块也是如此。顺便一说，"分而治之"在夏天的热对冰块作用时得到了最形象的说明。

四个巨大的行星从太阳那里接收到甚少的热，例如，天王星上面的日照只是地球所接收到的1/368。所以，这些行星完全得依靠自己内部的热以维持它们表皮上的生命，而地球则几乎完全依靠来自外部的，来自太阳的热——如果我们信任傅里叶的计算的话。根据他的计算，地球里面的强热对其表皮的作用却小之又小。四大行星的体积是地球的80倍到1 300倍不等，所以，冷却这些行星所需的时间之长难以估算。在那历史时间内，我们却没有地球冷却的点点最细微的痕迹，而地球与那些行星相比又是如此之小，正如一个法国人异常聪明地证明了这一点。他的根据就是：在与地球的自转有关的方面，月亮移动得并没有比我们所掌握的其最早时的移动要慢。也就是说，假如地球是冷却了一些，那地球就必然在同等程度上收缩了，那地球的自转也就因此而加快，与此同时，月亮的移动则保持不变。这样看来，那些巨大的星体远离太阳，小的星体则靠近太阳，而最小的星体则距离太阳最近，是符合目的的。这是因为这些最小的星体将会逐渐失去其内部的热量，或者起码结壳如此之厚，内部的热穿透不到表皮了[1]，它们因此需要外部的热源。那些小行星作为一个炸散了的星体的碎块，是完全偶然的反常东西，所以，在此不予考察。但这些偶然的东西本身是反目的论的。我们愿意希望灾祸是在星体有生命居住之前发生的。但我们知道大自然是毫不留情的，我也没有保证哪一观点就是正确的。但这由奥尔伯斯提出的、相当有可能是真的假设，现在再度遭到否认，其根据或许在神学方面不亚于天文学方面。

但要让所提出的目的论变得完整，那四个巨大的星体里面，最大的星体就必须是距离太阳最远的，而最小的星体则是距离太阳最近的。不过，在此情况下却相反。人们可能会提出反对意见：这些星体的质量轻了很多，因此比其他小星体更稀松，但这却远远不足以补足那体积上的巨大差别。或许那只是它们内在的热的结果。

那黄道的倾斜尤其引起人们目的论方面惊叹的东西，因为要不是黄道的倾斜，那就不会出现季节的变化了，地球上就只有持续永恒的春天，那果实就不会成熟和繁茂，地区也就不会到处都可居住——几乎直到接近两极为止。因此，在黄道倾斜处，物理—神学家们看到了所有防护措施中最有智慧者，而唯物论者则看到了所有偶然中的最幸运者。赫尔德尤其被这种惊叹所鼓舞（《人类历史哲

---

[1] 火山就是那巨大的蒸汽锅炉的保险阀门。

学的概念》，第1部，4）——但在仔细检查之下，这种赞叹却是有点简单、幼稚的。这是因为假如真的只有上面所说的持续永恒的春天，那植物世界就肯定免不了调整其本质以作适应，以致没有那么强烈但却是持续的和均衡的热能与其相适应，正如现在已成化石的史前世界的植物，就是为完全不一样的星球状况而设计——不管那星球状况因何而起——并在那种状况中枝繁叶茂。

月球上并没有透过折射而呈现出大气层，是其质量更小的必然结果：月亮的质量只是我们的星球的1/88，因此只有很小的吸引力，以致我们的空气转移到月球的话，就只能保留其1/88的浓、密度，所以无法造成明显的折射，在其他方面也必然是同样无力的。

此处或许是提出一个有关月球表面的设想的地方，因为我无法下定决心抛掉这一设想，虽然我很清楚这设想会遭遇很多困难；我也只把这一设想视为一个大胆的猜想传达给大家而已。这一设想就是：月球并不是没有水，而是水被凝结了，因为缺少了大气层会造成绝对的寒冷，而这寒冷甚至不会允许寒冰的蒸发，如果不是因为这种寒冷，缺少大气层本来是有利于冰的蒸发的。也就是说，以月球之小，其体积为地球的1/49，质量则是地球的1/88，我们必须视其内在的热源枯竭了，或者起码不再作用于表面。月球从太阳那里并不会得到比地球还要多的热量。这是因为虽然每月一次月球走近太阳，它走近的距离与我们远离的距离是一样的；除此之外，在那样的情况下，月球始终只是把背向我们的一面朝向太阳，这一面与朝向我们的一面相比，根据麦德勒所言，只是接收了比例上101：100的更为明亮的日照（也就是热量），而这在朝向我们的一面是永远不会发生的，无论在这种情况下，还是在与此相反的情况下，亦即在14天以后，在月球再度以与我们的地球的距离更远离了太阳以后。所以，我们无法认定太阳对月球的温暖影响会比对地球更强；事实上，太阳对月球的热的影响更弱，因为虽然热的作用在月球的每一面维持 14 天，但却被同样长时间的黑夜所中断，而这就阻碍了热作用的累积。透过阳光而取热，依靠的是存在的大气层。这是因为这只能透过光转化为热而进行，而当光碰到不透明的，亦即光无法穿过的东西时，光就会转化为热。也就是说，碰到这样的不透明之物时，光并不能像对透明的东西那样可以其闪电般的速度和直线走向穿过去；这样，光就会转化为向着各个方向和向上扩散和攀升的热。但这热作为绝对轻盈（不可称量）的东西，必须透过大气层的压力留住和聚合在一起，否则，在生成的时候就已经消散了。这是因为就算光以其原初的放射本质闪电般地穿过空气，但转化成热的时候，其行进就变得如此的缓慢，因为热要克服这空气的重量和阻力，而众所周知，空气却是最糟糕的导热体。在另一方面，如果这空气是稀薄的，那热就流逝得更容易，而如果完全没有空气的话，那热就马上跑掉了。因为这个原因，在气压减半的高山之顶，永远覆盖着积雪；而在深谷，如果比较宽大，那就是最温热的。那么，如果是完全没有了大气层，又将是何种样子！所以，在温度方面，我们就得毫不犹豫地设想月球上所有的水都是凝结了的。不过，现在又有了这一困难：正如大气稀薄有助于烹饪，降低沸点，完全没有了大气也就必然极大地加快了蒸发的过程；据此，月球上凝结的水必然早就蒸发掉了。要解决此困难，可考虑到所有的蒸发，甚至在真空中的蒸发，其发生也只是由于某一相当数量的热的缘故，这热也正通过此蒸发而潜藏起来。但这样的热在月球上却是没有的，月球上的寒冷几乎就是绝对的，因为透过阳光的直接作用而转化来的热马上就消散了；在这期间所产生的小小蒸发也马上被寒冷再度停止，就像白霜一样。[1]这是因为尽管空气稀薄本身是有利于蒸发的，但因为空气稀薄会让蒸发所需的热量流失

---

[1] 这一假设得到了普耶所报告的莱斯利实验（第 1 卷，第 368 页）的完全支持。也就是说，我们看到水在真空中凝结，因为蒸发甚至夺走了水要保持液体状态所需的热。

掉，而更多的是阻碍了蒸发。关于这一点，我们可看到阿尔卑斯山的积雪，通过蒸发而消失的不会更甚于通过熔化而消失的。完全缺乏空气时，所形成的热会马上流失，这对蒸发不利，更甚于在同等比例上缺乏空气压力本身对蒸发的有利。依照此假设，我们就要把月球上的水视为结冰了，尤其是在其表面的那整个充满神秘的、灰色的、人们总是描述为"海"的部分。那这部分的许多凹凸不平就不再制造困难了，那些横过其表面的、明显的、深邃的和大部分是直线的槽纹和切口，就可以解释为裂开的冰层中的巨大裂缝。这一解释与那些形状很相符。[1]

另外，一般来说，从缺少大气层和水就得出没有一切生命的结论并不是完全可靠的，人们甚至可以称这是狭隘和目光短浅，因为这结论是基于"到处都和我们的一样"这一前设。动物生命现象可以用呼吸和血液循环以外的其他方式达成，因为一切生命最根本的东西只是在形式永远不变的情况下，物质在永恒变化。我们当然可以想象这只有在液体和雾气形式的中介情况下发生。只不过物质总体上只是可视的意欲，无论在哪里都在争取逐步升级其现象。要达到这一目标的形式、手段和途径是多种多样的。在另一方面，却再度需要考虑到不仅只是月球上的化学成分，其实，所有星球的化学成分都极有可能与地球上的化学成分是同样的东西，因为整个星体体系都是从那原初的发光星云脱离的，曾几何时，现在的太阳也是扩展至那发光的星云。这当然让我们猜测会有相似的某种意欲更高级的现象。

---

[1] 1858年4月6日，在寄出月球的一张照片时，罗马的塞基神父写道："相当值得注意的是，在月圆的时候，那平整部分的黑色底部和粗糙、高低不平部分极为光亮。莫非可以认为后者部分覆盖着冰或雪?"（参见1858年4月28日《报道》）（在很新的一部戏剧中，有这样一句话："啊，如果我能够登上结了冰的月亮，身后拉着梯子!"——文学家的直觉!）

85

康德最先在《自然通史和天体理论》（1755）中给出了那极具洞察力的宇宙起源学，亦即天体进化的理论，然后在《上帝存在的唯一可能的论据》第 7 章把这理论补充完整。在几乎 50 年以后，拉普拉斯（《宇宙体系论》，5，2）以更伟大的天文学知识发展了这一宇宙起源学，并为其奠定了更加稳固的基础。但这一宇宙起源学的真理不仅只是建立在由拉普拉斯所极力主张的空间状况的基础上，亦即 45 个天体集体向着一个方向循环，并在同一时间也恰恰向着同一个方向自转；而且这天体学说还有更加稳固的时间状况的支持。这时间状况通过开普勒的第二和第三法则表达出来，因为这些法则指出了一条固定的规则，给出了精确的公式：根据这些规则和公式，所有的行星越是靠近太阳，就以严格合乎规则的比例旋转得越快，而太阳本身只是自转取代了公转，现在就是那各个渐次排列的星体中的速度最快者。在太阳仍延伸至天王星时，太阳自转一次是 84 年，但现在，经过每一次的收缩所带来的加速以后，自转一次是 25 天半。也就是说，如果那些行星不曾是那如此巨大的中心体的剩余部分，而是每一个行星都以其他方式自己形成的，那就无法理解每一个行星是如何精确地恰好抵达根据开普勒的两条定律这一行星必须处在的位置—— 如果这一行星不是要么栽进太阳中去，要么飞离太阳的话（依据牛顿的引力法则和离心力法则）。康德和拉普拉斯的宇宙起源学的真理首要就是基于这一点。也就是说，如果我们与牛顿一样把行星的旋转视为引力和起抵消作用的离心力的结果，假设行星现有的离心力是既有的和固定的，那对每一个行星来说，就只有唯一一个位置可以让这行星的引力与这离心力恰好取得平衡，这行星也因此才能保持在其轨道上。因此，肯定有过一个和同样的一个原因，给了每一个行星以位置的同时也给予了速度。如果把一个行星移至更靠近太阳，那这行星假如不是要栽进太阳中去的话，就必须跑得更快，因此也就是要得到更多的离心力；把行星置于更远离太阳的话，那就必须在引力减少的同等程度上减少行星的离心力，否则，那行星就会飞离太阳。所以，一个行星无论在哪里都可以有其位置——只要有那么一个原因能够提供这一行星以精确符合这一位置的离心力，亦即可以与在那位置的引力恰好取得平衡的离心力。既然我们现在发现每一个行星都确实有其在那位置所需要的速度，对此的解释只能是：给予这行星位置的同一个原因，也同时确定了这行星的速度。唯有从这所谈论的宇宙起源学才可明白这一点，因为根据这个宇宙起源学，中央天体猛地一下子、一下子地收缩，某一环状物得以脱离，并在这之后结团成了行星。在这期间，按照开普勒的第二和第三定律，中央天体的每一次收缩都必然强力加快了自转的速度，而这就把由此确定了的速度留给了接下来再一次收缩时，在那具体地点脱离出去的行星。现在，中央天体就可以在其区域范围的任意一个地点甩下这一行星，因为这一行星总是可以得到精确适合这一地点而不是适合其他任何地点的离心力。这一地点越是靠近中央天体，那离心力就越强，因此，那离心力要与之抗衡的、把这行星吸引到中央天体的引力就越强。这是因为那渐次甩掉行星的天体，恰恰是以给予这一行星离心力的同样程度增加了的自转速度。此外，谁要想形象地看看在那收缩以后必然会有的自转加快速度，那一个巨大的燃烧着的螺旋形火圈可以给我们一个有趣的例子，因为这个火圈开始时转动缓慢，然后，在火圈越来越小的同时，转动就相应地越来越快。

开普勒在第二和第三定律中只是道出了行星与太阳的距离和这行星轨道运行的速度的事实状况，这涉及在不同时间的同一个行星，或者涉及两个不同的行星。这一状况是牛顿在最终采纳了他一开始摒弃的罗伯特·胡克的基本思想以后，从引力和与之平衡的离心力推导出来的；牛顿也以此说明了这种状况必然如此，并且为什么，亦即因为与中央天体这样的距离，行星为了不栽进中央天体之中或者飞离出去，就必须恰好具有这样的运行速度。虽然在往后的连串原因中这只是作用原因，但在往前的连串原因中才是目的原因。但这一行星是如何成功地恰好在那一位置正好得到了所需的速度，或者以这既定的速度恰好被安排在这一位置，让引力能够与那速度精确达至平衡——这个中的原因，这更高一级的作用原因，只有康德—拉普拉斯的宇宙起源学才能教导给我们。

这个宇宙起源学也会在将来让我们明白那些行星大致有次序的排列，我们就会知道那不仅是有次序而已，而是有其定律的，亦即出自大自然的一条定律。下面的表就表明了这一点。这个表早在一百年前，在天王星被发现之前就已经为人们所知。在上面的一行（第一行），人们永远把数字加倍；在下面的一行（第二行），上面的数字则都加上 4。这样，这些数字就表现了行星之间大概的平均距离，这也与今天所承认的大致吻合：

0	3	6	12	24	48	96	192	384
4	7	10	16	28	52	100	196	388
☿	♀	♁	♂		♃	♄	♅	♆
水星	金星	地球	火星	小行星	木星	土星	天王星	海王星

这样的位置安排有其次序和规律，是不会看不出来的，虽然那只是约莫如此。或许每一个行星都有其轨道上的一个位置，就在它们的近日点与远日点之间，与规律精确吻合；这一位置可被视为这一行星本来和原初的位置。不管怎么样，这有其或多或少精确程度的规律性，是在中央天体接连收缩时活跃、活动着的力和构成这些力的基础的原始物质所得出的结果。原初星云质量的收缩都是这之前的收缩所导致的自转加快带来的结果，而那外围区域现在就不再能跟得上那加快了的自转，因此就挣脱和留在那里了——再一次的收缩也就由此产生，而这收缩又再一次地导致自转加速，等等，等

等。因为中央天体以如此猛烈的一下子接着一下子的方式减少其体积，所以，收缩的宽度每次也就以同样的比例减少，亦即大概是在之前的一半以下，因为中央天体每次都将原先扩展出来的收缩了一半。此外，值得注意的是，在最中间的行星就遭殃了，而结果就是：留下来的只是这行星的破碎部分。这就是四个大的行星与四个小的行星之间的分界线。

并且证实这个理论也有这样的事实，即在总体上，越远离太阳的行星就越大，因为成形为那些行星球体的星云区域就越大，虽然由于在那星云区域中偶尔存在阔度差别，而在成形中会产生某些不规则之处。证明康德—拉普拉斯宇宙起源学的另一个事实，就是行星的密度大概是以它们与太阳的距离越远而相应比例地减少。这是因为可以如此解释：距离太阳最遥远的行星是太阳的残余部分，是在太阳延伸最广、因而密度最稀薄的时候甩出来的。在那之后，太阳收缩了，亦即变得更大密度了，等等。康德—拉普拉斯的宇宙起源学还以此得到了证实：即月亮在后来以同样的方式通过地球的收缩而产生，而那时候的地球仍是雾状，但也正因此，那时候的地球达到了现在的月亮的地方；月球也只是地球密度的 5/9。至于太阳本身并不是所有太阳系总最有密度的，可以这样解释：每一个行星的形成都是整一环圈在随后被弄作一团而成球体，但太阳却只是那中央天体在上一次收缩以后没有更再压缩的残余物。对这所谈论的宇宙起源学的又一特别证明就是这样的状况：所有的行星轨道对黄道（地球的轨道）的倾斜在 3/4 度和 3½ 度之间不等，水星的倾斜则是 $7°0'66''$，但这几乎是太阳的赤道对黄道的倾斜度，因为那达到了 $7°0'66''$。对此的解释是：太阳最后一次甩掉的环圈是与其脱离的太阳的赤道几乎平行的，而太阳在之前所甩掉的行星却在这个过程中更多地失去了平衡，或者太阳在甩开行星以后移动了自转的中轴。倒数第二的金星，已经有 3½° 的倾斜，其他所有行星甚至低于 2°，除了土星以外，因为土星是 2½° 的倾斜（根据洪堡的《宇宙》，

第 3 卷，第 449 页），甚至我们的月球那如此古怪的运行——即自转和公转的周期是同样的，月球因此永远是同一面朝向我们——也唯独只能这样去理解：这恰恰是一个环圈围绕地球转动的运动；月球就是这一环圈收缩以后形成的，但在这之后，月球并不像行星那样由于受偶然的一撞而快速地自转。

这些宇宙学的思考首先引发我们两个形而上的思考：第一，在所有事物的本质里都奠定了某种和谐，由于这种和谐，那最原初的、盲目的、粗野的和低级的自然力，在最死板、僵硬的规律的指引下，透过在任由它们摆布的物质上轮番争斗，透过与这些相伴的偶然后果，带来的就是这一世界的基本框架，连带其令人赞叹的目的性，那就是为生物的形成和居住而设的一处地方。这其中的完美，也只有最细腻的匠心在最深刻的智力和最精准的计算的指导下才可实现。所以，我们在此看到亚里士多德的作用原因和目的原因是如何以让人吃惊的方式，各自在独立的情况下殊途同归。这些具体的思考和以我的形而上学的原理对那些构成了基础的现象的解释，大家可以在我的主要著作（第 2 卷，第 25 章，第 324 页；第 3 版，第 368 页以下）找到。我在此提到这些，目的只是指出这给了我们一个样式，帮助我们以类似的方式明白，或者起码泛泛地看出：所有的那些牵涉个人的生活进程、相互交织的偶然事件，是如何在秘密的、预定了的和谐框架中互相契合，目的就是要引出符合其性格和其真正最终好处的一个和谐整体，犹如所有的一切就是因为这样而发生，就只是幻影一样地为了他而存在。在（《附录和补遗》）第 1 卷"论命运"中，目的就是更仔细地阐明这一问题。

由那宇宙起源学所引发的第二个形而上的思考就是：对世界的形成，就算是那涉及范围如此之广的自然、物质的解释，也永远无法消除对形而上解释的要求，或者可以取代形而上的解释。相反，人们发现现象越多就越清楚地看到：人们所涉及的就只是现象，而不是自在之物的本质。这样，就有了对形而上学的需求，而形而上学则是对那应用范围如此之广的物理学的互补。这是因为我们的智力所建构起来的世界，其所有的构成物质，归根到底就是同样众多的未知的数和量，它们恰恰就是形而上学要解决的谜团和难题，也就是那些自然力的内在本质。那些自然力的盲目的作用效果，在此却符合目的地构建了这个世界的框架。然后，就是化学上不同、并因此是相互作用的元素的内在本质；个别行星的个体性质和构成就出自那些元素的斗争，而地理学的工作就是从那争斗的痕迹中证明那些行星的特性。关于这些元素的争斗，安培给出了最完美的描绘。最后，就是这样一些力的内在本质：这些力最终显现为安排着一切，在行星的最外层表面，就像哈气般地产生出了霉菌一样的植被和动物。随着动物的出现，意识以及由此而起的认知也就出现了，而认知又再度成为了发展至此的整个过程的条件，因为构成这过程的所有一切，都只对认知而存在，只是对认知而言才有其现实性；事实上，那发生的事情和变化本身，也只是由于认知自身固有的形式（时间、空间、因果性）才可以展现出来，因此只是相对地，对智力而言才是存在的。

也就是说，一方面，人们必须承认：所有的那些自然物质的、宇宙起源学的、化学的和地理学的事情，既然是作为意识出现的条件，必然在意识出现之前就已经长时间发生了，亦即在意识之外而存在。但在另一方面，无可否认的是，上述发生的事情在意识之外就是绝对的无物，是根本无法想象的，因为那些事情首先是在和通过意识的形式才能展现。起码人们可以这样说：意识由于其形式的原因，是现在讨论中的有形和物理学事情的条件，但意识却再度以那些事情为条件，因为那是那些事情的物质使然。但从根本上，宇宙起源学和地理学要我们预设发生了的事情（作为在某一认知生物很早之前就已发生的东西），本身就只是把我们的直观智力所无法把握的事物的自在本质，翻译成我们的直观智力的语言。这是因为那些事情与现在发生的事情一样，就其自身而言从来没有过的存在；在涉及一切可能经验的先验原则的帮助下，在追随一些经验的事实材料时，这就回溯到了这些事实材料：这回溯本身就只是把一系列并非无条件存在的现象连在了一起。[1]因此，那些发生的事件本身，在其经验的存在中，就算其出现有一切机械精准和数学正确的确定性，也永远留着一个晦暗的核心，就犹如在那后面潜伏着的沉甸甸的秘密。也就是说，在那些事件中外现出来的自然力，在承载这些自然力的原始物质，在这些自然力的那必然是没有开始、因此是无法理解的存在——我们都可看到那晦暗的核心。循经验的途径以弄清楚这晦暗的核心是不可能的。所以，在此形而上学就得出场了，就要在我们自己的本质那里，让我们了解到一切事物的核心就是意欲。在这一意义上，康德也说了："显而易见，大自然的

----

[1] 在地球上所有生命之前所发生的地质上的事件，并不存在于任何意识之中：既不在这些事件的意识之中，因为它们并没有意识；也不在其他意识之中，因为那时候并没有任何其他意识。所以，由于缺乏了某一主体，它们就没有了任何客观的存在，亦即那些事件是没有的，或者它们的存在又意味着什么呢？这从根本上就只是一个假设，也就是说，假设在那原初的时候，某一意识是存在的话，那些事件就会在那意识中展现了，对现象的回溯就把我们带到了那里。所以，是否在这些事件中展现出自身，取决于自在之物的本质。当我们说，在开始的时候，有一片发光的原初星云，然后团结成了球体，开始了旋转，并因此成了凸透镜的形状，其最外围周边被甩掉而成了一个环状物，然后这环状物团结成了一个行星，同样的事情再一次地重复，等等，即整套的拉普拉斯宇宙起源学；当我们现在同样补充上最早的地质现象，直至有机大自然的出现——那我们这里所说的一切并不是在本意上真实的，而是某种形象性语言。这是因为这所描述的现象，从来不曾像这个样子发生，因为这些现象是空间、时间和因果性的现象，这样的现象就绝对只存在于一个大脑的想法和表象里面，而大脑是以空间、时间和因果性作为其认知的形式。所以，没有了这样的大脑，那些现象是不可能的，永远也不曾有过。因此，那些描述只是表示：如果一个大脑曾在那时候存在，那上述事件就会在那大脑中展现出来。但在另一方面，就其本身而言，那些事件不是别的，而是生存意欲在呆滞、缺少认知地渴求客体化；那么，现在大脑存在了以后，这生存意欲就在大脑的思路中和通过大脑想象形式所必然带来的回溯，必然把自己展现为那些原始的宇宙起源和地质学的现象；这些现象也就由此首次获得了客体（客观）的存在，但也正因为这一点，那客体（客观）的存在与主体（主观）的吻合程度，不会亚于如果那主体存在是与客体存在在同一时间存在，而不是只在无数千万年以后方才出现。

作用效果，其首要的源头完全只能是形而上学的课题。"（《关于生命力的真实估计之思考》，§51）

所以，从这所进入的形而上学的角度看，那花费了如此之多的精力和聪明才智才获得的关于这世界的自然、物质上的解释，似乎就是不足够的，的确就是皮相的，并在某种程度上只是假的解释，因为这些解释不过就是归因和还原为未知的数，还原为"隐藏的特性"。这种解释可以比之于某种不曾透进里面的、只是停留在表皮的力，诸如电的一类；甚至就像是纸币：其价值只是相对的，是以另一种金钱为前提条件。在此，就这种关系的详细论述，我建议读者阅读我的主要著作（第 2 卷，第 17 章，第 173 页；第 3 版，第 191 页以下）。在德国，就有那么一些平庸的经验主义者想要大众相信：除了大自然及其法则，就再没有其他了。但这是行不通的，因为大自然并不是自在之物，大自然的法则也不是绝对的。

如果我们在头脑中把康德—拉普拉斯的宇宙起源学，从德吕克一直到埃利·德·博蒙的地质学，最后到那动植物的原初生成以及对其结果的论述，亦即植物学、动物学和生理学依次排成一列，那我们的面前就是大自然的整个历史，因为我们就可一眼统观这经验世界的全部现象。但这整体的现象却首先是形而上学要解决的难题。如果只是物理学就能够解决这难题的话，那这难题也就早已经接近解决了。但这是永远不可能的。上面提到的两点，即自然力的自在本质和客体世界受到智力的条件制约，再加上物质先验就可确定的没有初始、物质的因果序列，夺走了物理学的一切自主性，或者就成了要把莲花连接到形而上的土地上的茎柄。

此外，地质学最近的研究结果与我的形而上学的关系，可以简略表述如下。在地球的最早期，在花岗石期之前，生存意欲的客体化是局限在其最低的层级，亦即局限于无机的大自然力。在自然力那里，生存意欲以极其宏大的派头盲目、暴烈地展现出来，因为那些已经有了化学上的差别的元素在争斗，其战场不只是星球的表面，而是涉及整个大的星球，其现象必定是如此宏大，以致任何想象力对此也无能为力。与极强烈的原初化学过程结伴的光的演变，是在我们这太阳系里的任何一个行星都可看到的，而那震耳欲聋的爆鸣当然并不会越出大气层之外。在这巨神争斗终于发作完毕以后，在那些花岗岩作为墓碑覆盖了战斗者以后，经过适宜的停顿和海水沉淀物的间歇，生存意欲就展现在接下来更高的一个层级，与之前形成最强烈的对照，就展现为植物世界的呆滞和宁静生活。这也同样展示了庞大的规模：那参天和漫无边际的森林，其残余在经过无数年以后为我们提供了取之不尽的藏煤。这植物世界逐渐从空气中清除了二氧化碳，也就最先成了适宜动物生命的地方。在这之前，那是一个没有动物的漫长和深沉宁静的时期。这一时期最后由于自然的变革毁掉了植物乐园而结束，因为这变革埋葬了森林。现在，由于空气变纯净了，生存意欲就进入了第三级伟大的客体化：动物世界。在海里游的是鲸和鱼类，但在陆地上，仍只是爬虫类，但这些爬虫却奇大无比。世界帷幕再次降下了，接下来的就是意欲的更高一级的客体化：暖血的陆地动物，虽然这些动物的属类已经不再存在了，这些动物的大部分也都是厚皮的。地球表壳连带在这上面的所有生物经过再一次的破坏以后，生命终于又再一次重新燃起。现在，生存意欲客体化为动物的世界：动物世界呈现了多得多的数量和更多样的形态；有的动物的种类虽然不再有了，但其属类却还是存在的。这通过形态的多样性和差别而变得更完美的生存意欲的客体化，已提升至猿的一类。不过，我们这最后的太古时代还得毁灭，以腾出位置给现在的人在更新了的土地上安身。在此，生存意欲的客体化达到了人的一级。据此，地球可以比之于一张被书写了四遍的羊皮纸。在此，一个有趣的附带思考就是想象一下：在太空中围绕着太阳一类的无数恒星旋转的每一个行星，虽说仍然处于化学变化的阶段，仍是最粗糙的力量在可怕的争斗的场所，或者正经历着宁静的间歇期，但其内在却隐藏着秘密的力量，有朝一日，植物世界和动物世界就会以其无尽的多样形态由此而出。对这些秘密力量而言，上述那些争斗就只是前戏而已，因为这些前戏给那些力量准备好了场所，安排好了这些力量出场的条件。人们的确忍不住要去设想：在那火和水的洪流中狂怒、咆哮的，与后来让动植物群有了生命的是同一样东西。但到达了这最新的一级，即人的一级，在我看来，必然就是最后一级，因为在这一层次，已经有了否定意欲的可能性，亦即有了与这种争取背道而驰的可能性。这样的话，那"神的喜剧"也就到了尽头。据此，就算没有物理学的理由以保证不会出现再一次的世界灾难，也有抗衡出现这样的灾难的道德上的理由，亦即这一灾难现在是没有目的的了，因为这世界的内在本质不需要为了可能从这世界获得解救而有更高一级的客体化。道德的东西可是事物的核心或基本低音，尽管只是物理学家不怎么明白这一点。

86

为了估算牛顿的引力体系的伟大价值——不管怎么说，牛顿把那引力体系提升至确实和完美的程度——我们必须回想起在天体运行的起源问题上，思想家自数千年来所面对的窘境。亚里士多德就把宇宙当作是由透明的、互相嵌进对方的多个天体组合而成的，其最外围的天体就带着恒星，后面跟着的天体就每一个都带上一个行星，最后一个则带上月球，这部机器的核心就是地球。那么，到底是什么样的力量永不疲倦地转动这天琴，则是他不知该怎么回答的问题，除了说在某处肯定有某一个"首先的推动"。亚里士多德的这一回答，在以后人们就相当慷慨地解释为亚里士多德的有神论，但亚里士多德却没说过神和造物主，他教导的是宇宙的永恒性和对那天琴宇宙的首次运动力。甚至在哥白尼以这世界机器的正确构造取代了那寓言般的说法以后，在开普勒也发现了这世界机器的运动规则以后，有关那推动的力的古老窘境却仍然存在。亚里士多德就已经为那些个别的天体安排了同样之多的神祇以作指导。学院派则把指导任务交给了某一所谓的智力生物，而这只是取代天使的一个更高雅的字词而已，每一个这样的智力生物就像驾驶马车一般地驾驶着他们的行星。在这之后，自由的思想者，例如乔尔丹诺·布鲁诺和瓦尼尼，除了把行星本身弄成是某种活生生的神祇以外，再没有更好的想法。然后就是笛卡尔。他总是把一切都解释为机械性的原因，但除了知道碰撞以外，就不知道任何其他的推动力。因此，他就假定了某种看不见的和感觉不到的材料，一层一层地围绕着太阳转，或者往前推动着行星，即笛卡尔的旋涡说。这一切却是多么幼稚和笨拙，引力体系因此是多么值得高度评价！这引力体系让人无可否认地证明了那运动的原因和在这些原因中活动的力，并且是如此确切和精准地证明了这些，以致就算是最微不足道的偏差和不规则、行星或者卫星在其轨道上的加速或者减慢，也都以其最直接的原因完全地解释清楚和精确计算出来。

因此，把引力只是作为重力才直接为我们所知的东西，定为维系天体系统之物——这一基本思想，由于与这思想相连的结果的重要性，是如此极其重大、有意义，以致对这思想的起源进行一番探索就不是无关紧要、可以撇到一边的事情。尤其是我们作为后世的人，更应该公正，因为作为同时代的人，我们甚少做到这一点。

牛顿1686年出版《自然哲学的数学原理》时，人们都知道罗伯特·胡克大声疾呼，是他先于牛顿有了牛顿的根本思想；还有胡克及其他人的强烈不满和诉说，迫使牛顿保证在《自然哲学的数学原理》完整版第1版（1687）提及这一点。牛顿在第1部分命题4推论6的一条附注中，以尽可能的寥寥几字提及了这件事，亦即在括号里写道："我们的同胞雷恩、胡克和哈利也独立地得出了这个结论。"

1666 年胡克就已经在《皇家学会的通讯》中说出了引力体系的关键思想，虽然那还只是假设。我们从《皇家学会的通讯》中主要的一段可以看得出来，而这段胡克的原话刊登在了杜戈德·斯图亚特的《人类理智的哲学》（第 2 卷，第 434 页）中。在 1828 年 8 月《季度评论》上，有一篇很不错的、简明的天文学历史，文章认为胡克的优先权是板上钉钉的事情。

在由米绥出版的一百多卷的《传记录》中，关于牛顿的一篇文章似乎是从这篇文章所援引的《不列颠传记》中翻译过来的。这篇文章包括对世界体系的描绘，是逐字和详细地根据罗伯特·胡克的《从观察尝试证明地球的运行》（伦敦，1674，4^0）中的引力定律。再者，这篇文章说，重力延伸至所有天体的基本思想，在博雷利的《行星运行的理论和物理原因》（佛罗伦萨，1666）已经表达出来。最后就是牛顿对胡克上述发现的优先权所作投诉的长篇回复。而那已经重复得让人反胃的苹果故事却没有权威性。人们最先是在特纳的《格兰瑟姆的历史》第 160 页，提到这已被当作人人都知的事实的苹果故事。彭伯顿认识当时已到了高龄的呆滞的牛顿，他在《牛顿哲学概观》"前言"中虽然说到牛顿是在花园里首次有了那一思想，但却不曾说过任何苹果的事情。这有可能是在这之后才加进去的。伏尔泰硬说是从牛顿的外甥女的嘴里听到这个苹果的故事，这大概就是这故事的来源。参见伏尔泰的《牛顿哲学的要素》第 2 部分第 3 章，比较一下拜伦的《唐璜》第 10 章第 1 节的注解："那是著名的苹果树，其中一个苹果掉了下来，据说这就让牛顿注意到了引力。这棵苹果树大概 4 年前被风破坏了。斯图科里博士和康杜特先生都没有说过这个掉下苹果的轶事，所以，我无法找到保证这件轶事的任何权威性，我不能乱用这件轶事。"（布鲁斯特，《牛顿的一生》，第 344 页）

我现在就给所有反对这一说法（即万有引力的伟大思想就是那根本上错误的单色光理论的兄弟）的权威们，多补充一个论据。这个论据虽然只是心理学方面的，但对那些也从智力的一面了解人性的人来说，这个论据是很有分量的。

人们都知道的、并且也是一个不争的事实是：不管是牛顿自己想出来的抑或从他人那里获悉的，牛顿相当早（据称是在1666年）就已经明白了引力体系；后来，他就试图把这个引力体系应用在月球的运行上来核实；但是，因为出来的结果并没有与所假设的精确吻合，牛顿就把这个想法再次放下了，并在多年里不再想起这桩事情。同样为人所知的是，那把牛顿吓得退缩的不一致实验结果的缘由。也就是说，这不一致就是因为牛顿把月球与我们的距离估算少了大概1/7，这又是因为这距离首先只能根据地球的半径算出来，而地球的半径又是从地球圆周角度的数值计算的，但这圆周角度的数值却只能直接测量。牛顿只是根据一般的地理坐标的测定把那角度设定为60英里的大概数，但事实上却是69.5英里。这样的结果就是月球的运行，与引力随着远离距离的平方而递减的假设并不相符。这就是为什么牛顿放弃和打消了他的假设。只是在大概16年以后，亦即到了1682年，他偶然得知法国人皮卡好几年前已经完成的角度测量。根据这一测量，那角度大概比牛顿过去所设想的要大1/7。牛顿并没有把这视为特别重要，他是在学士院里从一封信中得知这个情况，牛顿也就作了笔记，然后就精神集中地倾听学士院里的报告，并没有为此消息而分心。只是在这以后，他才想起自己以前的设想。他就重新开始这方面的计算，并在这一次发现了与其设想精确吻合的事实。对此，人们都知道牛顿如此欣喜若狂。

现在，我就问问每一个是父亲的人，每一个生发过、酝酿过和呵护过自己独特设想的人，会是这样对待自己的孩子吗？一旦不是诸事合拍，就马上把孩子扫地出门，毫不留情猛地关上大门，在16年间对其不闻不问？碰到上述情况，在痛苦地说出"没有什么可做了"之前，难道不是到处猜测到底是哪里出了差错，甚至是上帝

创造世界时出了差错，而不是首先在自己生、养、呵护的宝贝孩子
身上找错？而人们最容易起疑的地方，则是那唯一的经验数据（以
及一个测量角度），因为这些数据是计算的基础，而这些数据的不
可靠又广为人知，以致法国人自从 1669 年以来就一直进行他们的
等级测量。但牛顿却相当草率地根据那些庸常报告而接受了以英里
计算的棘手数据。这是一个提出了真实的、解释了世界的假设的人
受到了误导？肯定不是，如果他的这一假设真的是他自己提出的
话！相比之下，我却知道谁会出现这样的情况。那就是别人家的孩
子，被不情愿的主人让进这一家里。男主人就（挽着他那生育不良
的夫人的手，而这位夫人也只是生育了一次，并且生下的是个怪
胎）在那乜视着眼、妒忌地看着，他也只是奉命让这些别人的孩子
接受检验，心中希望他们无法通过检验；一旦他们无法通过，就马
上挂着一抹轻蔑的笑容把他们逐出屋子。

　　这一论据至少对我是甚有分量的，以致我认为这完全证实了那
些声称（引力的基本思想应该归功于胡克，牛顿只是通过计算证实
了胡克的思想）。据此，可怜的胡克与哥伦布是同样的遭遇：美洲
称为"阿美利加"，引力系统就称为"牛顿万有引力体系"。

　　此外，至于上面提到的七色怪论，在歌德的颜色理论提出
40 年以后，仍然享有很大的威望，那古老的关于"狭窄的裂缝"和
七种颜色的应答祈祷仍在吟唱，罔顾所有明显的事实。这些自然是
会让我迷惑的——假如我不是早已习惯了把同时代人的判断视为无
法预料的东西。因此，我只把这当作是更多一重的证据，既证实了
那些专业物理学家悲惨、可怜的素质，也证实了那所谓受过教育的
公众不是去检验一个伟大人物所说过的话，而是虔诚地照样重复那
些罪人们的言语，说歌德的颜色理论就是失败的、未经授权的尝
试，是歌德一个值得原谅的弱点。

87

贝壳类化石是一个明显的事实存在。爱利亚学派的色诺芬早就知道这一事实，并对此给出了总体上算是正确的解释。但这一事实存在却被伏尔泰辩驳、否认，甚至被说成只是幻想（参见勃兰迪斯，《爱利亚学派评论》，第50页；伏尔泰，《哲学词典》"贝壳类"词条）。也就是说，任何甚至只是有可能被扭曲为证实了有关摩西的报道的东西，都是伏尔泰极不愿意承认的，在这一情形里就是大洪水。这是一个警醒的例子，说明一旦选边站，热切和热情是多么容易引导我们犯错。

88a

完整的石化就是完全的化学变化，里面不带任何机械性的变化。

88b

当我为观赏地球体的古代作品而审视一块新近折断的花岗石时，我根本不会相信这块原始的石头是透过某种聚变和结晶，以一种干巴巴的方式而生成，也不会是透过升华、透过沉淀而生成。在我看来，那肯定是经过了某种完全不同的、现在已经没有的化学程序。某种金属和类金属的混合物快速和同一时间焚烧，并与那马上就产生作用的焚烧产物的亲和力结合起来——这是最接近我对此的想法。人们是否曾经尝试过把硅、铝等，以其组合（花岗石的）矿物土中原子团的比例混合一起，然后让其在水下或者在空气中快速焚烧？

在肉眼可见的自然发生的例子中，最常见的是只要是死亡了的植物体，例如腐败、霉烂的树的躯干、枝杈或者根部，就会有蘑菇类快速生长出来，蘑菇类甚至就只是在此处生长起来。但一般来说，这些不是分散的，而是一拨一堆地长出来。显而易见，这不是听任偶然地这一处那一处撒下的种子决定了地点，而是在那腐烂的植物体给了那无处不在的生存意欲以合适的材料，让生存意欲马上抓住了。至于这些蘑菇类随后透过种子而繁殖，并没有与上述相矛盾，因为这适用于所有活的、有种子的，但曾几何时却必须在没有种子的情况下形成的东西。

89

比较一下相隔相当遥远的不同地区的河鱼，或许就会得到关于大自然的原初创造力的最清晰的证明：这大自然的原初创造力，在相似的地点和情形下，以相似的方式发挥出来。在大概同样的地理纬度、地形高度，以及同样的河流体积和深度，甚至在彼此相隔至为遥远的两个地方，会发现要么是完全同样的，要么就是非常相似的鱼类。我们只需想想几乎所有山区的溪流都有鳟鱼。那是有目的引进所致的猜测，就这些动物而言，在大多数情况下都站不住脚。鸟儿吃了鱼卵但没有消化掉而导致这些鱼类传播的说法，对遥远的距离来说并没有足够的说服力，因为在比它们的行程要短的时间里，鸟儿的消化过程就已经完成了。并且我也想知道那种不消化鱼卵，亦即违反目的吃鱼卵的说法是否正确，因为我们的确是很好地消化了鱼子酱，但鸟儿的嗉囊和胃部甚至是为了消化坚硬的种子而设。如果人们想要把河鱼的起源追溯到上一次的全球大洪水，那人们忘了：这些河鱼是出自海水而不是河水。

90

我们要理解从盐水形成立方晶体，并不比理解从鸡蛋中的液体形成小鸡更容易。再有，在这与自然生成之间，拉马克认为没有发现本质上的区别。但这样的区别还是存在的，也就是说，从鸡蛋中只能出来某一特定的种类，而这就是"明确生成"。人们又会反对说，每一精确地规定了的注入，也只会产生出某一确定了的极微小的动物。

91

面对那些最难的难题——要解决这些难题人们几乎是绝望的——我们所拥有的极少的资料，就必须尽可能地加以利用，以便从这些组合中可以引出点点的东西。

在《瘟疫记事》（1825）里，我们发现在14世纪，在黑死病减少了整个欧洲、大半个亚洲，甚至还有非洲的人口以后，人类马上就出现了异乎寻常的生育高潮，尤其是双胞胎的出生变得相当频繁。与此相吻合，卡斯帕（《人的大概寿命》，1835）以四次重复的大规模的经验为支撑证据，告诉我们：在某一地区的既定人口中，死亡和寿命的长度总是与婴儿出生数目同步的，以致死亡数目和出生数目以同样的比例增加和减少。这一点通过许多国家及其不同的省份所累积的证据，证明是毫无疑问的。不过，卡斯帕只是错在把原因和结果混淆了，因为他把出生的增加当作是死亡增加的原因。但我坚信实情恰恰相反，而这点也与舒努勒所提供的不寻常现象（但他似乎并不晓得这不寻常的现象）相吻合，即死亡人数的增加并不是通过物理的影响，而是通过某种形而上的关联引致人口出生的增加。这一点我在我的主要著作（第2卷，第41章，第507页；

第 3 版，第 575 页）已经讨论过了。所以，总的来说，出生的数目取决于死亡的数目。

据此，或许有这样的自然规律，即人类的生育能力——这也只是大自然的总体繁殖力的一种特别形态——会因与其对抗的原因而加强，也就是与其阻力一道提升；因此，人们可在"做必要的修正"之后，把这一规律隶属于马里奥特定理，即阻力随着压力的增大而增大，以致无穷。那么，我们假设那与生育能力对抗的原因经由瘟疫、大自然的公转等的破坏而出现了，达到了前所未有的规模和效果，在这之后，生育能力也就必然再度提升至完全是前所未见的高度。最后，因为那对抗多育的原因如此强烈，我们走到了极点，亦即人类悉数灭绝，那受到如此挤压的多育能力就会达到了与此挤压相称的力度，因此就会有了如此的张力，现在就能成就看上去是不可能的事情。也就是说，既然"明确生成"，亦即从相同的东西生成相同的东西的路子被堵住了，那就扑向了"模糊生成"。但是，在最低等的动物那里所表现出来的这些，却难以想象地表现在动物王国的较高阶那里：狮子、狼、大象、猿猴，甚至人的形态，永远不可能依照纤毛虫、消化道寄生虫和寄生物的式样生成，即大致上直接从那凝结的、太阳孵育的大海的沉淀物，或者黏液，或者从腐烂的有机团块中冒出，而只能理解为"在另一不同的子宫中生成"，所以，就是出自得天独厚的一对动物的子宫，或更准确地说卵子——这是在那种属的生命力经由某些东西受到了阻滞，并在这一对身上得到了积聚和异常提升以后发生的事情：现在，就在某一星云的时刻，在行星处于正确的位置和所有有利于大气的、地球的和天体的影响恰好俱足时，那例外出现的就不再是与这种属同样的东西，而是与其紧密类似的、但却是比这更高一级的形态。这样，这次这一对就不只是繁殖出一个个体，而是一个种属。当然，出现这样的情形，只有在最低等的动物经由平常的"模糊生成"，从活着的植物的有机腐败或者从细胞组织中一直攀升到得见天日、成为将要到来的动物种类的使者和先驱以后。发生这样的事情，必然是在每一次的地球巨变之后，而这些巨变至少已经三次完全毁灭了这行星上的所有生物，以致需要重新燃起生命；而这之后，每一次生命都更加完美，亦即以更接近现在的动物群的形态出现。但只是在最近一次的大灾难以后，在地球表面出现的动物系列中所发生的已升级至形成人类——而在那更上一次的灾难以后，已经形成了甚至猿猴一属。我们看到无尾目动物在有了自己的、更完美的形态之前，过的是鱼类的生活。并且根据某一当今普遍承认的观察，每一个胎儿都要连续经过几个在其达至自身种属级别之前的级别。为何每一新的和更高级的物种，其升级和生成不是透过胎儿形状而一举超越了这胎儿的母亲的形状？这本应是唯一理性的，亦即从理性角度可以设想出来的物种生成方式。

但我们必须想到这种升级并不是沿着单一直线，而是沿着多条并排的升级线路。所以，例如，曾经从那鱼的卵里出来了一条蛇，另一次从这蛇的卵里出来了一条蜥蜴；但与此同时，从另一条鱼的卵子里出来的是某一蛙类，然后，从这蛙类的卵子出来了某一龟鳖类；从第三条鱼的卵子生出了某一鲸类，然后，这鲸类又再度生出了海豹，而最终，那海豹生出了海象；或许从鸭子的蛋生出了鸭嘴兽，从鸵鸟蛋生出了某种更大的哺乳动物。总的来说，这些事情必然是在地球上的许多地方彼此独立地发生，但无论在哪里都是发生在马上就很明确、清晰的阶段，都给出了某一固定、持久的种属，而不是在逐渐的、模糊不清的过渡期中发生，因而并不类似于从低八度音逐渐升至、吼至最高的八度音，而是类似于沿着有其明确起止而上升的音阶。我们不想隐瞒这一点：我们依此只能设想最早的人在亚洲是从红毛人猿，在非洲则是从黑猩猩而来——虽然并不是作为人猿，而是马上就生成为人。值得注意的是，这一起源甚至也是一个佛教神话所教导的，见于艾萨克·雅克布·施密特的《对蒙古人和藏人的探究》（第210—214页），也见《新亚洲杂志》

（1831 年 3 月）中克拉普罗特著《佛教的残篇》和科本斯的《喇嘛教的等级》（第 45 页）。

在此所说的"在别的子宫中的模糊生成"的思想，是首先由《宇宙的自然历史痕迹》（1847，第 6 版）的无名作者提出来的，虽然一点都没有那应有的清晰和明确，因为作者把这个观点与一些站不住脚的假设和离谱的谬误紧密地交织在一起。这归根到底是因为作者是英国人，每一个超出了物理学的假设，亦即每一个形而上的假设，都会马上与希伯来的一神论合并在一起。也正是为了避免这一点，他就不当地扩展了物理学的范围。正因为缺少在思辨哲学或形而上学方面的修养，一个英国人是完全没有能力对大自然有一种思想上的领会和把握，因此他并不知道在把大自然的作用理解为根据严格的或许是机械的规律性而展开，与把大自然的作用领会为希伯来神祇（他称为"造物主"）预先想好的艺术制品之间，还有中间一途。教士们，英国的教士们，对此难辞其咎。这些人是所有愚民主义者中的最狡猾者。他们伤害人民的头脑至这样的程度，甚至在那些最有知识和最开明的人中，其根本思想的体系也是至为粗糙的物质主义和最笨拙的犹太迷信的大杂烩。这两者就像醋和油一样地摇匀在一起，就看它们如何兼容了。还有，由于接受了牛津的教育，那些"绅士"、"爵士"们也大体上还是属于群氓的。但只要受教育的阶层，其教育是交由牛津的正统蛮牛去完成，那这种情形就不会有所改善。到了 1859 年，我们在法裔美国人阿加斯的《论分类》一文中，仍然发现同样的立场观点。他仍然面对同样的选择：有机的世界要么是纯粹偶然的结果：这偶然把这世界胡乱地拼凑在了一起，成了在物理和化学力量作用之下大自然的奇妙现象；要么就是在认识（这一动物性的功能）之光下，在深思熟虑和算计以后巧妙完成的艺术杰作。这两种观点都是一样的错误，都是基于那种幼稚的唯实论，而唯实论在康德出现 80 年以后已完全是丢人现眼的东西了。所以，阿加斯就像一个美国鞋匠似的哲学论辩有机生物的起源。如果那些先生们除了他们的自然科学以外，就再没学到什么，也不想学到什么，那他们在其文章中就必须不要越过这些半步，而是"最严格地"固守其经验主义，以防就像阿加斯先生那样糟蹋自己，就像老妇人一样地谈论自然的起源，让自己成了众人的笑谈。

根据舒努勒和卡斯帕所提出的法则往另一方向推论，可得出这一结果：很明显，随着我们成功地透过正确利用所有的自然力和每一方寸的土地，以减轻最低层民众的不幸，这一很传神地被称为无产阶级的民众数目就会增加，那苦难也就由此一再地重新出现。这是因为性欲总是会增加饥饿，正如这饥饿一旦满足了就会促进性欲。以上法则会向我们保证：这情形不会最终引致地球真正超出太多的人口——这一灾难的恐怖之处，就算是最生动的想象力也无法描绘。也就是说，根据这正在谈论中的法则，在地球有了尽其所能养育的最大人口以后，种属的繁殖就会降至还不足以填补死去的人口的程度，而在每一次变故增加了死亡以后，又会让人口恢复到最大数目之下。

92

在地球的不同地方，在同样或者类似的气候、地形和环境条件下，会生成同样或者类似的植物和动物。所以，一些物种（Spezies）非常相似，但并不相同［这就是属（Genus）的概念］，许多还可分为种和类——这些不可能是互相从彼此那里生成，虽然那物种是同样的。这是因为物种的同一并不意味着起源的同一和出自唯一的一对*，而是

---

*　后来的版本增加了内容。内容是：这总体来说是一个相当荒谬的设想，谁又会相信：所有的橡树是从最初的唯一一株橡树而来，所有的老鼠来自最初的一对老鼠，所有的狼来自最初的一对狼？——译者注

在一样的环境但在不同的地方，大自然重复了同样的程序，并且相当的小心谨慎，不会放任某一物种（尤其是高级的物种）相当不安全地存在，即不会孤注一掷并从而把大自然艰难取得的成果暴露在千百种危险之中。大自然知道自己意欲的是什么，会坚定地意欲它，并相应地行事。但机会却永远不是只有唯一一次。

那么，那些从不曾被驯服的非洲大象，其耳朵相当宽大，盖过了脖子，而母大象也同样有獠牙——它们不可能出自那些好教和聪明的亚洲大象：这些亚洲母大象并没有獠牙，耳朵也远远没有那么宽大；同样，那些美洲短吻鳄不可能出自尼罗河的鳄鱼，因为两者在牙齿和脖子后面的鳞甲数目方面就可以区分开来；也同样，黑人不可能出自高加索人种。

但是，人类却很有可能只是在三处地方生成，因为我们只有指示出原初种族三种明确分开的类型：高加索人种、蒙古人种和埃塞俄比亚人种，并且这些生成也只能在古老世界中发生。这是因为在澳大利亚，大自然无法产生出猿猴，但在美洲却只有长尾猴而没有短尾猴，更不用说那最高级的、无尾类人猿——这些类人猿就占据排在人类之前的位置。大自然不会跳跃、突变。再者，人类的起源只有在回归线之间开始，因为在其他地带的话，那新生儿就会在第一个冬季中丧生。这是因为新生儿虽然不是没有母亲的照顾，但在成长时并没有得到教诲，也没有继承了祖先的知识。所以，在大自然可以把其婴儿送到冰冷、严酷的世界中去的时候，这婴儿起初必须依偎在大自然温暖的怀抱。但在热带地区，人却是黑色的或者至少是深褐色的。这些是不分种族的人类真正的、自然和特有的肤色，也从来不曾有过本来是白色的人种。的确，谈论这样的白色人种，把人幼稚地分为白色、黄色和黑色，就像在所有书本里面仍在做的那样，证实了严重的先入为主和缺乏深思。早在我的主要著作（第2卷，第44章，第550页；也见第3版，第625页）中，我就已经简短讨论过了这个话题，并说过这大自然的母腹从来就不曾原初产生过一个白人。人只有在回归线地带才是舒适自在的，在此，人们都是褐色的或者深棕色的，只是在美洲并不普遍都是这样，因为这个大洲的大部分已被褪了色的人种所居住，主要是中国人。但在巴西森林中的野人却是黑褐色的。[1]只是在人们离开对他而言唯一是自然的、在回归线之间的地带，并在这以外的地方长时间繁殖以后，以及由于其种属的增长而扩展地盘至更寒冷的地带以后，人才变得浅色和最终的白色。所以，只是因为在温暖和寒冷地区的气候影响，欧洲人口部族才逐渐变白。这一过程是多么的缓慢——这一点我们可从茨冈人那里看到：茨冈人是来自印度的一个部族，自从 15 世纪初就游牧至欧洲，其肤色也仍然大约是在印度人和我们之间。这同样也见之于黑奴的家人：他们自 300 年来在北美繁殖和衍生，肤色也变淡了一些，尽管这变淡的进程由于他们与新来的乌木一般黑肤色的移民相混合而耽搁了，而茨冈人却并没有得到这方面的更新。这些从其天然家园被放逐出来的人，其肤色变白最近的自然原因，我估计就是在热带的气候中，光和热在生发层产生了缓慢但却持续的碳酸脱氧化，而这碳酸在我们那里却透过毛孔而未受分解。碳酸的脱氧化留下了如此之多的碳，足以给皮肤着色；黑人的那种特殊气味或许也与此有关。至于在白人中，低下的体力劳作的阶层一般都比高地位的白人要黑，可以从他们出汗更多得到解释，而这出汗发挥的作用类似于热的气候，虽然程度上远不如热的气候。那么，据此，我们种族的亚当无论如何就要被视为黑色的，而画家把第一个人表现为因褪色而形成了白色则是可笑的；再者，既然耶和华是根据自己的形象而创造了他，那耶和华在艺术作品中也要表现为黑色。但人们可以让其有传统的白胡子，因为稀疏的胡子并非与黑肤色联系在一起，而只是与埃塞俄比亚人种相关。的

---

[1] 那些野人并不是原始人，正如在南美的野狗并不是原始狗一样。这些野狗只是后来变野了，那些野人也是后来变野了，是某一文明开化的民族的后裔，其祖上迷了路或者流落到那里，无法保留其原先的文化。

确，甚至人们在中近东国家和在某些意大利教堂中所见到的最古老的圣母像，圣母连同基督都是脸色黝黑的！事实上，上帝的整族选民过去都是黑色或者深褐色的，直至现在仍然比我们要黑，而我们是源自更早时期移民的异教部落。但现在的叙利亚居住的却是混血的人种，部分是源自北亚（例如土库曼人）。同样，佛陀有时候也被表现为黑色肤色，甚至孔子也是这样（戴维斯，《中国人》，第2卷，第66页）。至于白色面孔，则是某种退化，是不自然的，这可从非洲内陆的某些部族在第一眼看到这样的面孔时感到恶心和厌恶得到证明：对这些部落的人来说，这样白色的脸看上去就是病态的退化。一个非洲姑娘相当友好地以奶招待在非洲的一个旅行者，并对他唱到："可怜的陌生人，我们多么同情你，你是那样的苍白！"拜伦的《唐璜》（第12章，第70节）中一句注释是这样的："丹纳姆少校说，在他到非洲旅行以后第一次见到欧洲的女人时，那些女人的脸容看上去就像是不自然的和有病的。"但那些人种志学家仿照布封的样子（弗罗伦，《布封的作品和思想》，巴黎，1844，第166页及以下）仍旧充满自信地谈论白种人、黄种人、红种人和黑种人，把肤色作为他们人种划分的基础，而事实上这肤色却一点都不是关键性的东西，其差别的起源就只是某一原始种族距人类的唯一本土温带或大或小和或早或迟的远离而已；所以，在这温带以外，人只能在非自然的维护之下生存，正如热带的花卉在温室过冬一样。但在这个过程中，人就逐渐地、并且首先在颜色方面退化。至于褪色以后，蒙古人种的肤色变得比高加索人种有点黄，那当然可以是基于人种的差别。至于最高级的文明和文化——古印度和埃及除外——唯独只发现于白色的民族；甚至在许多黑肤色民族中，统治的阶层或者统治的宗族，其肤色比其他人的肤色要浅，并因此明显是外来移民，例如婆罗门、印加人以及南海岛屿的统治者——那是因为困境出技巧，因为那些很早就迁移到北方并在那里逐渐褪色变白的部族，在北方与气候所带来的各种各样的艰难和匮乏作斗争时，不得不发掘了他们所有的智力，发明和发展出全部的技艺，以补足微薄和匮乏的大自然。他们高度的文明也就由此而来。

正如暗黑的肤色对人来说是天然的，同样，素食也是如此。但正如暗黑的肤色一样，人们也只是在热带地区才可以保持吃素。当人们去更寒冷的地区，为应付对他们而言非自然的气候，他们就必须食用对他们而言非自然的食品。在真正的北方，人没有肉食是不可能生存下来的。有人曾经告诉我，在哥本哈根，6 个星期的监禁，严格地、没有例外地只有水和面包，那会被视为危及生命。所以，人们是在同一时间变白和吃肉的。但恰恰因此，也正如由于穿上厚重的衣服，人们就有了某种不纯净的和让人恶心的状态，而这是其他动物所没有的，至少处于其天然状态的动物所没有的。人们也就必须相应通过不断的和特别的清洁工夫，以让自己不那么招人反感。所以，这些清洁工夫也只是富有、生活舒适的阶层才可能有的，因此也就是意大利语准确称为的"干净的人"（gente pulita）。穿着更厚重的衣服的另一个结果就是：正当所有的动物都以其天然的形态、遮蔽物和颜色走动，并呈现出某种合乎自然的、让人赏心悦目的样子，人类却穿着各式各样的、经常是相当古怪和离奇的，此外也经常是寒酸、褴褛的衣服，在动物中滑稽可笑地走动着；那形态与整体不相吻合、格格不入，因为他们的形态并不像其他形态那样是大自然的作品，而是裁缝师的作品。因此，那就是对这世界的和谐整体的无礼扰乱。有高贵感觉和趣味的古人为了缓和这里所说的不好之处，就采用尽量轻便的遮蔽衣服，衣服做得不会是紧贴身体以致成为一体，而是把这外来的东西与身体分开，让人的形态的各个部分都尽可能清楚地表现出来。由于与这相反的观念的缘故，中世纪和近代的衣服就是毫无趣味、野蛮的和让人厌恶的。但最让人恶心的就是被称为"贵妇人"的女人今天的服饰，其缺乏趣味模仿自其曾祖母，最大可能地扭曲了人体的形态，并且在女士圈裙的束包下，其宽度与高度做成了一样，让人怀疑积聚了不干净的气味，这就让其不仅是可憎的，让人反感的，而且是让人恶心的。

92a

人与动物在身体上的某一不为人注意的不同，就是人的巩膜上的眼白始终是看得见的。马修上尉说，现在在伦敦看到的布须曼人却不是这样：他们的眼睛是圆的，让人看不到白色的地方。但歌德却与此相反：眼白通常都是可见的，甚至在虹膜之上也是如此。

93

生命可以定义为某一形体的状态：在此状态中，尽管物质不断地变化，但这形态的根本（实体性）形式却始终得到保持。有人会反驳我说：某一旋涡或者瀑布也是在物质的不断变化之下保持着其形式。对此的回答是：对这些旋涡和瀑布来说，其形式并不是根本的，而在遵循普遍的自然法则过程中完完全全就是偶然的，因为这些形式取决于外在情形，我们可以通过改变外在的情形来随意改变其形式，但又不会因此而触动其根本性的东西。

94

反对生命力这一设想的论战已成了今时今日的时髦，但尽管这些反对貌似声势不凡，却应称为不仅错误，而且还绝对的愚蠢。这是因为谁要是否定生命力，那也就从根本上否定了他自己的存在，因而可以炫耀自己已经达到了荒谬思想的顶点。但如果这狂妄、荒唐的想法来自医生和药剂师，那这些胡言就还包含了最可耻的忘恩负义，因为正是生命力战胜了疾病和带来了痊愈，而那些先生们在这之后就攫取和敛收钱财。除非有某一独特的自然力（其本质是依照目的而行事，正如重力在本质上是让物体彼此靠近），活动着、引导着和调节着这整个复杂的机体装置，在这机体中的展现就如同重力在下落和吸引现象中的展现，电力在所有透过摩擦机或者伏打点堆所引致的现象中的展现，等等——除非是这样，否则，生命就是一个假象、幻象；并且每一生物事实上只是一个自动的物体，亦即机械的、物理的和化学的力在那运作，而集合成这一现象要么是由于偶然，要么是出自某一艺术家的目的，因为他就喜欢这个样子。当然，在动物性机体里，物理和化学的力是在作用的，但把这些集合起来和加以引导，以致某一符合目的的机体由此产生出来却是生命力：这生命力据此控制着上述那种种的力并调节、修正其作用；在此这些作用只是处于从属的地位。而相信只是这些力造成了一个机体，那不仅只是错误，而且是愚蠢，就像我所说的。那生命力本身就是意欲。

　　人们想要把这一点看作是生命力与所有其他自然力的根本差别：生命力一旦离开了某一物体，就不会再度回去。真正说来，无机大自然的力只有在例外的情形下才会离开其一旦控制了的物体，例如，可以通过烧红的铁块而夺走其磁性和通过新的磁化而让其重新获得磁性。至于电力的接收和失去，我们更可以明确宣示这同样的道理，虽然必须认为物体并非从外在接受这电力本身，而只是接受那刺激，而这刺激的结果就是身体里面已存在的电力，现在就以＋E和－E分开了。相比之下，重力却永远不会离开某一物体，其化学特质也是如此。也就是说，这些东西在与其他物体结合以后只是潜藏起来了，在这解体以后就会无损地再度出现。例如，硫会变成硫酸，硫酸又会变成石膏（硫酸钙），但通过接连的分解，这两者都会变回硫。但生命力在离开物体以后，就不会重新回来。原因就是生命力并不像无机大自然的力那样只是依附于物质材料，而是首要依附于形式。生命力的活动恰恰就在于产生和维持（亦即持续地产生）这一形式：所以，一旦这生命力离开了某一物体，那这物体的形式也就毁灭了，起码在其更细腻的部分是毁灭了。产生出这形式有其规律性的，甚至计划性的过程，有其要产生的东西的确定次序，因而就是有开始、手段和进展。所以，生命力不论在哪里重新出现，都必须完全从头开始其组织，所以，生命力不可以再度接过那剩下来的、并的确已经是在衰败中的东西，因此就是不会像磁性那样又来又去的。在此谈论的生命力与其他自然力的差别，就在于此。

生命力与意欲是绝对同一的那在自我意识中作为意欲出现的东西，在无意识的机体生命中就是那机体生命的原动力，这原动力被描述为生命力就是相当贴切的。仅从与此的类比就可推论：其他自然力从根本上也是与意欲同一的；只不过意欲在这些其他自然力中处于某一较低级别的客体化。所以，试图以无机的大自然去解释那有机的大自然，亦即去解释生命、认知和意欲活动，就等于想要以现象（这种只是脑髓的现象）去推论出自在之物，犹如以影子去解释身体。

生命力作为原初的力，作为形而上的东西，作为自在之物，作为意欲是不会疲倦的，因而是不需要休息的。但其现象形式、肌肉能力、感觉能力和新陈代谢能力，当然是会疲倦和需要休息的。其实，这只是因为这些首先是要通过克服较低级别的意欲现象而产生出、维持住和控制着机体，而那些较低级别的意欲现象对同样的物质有着更优先的权利。这点可从肌肉力量最直接地看出来，因为肌肉力量不得不持续地与重力作斗争；所以，肌肉力量是最快疲倦下来的，但每一次的依靠、支撑、坐下、躺下也都帮助其休息。也正因为这样，这些休息的姿势对感觉能力的最强消耗，亦即对思维活动是有利的，因为生命力也就可以全部集中投入到这一功能中，尤其是当这生命力并没有被第三种能力、被新陈代谢的能力所占用，例如在正当消化的过程中。但是，每个有着某些自主思考的人都会留意到：在室外的空气中散步对提升自己的独特思想大有助益。但我把这归因于呼吸程序由于运动而加快了，而呼吸程序既加强和加快了血液循环，也更好地为血液提供了氧气。这样的话，首先，那脑髓双重的运动（也就是说，随着每一次呼吸的运动和随着每一次脉搏跳动的运动）变得更快、更有能量，脑髓血管的充盈压力也变得更紧张；其次，那更完美的带氧和脱碳、因而是更带活力的动脉血液透过从颈动脉出发的血管分支，渗进了脑髓的全部实体物质，并提升了脑髓的内在活力。所有这些所导致的活跃的思维能力，只要走路的人一点都不觉得疲倦，仍然得以维持。这是因为一旦有了点点的疲劳，那现在强迫使用肌肉力量就会分摊了生命力，感觉力量的活跃性也就因此降低了；如果是相当疲倦的话，那感觉能力甚至降至麻木的程度。

感觉能力却又只能在睡眠中得到休息，因而可以经受更长时间的活动。正当肌肉能力与感觉能力同时在晚上休息时，生命力就无例外地现身为新陈代谢的能力，因为生命力只能以其三种形式之一集中和全力地发挥作用。所以，身体各部分的形成和滋养，尤其是对脑髓的营养，以及各种发育、补偿、治疗，因而也就是大自然的治愈力的各种各样的作用，特别是在有益的疾病关头，都首要是在睡眠中进行。正因此，要保持健康，因此也就是要长寿，一个首要的条件就是能够经常享有不间断的沉实睡眠。但把睡眠尽量地延长却不是好的做法，因为在长度上获得的在深度上就失去了，而恰恰是在深度睡眠中，上述机体生命程序才可以完美进行。由此看得出来：即在某一晚上被打扰和缩短了睡眠以后，第二晚的睡眠就不可避免地更为深沉。人在醒来以后，明显地感到精神振奋、更添活力。这些极其有益的深度睡眠是不可以被其长度所取代的，而恰恰是通过限制其长度而达到那深度。这一说法也就是基于这一道理：

所有高寿者都是早起者；就正如荷马所说的："甚至过量的睡眠也是一种负担。"（《奥德赛》，15，394）[1]所以，如果我们较早就自动醒来，那就不要力求重新入睡，而是要起来，与歌德*一道说出："睡眠就是个空壳，把它扔掉吧。"上面所说的深度睡眠的有益作用在催眠中达到了最高一级，因为催眠是最深沉的睡眠。所以，这种睡眠就是对付许多疾病的万应灵药。如同有机生命的所有功能一样，在睡眠中，因为脑髓活动的暂停，消化得以更轻松、容易地进行。所以，在餐后睡上 10 到 15 分钟或半个小时是有益的；喝杯咖啡也会带来好处，因为咖啡加快了消化。相比之下，太长的睡眠是不好的，甚至可能是危险的——而我对此的解释，就是在睡眠中，一方面呼吸是明显地减慢和减弱了，但在另一方面，一旦因睡眠而加快了的消化进展到产生乳酶，那乳酶就流进了血液，并把血液高度碳化了，以致这血液比一般时候都更需要透过呼吸程序以去碳。但这时候呼吸却因为睡眠而减慢了，氧化和循环也随着减慢。那些白色、细嫩皮肤的人餐后在长时间睡眠以后，我们就能明显看到这所导致的后果，因为他们的脸和巩膜是某种黄褐色，即较高碳化的症状（这午后睡觉的坏处的理论至少在英格兰是不为人知的，我们从梅奥（Mayo）的《生活的哲学》第 168 页看得出来）。出于同样的理由，那些血液充盈、矮实敦壮的人，中午长睡会有中风的风险。由于这样的午睡，还有晚上大量的进餐，人们甚至可以观察到痨病——这从同样的原理轻易就可得到解释。由此也可清楚为什么每天只大吃一顿很容易造成危害，因为这样不仅让胃部一次性过分地工作，而且在如此大增了乳酶以后，也让肺一次性增加了太多的工作。此外，至于呼吸在睡眠中减缓，对此的解释就是呼吸是一种结合的功能，亦即呼吸部分是从脊髓神经出发，并且就此是一种

---

[1] 参见《作为意欲和表象的世界》，第 3 版，第 2 卷，第 274 页。

* 参见《浮士德》，2，第 4661 行。——译者注

反射运动，而这样的反射运动在睡眠中也是持续的；另外，呼吸也是从脑髓神经出发，并因此受意识的自主支配，而在睡眠中这自主部分的停顿就减缓了呼吸，也造成了打鼾（更详细的内容参见马绍尔·荷尔的《神经系统的疾病》，第 290—311 页，并比较弗洛伦斯的《神经系统》，第 2 版，第 11 章）。从脑髓神经参与到呼吸，也就可以解释为何在我们集中脑髓活力去尽力思考或者阅读时，呼吸会变得更轻和更慢，正如纳瑟所观察到的情形。相比之下，消耗肌肉力量和强力的感情，如欢乐、愤怒，等等，除了加快血液循环，也会加快呼吸；所以，愤怒一点都不是绝对有害的，如果能恰如其分地发泄这怒气，那对不少正因此而本能地要找机会发泄怒气的人带来不少益处，尤其是这种泄怒会在同一时间有助于宣泄胆汁。

证明在此考察的三种基本生理力互相平衡的证据，就是这不容置疑的事实：黑人比其他人种有更多的体力，所以，他们在感觉能力上所欠缺的在肌肉能力上就有了更多。这样，他们当然更接近于动物，因为所有这些在比例上都比人类更有肌肉的力量。

至于个体中的三种基本力量，我建议大家阅读《论大自然的意欲》中"生理学"一章的结尾。

95

我们可以把活着的动物性机体视为没有原动力的一台机器，一系列没有开始的运动，一连串没有首要原因的因和果——如果那生命并没有与外在世界接触就展开其进程的话。但这接触点却是那呼吸的程序：那是与外在世界最近的和最根本的联系环节，并提供了首次推动。所以，生命的运动必须被理解为从此而出，那就是被理解为因果链条中的第一环。所以，一点点空气就作为生命的最早冲

动，亦即最早的外在原因。那点点的空气在渗进和氧化的时候开始
了其他程序，而生命就是其结果。那从内在而出、迎合这些外在的
原因的，就是表明要呼吸的激烈渴求，要呼吸的无法遏止的冲动，
因而直接表明就是意欲。生命的第二个外在原因就是营养。这也是
开始从外在作为动因而发挥作用的，但却不像空气那样迫切和刻不
容缓：营养只是在胃里才开始其生理上的因果作用。李比希推算出
了有机大自然的预算和勾勒出其收支的平衡。

96

　　哲学和生理学在这两百年间走过的却是一段漂亮的路，从笛卡
尔的松果腺和推动这"松果腺"，甚至受这松果腺推动的"元精"，
到查尔斯·贝尔的脊椎运动神经、感觉神经和马歇尔·霍尔的反射
运动。马歇尔·霍尔在出色的《论神经系统的疾病》一书中所阐述
的关于反射运动的绝妙发现，是关于不由自主的动作，亦即不需借
助智力而达成的动作的理论，虽然这些动作必然还是发自意欲。至
于这理论展现了我的形而上学，因为这理论有助于厘清意欲和有意识
的自主随意的差别——这在我的主要著作（第 2 卷，第 20 章）分析
过了。在此，我写出一些就霍尔的理论所引发的议论。

　　在进入冷水浴缸的时候，呼吸会马上加快了许多；如果浴缸的
水相当寒冷，那这种效应在走出浴缸以后还会持续一阵子。对此，
马歇尔·霍尔在《论神经系统的疾病》§302 解释为是由寒冷突然
作用在脊椎上所引发的反射运动。除了这其中的作用原因，我想补
充这一目的原因：大自然想尽快地弥补突然而来的热量流失，而增
加呼吸恰恰就是其中的手段，因为呼吸是热量的内在源泉。增加呼
吸的次要结果，即动脉血液增加和静脉血液减少，伴随着对神经的
直接作用，有可能在很大程度上造成了那种无比清明、愉悦和纯粹

观照的心态，而这是冷水浴后通常都会产生的直接结果，并且水越冷就越是这样。

打哈欠就属于反射运动。我怀疑打哈欠的更远因就是由于无聊、精神懈怠或者困倦所导致的脑髓短暂的失效，那么，脊髓现在就取得了相对脑髓的优势，并以自己之力产生了那古怪的挛动。相比之下，那经常同时伴随着打哈欠的伸展肢体，虽然是非故意进行，但还是由自主、随意所指挥，不再属于反射运动。我相信，正如打哈欠归根到底是由感觉能力欠缺而来，那伸展肢体则是由于肌肉能力的短暂超额积聚所致，人们也就伸展肢体以去掉这多余的积聚。据此，这只会在有力气的时候发生，而不会在力弱的时候。对于探索神经活动的本质，这一事实是值得考虑的：四肢被压着的话，会产生麻木，但值得注意的是在（脑髓）睡眠中，这是永远不会发生的。

小便的欲望在压制了以后会完全消失，迟些时候欲望又会再来，同样的事情再度重复。我对此的解释如下。让膀胱的括约肌处于关闭的状态是一种反射运动，由脊髓神经所维持，因而就是没有意识的和不是自主随意的。那么，当这些脊髓神经由于满溢的膀胱多施加了压力而感到疲倦和放松，其他属于大脑系统的神经就会马上接管其功能。这样，那关闭膀胱的括约肌就成了带意识的自主功能，并伴随着难受的感觉，直至脊髓神经放松了并再度接替那功能为止。这是可以多次重复的。至于我们在脑髓神经代理脊髓神经、有意识的功能据此代理着无意识的功能的时候，试图以手脚快速的运动来得到点点的放松，我的解释是：神经力量投向了那主动的、刺激起肌肉力量的神经时，感觉神经作为为脑髓传递那种不舒服感觉的信使，就在感觉能力方面有所失去。

我感到奇怪的是，马歇尔·霍尔并没有把笑和哭归入反射运动。这是因为这些作为明确的和不由自主的运动，毫无疑问属于反射运动。也就是说，我们无法想要笑和哭就可以笑和哭，正如我们无法自主打哈欠和打喷嚏一样，而只能拙劣地假装做出这些，别人也能马上就认出那是假装而已。这四种行为也同样很难压制。笑和哭只是因精神思想上的刺激而出现，所以与归入反射运动的勃起有共同之处；此外，笑完全可以通过在身体上挠挠而刺激起来。引发笑的一般，亦即思想、智力上的刺激，必须由此来解释：我们借助脑髓功能而突然认出了在某一直观的表象与某一在其他情况下是相匹配的抽象表象之间的不相协调，脑髓功能就独特地影响了延髓或者属于刺激—运动系统的某一部分，然后，这古怪、摇荡多个部位的反射运动由此而出。那第五对神经和迷走神经似乎在这里起到了主要的作用。

我的主要著作（第1卷，第60节）是这样说的："生殖器官比身体的其他外在部位都多得多地受制于意欲，而一点都不受制于智力：的确，意欲在此展现的几乎是独立于智力的，就像其他那些只是随着受到的刺激而为植物生命服务的部位。"事实上，表象并不是作为动因对生殖器官发挥作用，就像其通常对意欲的那种作用方式，而只是作为刺激对生殖器官发挥作用，恰恰就是因为勃起是一种反射运动，因此是直接的，只要这表象是现时存在的话。也正因此，要持续某段时间发挥这样的作用的话，是需要这表象出现某些时间的。而某一表象要作为动因发挥作用的话，那表象出现极短时间以后经常就可以了，并且总的来说，其作用效果与其出现的时间并没有什么关系。（关于刺激与动因和其他种种的这一差别，读者可以在我的《伦理学的两个基本问题》（第34页或第2版第32页以下）和《论充足理由律的四重根》（第2版，第46页）读到我的分析。）再者，某一表象对生殖器官所发挥的作用，并不像某一动因的表象那样可以通过某一其他表象而消除——除非那第一个表象被后者排挤出了意识，那第一个表象亦即不再现时存在了。据此，要完成交媾，女人的现时存在作为动因而作用于男人是不足够的（例如为了生育孩子或者履行义务，等等），就算这一动因是足够强大的，那女人的存在必须发挥出直接的刺激作用才行。

97

至于某种声音要被听到的话，就必须在 1 秒内发出至少 16 次振动，在我看来这就在于：这声音的震动必须传达给听觉神经，因为听觉并不像视觉那样，只是通过对神经所造成的印象而引出的刺激，而是需要神经本身被拉过来、拉过去的。所以，这些必须以特定的快速和短距离进行，这就迫使神经以尖锐的"之"字形方式，而不是圆圆的拐弯方式短暂折回。此外，这些必须在耳朵的迷路和耳蜗里自动进行，因为里面的骨头就是神经的共鸣板。但在那里环绕着听觉神经的淋巴，却因为没有弹性而减弱了骨头的反作用。

98

当我们考虑到根据最新的调查研究，白痴的头盖骨，还有黑人的头盖骨，唯独在其宽度上，亦即从太阳穴到太阳穴普遍不及其他人的头盖骨，而伟大的思想家却有着特别宽大的头颅，甚至柏拉图的名字也由此而来；再就是当我们承认头发变白是精神操劳和忧伤更甚于年老的结果，而头发变白一般都是从太阳穴开始，甚至一句西班牙谚语也说了："白发并不羞耻—— 如果那是从鬓角开始长出来的。"——那我们就有理由推测：脑髓在太阳穴下的部位是思考时尤其活跃之处。或许在将来，人们能够建立一套真正的头骨学，其内容完全有别于戈尔的那一套头骨学及其如此笨拙和荒谬的心理学基础，把脑髓器官假想为道德的素质。此外，灰、白的头发之于人，就等于在 10 月份红、黄的叶子之于树木，两者看上去经常都是挺好的，只要不掉落就可以了。

因为脑髓是由许多柔软的、中间有着不可胜数的分隔空间的折叠物和扎束物组成，在其空间也有黏湿的体液，所以，由于重力的缘故，所有的柔软部分就必然是部分弯曲着，而另一部分则彼此压着，而且头部处于不同的姿势，其方式就相当的不同，而这不是血管充盈所能完全克服的。虽然硬脑膜保护了更大团块的互相挤压（根据马根蒂的《生理学》第 1 卷第 179 页和亨普尔的《解剖学的入门基础》第 768、775 页），因为硬脑膜就在这些大团块之间，形成了大脑镰和小脑幕，但略过了更小的部分。那么，现在我们假设思维的过程是与脑髓组织确实的、哪怕是很小的运动紧密相连，姿势的影响就必然是相当巨大和即时的，因为这会导致更小部分组织的彼此挤压。但现在的情况可不是这样，这就证明了思考并不只是机械展开的事情。但头部的姿势却不是无所谓的，因为不仅是脑髓部分的互相挤压取决于头部姿势，而且不管怎样都有其作用的或大或小的血液流量也取决于这姿势。我的确发现如果我想要记忆起某样东西而不果时，然后我就大幅改变头部姿势而取得成功。总的来说，对思考最为有利的姿势似乎就是让脑底处于完全的水平位置。所以，在人们沉思时，头部是略向前向下倾斜的。对于伟大的思想家，例如康德，这姿势就已成了习惯；卡丹奴也是这样说自己的（瓦尼尼，《圆形剧场》，第 269 页）。但这或许和部分是因为他们脑髓具有超常的重量，尤其是因为脑髓的前半部相对后半部重了太多，连带那细薄的脊髓和据此那细薄的脊椎骨。但在那些有着很厚的头骨，同时也是愚蠢的人那里可不是这样的情形；所以，这些人把鼻子仰得老高。此外，他们这样的脑袋也通过明显易见是厚和大的头盖骨暴露出来：由于头盖骨厚大，所以尽管脑袋厚大，但颅内空间却相当窄小。确实有某种头颅仰起、脊椎骨相当挺直的方式，我们不用多想，也不需这方面的知识就可以马上感觉到这是愚蠢的标志。这很可能是因为这些人的后半部脑髓有着与前半部分脑髓相等的重量——假如不是，甚至超过了前半部分脑髓的重量的话。正如向前低头的姿势有助于思考，那与此相反的姿势，亦即仰起头，甚至向后弯和上望的姿势会有助于暂时在记忆方面用劲，因为那些想要回忆起某样东西的人，经常会采用这种姿势，并且取得效果。与此相关的就是相当聪明的狗——我们都知道它能明白一部分人的言语的——当它们的主人跟它们说话、它们也在用力去猜出那些词语的意思的时候，它们就变换着把头倒向这一边和那一边。这让它们看上去相当的聪明和有趣。

99

这一观点对我是非常清楚明白的，即急性疾病，除去个别例子以外，不外就是大自然自身引入的治疗过程，目的就是要消除已在机体里蔓延的某些失序和混乱；为此目的，"大自然的治愈能力"现在就披着独裁暴力的外衣，采取非常的惩戒手段。而这就构成了明显感觉到的疾病。伤风感冒就给我们提供了这些普遍发生的事情最简单的典型。由于感冒着凉，外在皮肤的活动也就滞止了，通过发散、呼气而进行的有力排泄也就停滞了，这有可能引致个体的死亡。内在的皮肤、黏膜也就马上代替外在皮肤的功能，而感冒着凉之所以是疾病正在于此；但很明显，这救助手段只是针对真正的毛病，即针对皮肤功能的停滞状态，而不是针对感觉到的毛病。着凉感冒这一疾病，与其他疾病一样经历同样几个阶段：发病、加剧、高峰、减弱。开始时的急性病，慢慢就会变成慢性病，并且从现在开始就作为慢性病而持续着，直到那重大的、但本身不那么明显感觉到的问题，即皮肤滞止其功能的问题过去了为止。所以，让伤风感冒进入内在是有生命危险的。那同样的过程构成了绝大多数疾病的本质，而这些疾病其实就是"大自然的治愈能力"的药品。* 对抗疗法竭尽全力地对抗这样的过程，而顺势疗法则力求加速或者加剧这一过程——如果不是因做得夸张变形而扰乱了大自然的话——起码是要让那由太过和偏颇所导致的反作用加速到来。据此，两种疗法都硬说比大自然更懂得这些事情，但大自然肯定知道自己的治疗方法的尺度和方向。所以，在所有不属于上述例外的疾病情形里，更应该推荐的是物理疗法。只有大自然以自己之力实施的治疗才是彻底的治疗。"一切非天然的东西都是不完美的"也适用于这里。医生的方法大都是指向症状，因为那些症状被视为就是那毛病本身；所以，经过医生这样的治疗以后，我们感觉并不舒服。相比之下，我们只需给予大自然时间，那大自然就会慢慢完成其治疗。在这之后，我们会感觉比在患病之前还要好，或者如果是个别某一部位有病，那这部位就会变得更强壮。我们可以从那些我们经常会有的小毛病那里，很方便和没有危险地观察到这一点。这会有例外，亦即会有只有医生才能帮助的情形——这点我是承认的，尤其对梅毒的治疗，那是医学的胜利。但绝大多数的痊愈纯粹只是大自然的作为，而医生只是捞取了费用而已——尽管疾病的痊愈没有医生的努力也会成功。假如这样的推理——"因为是在这之后发生的，所以这就是那发生的原因"——不是如此普遍的流行，那医生的名声和收费账单就会相当不妙了。医生的乖乖的客人会视自己的身体为钟表或者另外的机器一样的东西，如果其身上某一样东西功能失常，那就只需某一业余的机械师就能修复。但事情并不是这样的：身体是一个会自动修复的机器，通常发生的大大小小的功能毛病在经过或长或短的时间以后，会经由"身体的治愈能力"完全自

---

* 此后的版本中增加了注释，内容是：疾病本身就是大自然试图救助的一种方式，以此帮助在机体里拨乱反正。因此，医生的手段也就是帮助大自然治愈疾病。也只有一种治愈力，那就是大自然的治愈力。那些药丸和药膏是没有治愈力的，这些顶多是在可做一些事情之处给予大自然的治愈力一点提示而已。——译者注

动消除。所以，我们就让这种治疗能力自便和发挥吧："少看医生、少服药物。但医生毕竟是一种精神安慰。"

100

关于昆虫蜕化变形的必然性，我给出如下解释。在这些细小动物的现象下面的形而上之力是如此的渺小，以致其无法在同一期间开展和完成那动物生命的不同功能，所以，它必须把这些不同的功能分开，以连续地做出在更高级动物那里一气呵成的事情。据此，它把昆虫的生命分成两部分：在第一部分的幼虫状态中，形而上的力就唯独表现为新陈代谢的能力、吸收营养、身体造型。这样的幼虫生命的直接目标就只是产蛹。但由于蛹内完全是液态的，所以，这蛹就可被视为第二次的卵，那成虫在将来就由此卵而出。因此，准备好汁液，好让成虫由此而出——这就是幼虫生命的唯一目标。在昆虫生命的第二部分里——这一部分是由那卵一样的状态与第一部分隔开来——那形而上的生命力就表现为百倍增加了的肌肉力量，应用于不知疲倦的飞行；表现为提升了的感觉能力、更完善的并经常是全新的感官和奇妙的本能、直觉；但首要表现为生殖功能——这就是现在最终的目标。相比之下，那吸收营养的功能就减少了许多，有时候甚至完全暂停了，那昆虫的生命以此有了某一全然超凡的特征。生命功能的这些完全改变和分离也就在某种程度上展现了两个连续活着的动物，这两个动物至为不同的形体对应着不同的功能。把这两个动物连接起来的是那蛹的卵样状态，准备好这蛹的内容和材质就是第一个动物的生命目标；第一个动物显著的造型力现在就在这蛹的状态里做出最终的事情——产生出第二个形体。因此，大自然，或者更准确地说，构成了变态动物基础的形而上的东西，在这些动物那里用两步完成了如果一次性去做则又会是太多的事情：那是把工作分开来做。据此，我们看到变态完成得最完美、最彻底的，是那些最明确显示出功能分开的动物，例如蝴蝶。也就是说，许多毛虫每天都吞吃它们重量双倍的食物；相比之下，许多蝴蝶与不少其他昆虫，在玩的状态中却一点都不吃东西的，例如蚕蛾等。而在一些昆虫那里，变态却是不彻底的：就算它们已处于完备的状态中，吸取营养却还在进行，例如蟋蟀、蝗虫、臭虫等。

101

那几乎为所有骨胶状放射动物所独有的在海上发出磷光，或许就像磷光本身那样是源自某一缓慢的燃烧过程，并的确正如脊椎动物的呼吸就是这种燃烧过程：这个燃烧过程就由整个表皮上的呼吸所替代，并因此是一种外在的缓慢燃烧，正如骨状放射动物的呼吸就是一种内在的燃烧。或者更准确地说，在海上的磷光那里发生着一种内在的燃烧，其光的演变纯粹只是因为所有这些骨胶状动物的透明而在外在也可见到。就此，人们可以大胆猜测：以肺部或者腮部的所有呼吸都是伴随着某种磷光的，所以，某一活体的胸腔的内部是发出光亮的。

102

如果植物和动物之间在客观上没有完全明确的差别，那询问这差别到底在哪里就没有任何意义，因为这问题只是要求把人人都确实理解但又并不清晰明白的差别还原为清晰的概念定义。（我在《伦理学的两个基本问题》第33页以下和《论充足理由律的四重根》第 46 页给出了这个概念的定义。)

展现了生存意欲的不同的动物形体，彼此之间就像是同样的思想用不同的语言和根据不同语言的精神而说出来的；同一属（Genus）的不同种（Species）可被视为在同一主旋律下的一些变奏。但仔细考察一下，那些动物形体的差别却可以从每一种动物不同的生活方式及由此而来的不同目标而推论出来。我在《论自然界的意欲》中"解剖上的比较"一章中就专门分析过这一点。但在植物形态上的差别，我们却一点都无法具体、个别地给出明确的原因。在多大程度上我们可以大概做到这一点，我在我的主要著作（第 1 卷，第 28 节，第 177、178 页）大致上表明了。还有，我们可以在目的论上对植物做出某些解释，例如，那倒挂金钟属的花朵向着下面，原因就是它们的雌蕊比雄蕊要长很多；所以，这样的位置会有助于花粉的落下和接住，等等。但总体而言，我们可以说在客体世界，亦即在直观的表象里，如果在自在之物的本质里，亦即在构成了现象的基础的意欲里并没有某一精确对应的争取和追求，那就根本不会有相应的什么表现出来。这是因为表象的世界无法全靠自己而给出任何东西，也正因为这样，表象的世界不会奉上虚空的、闲着无聊而编出来的童话故事。植物及其花卉那无穷无尽的多样形式和色彩，无论在哪里都必然是那主体本质同样变换着的表达，也就是说，那在表象世界中展现出来的、作为自在之物的意欲，必然是透过表象世界而反映出来的。

出于同样的形而上的理由，也因为个人的身体只是他那可视的个体意欲，亦即那个体意欲在客观上的展现，而就算是他的智力或者脑髓，作为他的意愿认知活动的现象，也是属于那同一个体意欲的，所以，不仅他的智力特性可以从他的脑髓和那刺激着脑髓的血液循环中了解和推论出来，而且他的全部道德性格及其所有特征和素质也必然可以从他其余的整个组合的更详细的特性，亦即通过他的心、肝、肺、脾和肾等的构造、体积、质量和相互之间的关系而了解和推论出来——虽然这永远不能真的做到。但在客观上，这样做的可能性必然是存在的。下面的观察可以有助我们过渡到这一观点。激情不仅仅作用于身体的不同部分（参见《作为表象和意欲的世界》，第3版，第2卷，第297页），而且也是反过来的：个别器官的个体状态会刺激起激情，甚至刺激起与这些激情相关的头脑表象。在蓄精囊周期性地满溢时，色情和淫秽的思想念头就会无时无刻地、在没有特别的原因和机会的情况下出现。我们可能会想这其中的原因纯粹是心理上的，是我们思想方向乖张而已。不过，其实这纯粹是身体上的原因，一旦那蓄精囊满溢的情况过去了，精子吸收进血液里，上述情况就会停止。有时候我们想要不满、争吵和发怒，认真地去寻找这方面的机会。实在无法找到外在的机会，那我们就会在思想里唤起已经忘记很久的不满和愤懑，以便就此发作和咆哮。这种状态很有可能是胆汁盈余的结果。有时候我们会在没有什么原因的情况下内心感到紧张和慌乱，我们在思想里寻找引起担心的东西，并轻易就自以为找到那原因。这就是英语所说的染上了忧郁（to catch blue devils）。这可能源自肠子等问题。

（节选自《附录和补遗》第2卷）

论大学的哲学

在大学里教授哲学，在各方面对哲学本身肯定是有利的。哲学因此获得了官方的地位，哲学的水准也在众人的眼里得到了提升。这样可以让人们永远重新想起和注意到哲学的存在。但最大的得益是让许多年轻和有思想能力的人认识哲学，唤起他们学习和研究哲学。与此同时，我们必须承认，有能力理解哲学并因此需要哲学的人，也会通过其他途径接触和了解哲学。这是因为彼此珍爱和彼此为对方而诞生的人，很容易就走到了一起：惺惺相惜的人遥相呼应。也就是说，对于这样的人，随便一个真正哲学家的每一本书，一旦到了他们的手里，会比那些课堂哲学家的讲课和报告都更有力和更有效地激发他们。在设有拉丁语、希腊语的高级文科中学，学生们也应该认真、努力地学习柏拉图的著作，因为那些哲学著作是激发哲学头脑最有力的工具。总的来说，我逐渐认为课堂哲学所带来的上述好处，却被哲学成为职业所带来的种种不利掩盖了，因为哲学本是对真理的自由探索；或者被为政府服务的哲学所带来的种种不利掩盖了，因为哲学本是为大自然和人类服务的。

也就是说，首先，政府不会付钱让人直接或者只是间接地唱反调，反驳政府通过任命和安排的千百个牧师和宗教导师在各个讲坛所宣讲的东西，因为如果诸如此类的唱反调发挥作用的话，那政府的安排也就必然同等程度地不再发挥作用。这是因为人人皆知，各个判断不仅会通过彼此矛盾而取消，而且通过只是相反的判断而无

法成立。例如，"玫瑰是红色的"这一判断，与之相矛盾的不仅是
"玫瑰不是红色的"，其实，"玫瑰是黄色的"就已经发挥了同样的，
甚至更大的取消作用。因此就有了这一原则："务必杜绝另一种别
样的教导！"由于这种特殊情况，大学的哲学就陷入了某种相当奇
特的处境。在此就其公开的秘密，我说上几句吧。也就是说，在所
有其他学科，学科教授的职责只是尽其所能和可能传授真实与确切
的东西。只有对哲学教授来说，却不一定是这样。也就是说，这里
的情形很特殊，因为哲学所要面对的难题与宗教是一样的，而宗教
也用自己的方式解答此难题。所以，我把宗教称为大众的形而上
学。据此，虽然哲学教授肯定是要传授真实的和正确的东西，但这
必须从根本上和本质上与国家宗教教导的是同一样东西，因为那也
同样是真实的和正确的。由此就产生了这一天真幼稚的说法，"假
如某一哲学要否定基督教的基本观点，那这一哲学要么是错误的，
要么就算是正确的也没有用处"——这个说法在 1840 年出自一个
有名望的哲学教授之口，我在《对康德哲学的批判》中也曾引用。
由此可以看出，在大学的哲学里，真理只占据着次级的位置，如有
需要的话，就必须起身让座给另一位。正是这一点，把大学哲学与
所有其他学科区别开来。

　　因此，只要教会还存在，那大学教授的哲学就永远只能是在全
面细致考虑和顾及国家的宗教以后才编写出来的，本质上必须与宗
教并排而行，所以，其编排总是有点凌乱，修剪得有点古怪，并因
此弄得难以明白；但从根本上，在大体上无非就是根据国家宗教的
改写和为其辩护。这样，在这些种种限制之下所教授的东西，不过
是寻找新的措辞和形式，把国家宗教的内容裹以抽象字词并因此弄
得乏味，然后一一罗列和表达出来。这就是所谓的哲学了。除此以
外，如果有人还想做些别的什么，他要么溜进紧邻的学科里去，要
么只能玩弄各种各样无害的小玩笑、小把戏，诸如对人脑中表象之
间的平衡进行困难的分析计算，等等。与此同时，受到如此制约的

大学哲学家却对这种状况很满意，因为这些人真正关注的是赚取某一体面的、诚实的收入，以养活自己及妻儿，并能在人前享受到某种程度的尊敬。相比之下，真正的哲学家，全副身心专注于寻求解答我们那充满疑问的存在之谜，其灵魂深处的触动，在这些大学哲学家眼里，简直就是神话——如果这样的真正哲学家，在他们面前出现的时候，并不显得就是个偏执狂的话。这是因为对哲学竟然可以是如此严肃、一丝不苟，那是一般人连做梦都不会想到的，而教哲学的一个大学教师，则更加不会想到。这与最不相信基督的人一般就是教皇，是同一样的道理。因此，一个真正的哲学家同时又是大学的哲学教师，是绝无仅有的事情。[1]康德则是一个例外，这种事情的原因和结果，我在《作为意欲和表象的世界》（第 2 卷，第 17 章，第 162 页）里已经分析清楚了。此外，费希特尽人皆知的遭遇就是一个证明，证实了我上述所揭示的事实：大学所教授的哲学都是有条件的——虽然费希特骨子里只是诡辩主义者，而不是真正的哲学家。也就是说，费希特胆敢在其哲学议论中无视国家宗教的教义。结果就是费希特被辞退，并且受到群氓的侮辱。这一惩罚也达到了目的，因为费希特稍后在柏林得到职位以后，他那"绝对的我"就乖乖地变成了"亲爱的上帝"，整个学说大体上也换上了一副很基督教的面貌。他的《如何过上幸福的生活》尤其证明了这一点。费希特的情形所值得注意的是，人们指责费希特的最大失误就是他的这一句话，"上帝不是别的，正正就是那道德的世界秩序本

---

[1] 对教授在虔诚信奉上帝方面的要求越高，那对其学问水平的要求也就越低，这是很自然的事情。正如在艾登斯坦当政时期，一个人只要了解黑格尔那些胡言乱语就是符合要求了。自从在委派教授时虔信上帝就可以取代学问以后，那些先生们就不再为学问而操劳了。那些达尔丢夫一样的伪君子们更应该克制一下自己，并且问一下自己："谁会相信我们是相信这些东西的呢？"——那些先生们之所以成为教授，涉及委派那些先生做教授的人。我知道这些人只是拙劣的写作者，我就是要努力消除他们的影响。我寻求的是真理，而不是做教授。我与那些所谓的后康德哲学家的根本区别，就在于此。随着时间的流逝，人们会越来越看清这一点。

身";而这句话却与《约翰福音》中的"上帝就是爱"只有轻微的差别。[1]因此，可以轻易地看出，在这种情况下，大学课堂的哲学身不由己：

> 就像那长腿的蝉，
>
> 永远是跳着飞，飞着跳
>
> 在草丛里唱着老调。

—— 歌德，《浮士德》，1，第 288—290 行

其中让人担忧的是这样一个必须承认的可能性：万一人们对事物的本质、对自身和世界所获得的最终观点，与犹太教义和学说并不恰好吻合。这些教义和学说一部分是犹太那时候的某一小氏族所受到的启示，一部分则在 1800 年前在耶路撒冷出现。为了一举打消这些担忧，一个名为黑格尔的哲学教授发明了"绝对宗教"的名称，也以此达到了他的目的，因为他了解他的公众群：对于课堂哲学来说，"绝对宗教"的确是和本来就是绝对的，亦即应该和必然是绝对的和肯定是真实的，否则……其他的真理考察者则把哲学和宗教熔化为某一人头马身的怪物，并名其为宗教哲学。他们也习惯教导说，宗教和哲学根本上就是同一回事。这句话如果看上去似乎是真的，那这种真只是与弗兰兹一世在说起卡尔五世时，据说讲过的这句很谅解的"真"话差不多，"我兄弟卡尔想要的，也就是我想要的"——亦即米兰。还有其他一些人，则没那么多的麻烦，而是直接说起基督教哲学，这类似于说起可以把 5 当作是偶数的某种基督教算术。再者，从基督教教义中提取的性质和特征描述词语，

---

[1]　海德堡大学教师费舍尔在 1853 年也有同样的遭遇。他"给他人讲课的权利"被剥夺了，因为他教授了泛神论。因此，解决的办法就是"吃你的布丁甜品吧，奴才，然后把犹太神话说成是哲学就可以了"。好笑的是，这些人还把自己称为哲学家，并以哲学家的身份对我作出定论，还一副高高在上的样子。他们对我的态度是多么的骄横！40 多年来，从不曾认为值得对我看上一眼。但国家却必须保护自己的人，因此应该定出法律，禁止拿哲学教授开玩笑才对呢。

于哲学是不伦不类的，因为哲学是要以理性、全凭理性自己的力量，独立于一切权威，去解决存在的问题。作为一门学科，哲学与可以或者必须相信什么完全无关，只是与可以*知道*什么有关。那么，假设得出的结果是与我们所要信仰的东西完全不一样，也不会因此损害信仰，因为信仰之所以是信仰，正是因为其包含了人们并不可以知道的东西。如果人们真能知道了那东西，那信仰就成了完全无用的，甚至可笑的东西，犹如在数学的科目上也设立某一信仰教义一样的可笑。如果人们确信宗教已经包含和表达了全部与整个真理，那我们就要停止和放弃一切哲学探讨；我们不想冒充我们所不是的。声称不带偏见地探索真理，却又下定决心把国家的宗教当成探索真理以后的结果，甚至当作检验真理的标准——这让人无法容忍。这种哲学与被链子拴在墙边的犬无异，只是让人生气的滑稽涂鸦，丑化了人类最高级、最高贵的追求和努力。与此同时，上文被形容为人头马身怪物的宗教哲学，正好就是大学哲学家主要销售的东西。宗教哲学实际上流于某种灵知或神秘直觉，成了在预设了某些大家喜欢的前提以后所进行的哲学论辩，而这些前提假设却是完全未经证实和证明的。纲领性的题目，诸如"论真正哲学的虔诚（与宗教相比）"，蛮适合成为这样的哲学羊栏的题词，也很清楚地标明了大学课堂哲学的方向和动机。虽然这些驯服了的哲学家有时会作出某种看上去危险的冲击，我们却可以安静等待，坚信他们一定会抵达他们早就一次性定下的目标。的确，有时候人们会忍不住相信这些人在 12 岁之前就已经把严肃的哲学探讨搁到一边去了，从那时起他们对世界本质及其相关东西的见解就已经牢固确定下来了，因为在其大胆的导师主持下，经过所有的哲学讨论和走过危险的歧路以后，他们总是重新回到了在当初的年纪人们说得似模似样的东西，似乎把这当成了评判真理的标准。在他们的一生中，不时要去关注的所有异端哲学学说，只是供他们驳斥而已，并以此更加牢固地奠定他们早已接受了的学说。我们甚至为此感到惊奇，他们

在一生中与如此之多不怀好意的异端邪说厮混，到底是怎样纯净地
保持着他们内在的哲学清白。

　　了解了这些以后，如果仍然对大学哲学的精神和目的有疑问，
那就看看黑格尔的伪智慧的命运吧。这些伪智慧虽然其基本思想就
是最荒谬的念头，是颠倒了的世界，是哲学的闹剧；[1]虽然那些笨
蛋们感到很得意的内容，其实是空洞的、没有意义的语言垃圾，那
些著作中的表述是让人恶心透顶、最愚蠢无聊的连篇废话，并的确
让人联想到了疯人院里的狂语——这些伪智慧可曾受到毫发的损
伤？没有！一点都没有！相反，在这 20 多年来，黑格尔的伪智慧
是最光耀夺目的大学课堂哲学，一直兴旺发达，日进不少的学费和
酬金，足以把人养得脑满肠肥。也就是说，在整个德国，人们通过
数以百计的书籍宣称，这些伪智慧最终达到了人类智慧的顶点，是
哲学中的哲学，简直就是捧到了天上。学生得接受这方面的考试，
教授则被指派去教授它。谁要是不愿意随大流的话，放肆的辅导生
就冲着他们叫嚷，一切全靠自己的傻瓜！（歌德，《原创性》）

　　甚至那胆敢稍稍对抗这些闹剧的极少数者，在这个愚蠢的假冒
哲学家被称为"伟大的思想家和超级天才"的情况下，也只能畏缩
和胆怯行事。这正派行当的所有文章、文献都为我所说的提供了证
明。这些文字已成封存的档案，勉强通过了前院——在此，邻国在
看笑话呢——而走向了审判庭。在那里，我们将再度聚首，以接受
后世的裁决。审判庭使用的手段就是敲响羞耻之钟：这钟声能够响
彻整个时代。那么，到底最终发生了什么，以致那种辉煌戛然而
止，让"得意洋洋的怪兽"轰然倒下，驱散了其整个雇佣兵和笨蛋
大军？剩下的某些残余就作为晚来者和掉队者，在《哈雷年鉴》的
旗帜下拉帮结伙，还可以胡作非为一小段时间，直至丑闻人尽皆
知。除此之外，只有那几个可怜的笨蛋，至今仍然相信和到处兜售

---

[1]　参见我的《对康德哲学的批判》，第 2 版，第 572 页；第 3 版，第 603 页。

他们在年少时被灌输的东西。造成这种状况的不是别的，而是某人有了恶意的想法，指出了大学的哲学只是表面上和字面上，而不是在真正意义上与国家宗教协调一致。就其本身而言，这种指责是对的，因为在这之后，新天主教证明了这一点。也就是说，德国天主教或者新天主教不是别的，正是大众化、流行化的絮絮叨叨的黑格尔货色。如同黑格尔的货色一样，德国天主教或说新天主教并不曾解释了世界，世界就摆在那儿，对此并没有更多的解答。这个世界只是获得了"上帝"的名称，而人类的名称则是"基督"。两者"本身就是目的"，亦即存在的目的，就是要尽量在这短短的一生中过得舒适。"就让我们快乐吧！"并且黑格尔式的对国家的神化会一直引往共产主义。费迪南·坎普在《新时期的宗教运动史》（1856，第 3 卷）中，给我们提供了在这个意义上对新天主教的透彻描述。

但这样的指责居然可以是得势的哲学体系的阿喀琉斯之踵——这一点向我们显示了：

> 那是怎样的素质！

> 竟起关键作用，让人提携。

或者向我们显示了在德国的大学，衡量某一哲学是否真理和是否适用的真正的判断标准是什么，关键是取决于什么。再者，这样的攻击先不论以异教作诽谤其实很可鄙，只需短短的一句"与狄奥尼索斯无关"就可打发。

如果需要对这同样观点的更多证明，那就看看伟大的黑格尔闹剧的余波好了，亦即谢林先生在这之后马上就与时俱进地从斯宾诺莎主义转向假装虔诚，随后从慕尼黑调到柏林。所有的报纸都吹起了喇叭。根据那些有所指的报道，人们还以为谢林在口袋里带来了私人的上帝，以满足人们对此的渴望。所以，学生们争先恐后要听他的课，甚至从窗口爬进教室。在课程结束以后，那些参加了他的课程的大学教授就毕恭毕敬地把伟人证书交到他的手上。谢林脸也不红地在柏林扮演着至为光彩夺目的角色，同时也获得了至为充足的油水，并且是在老年的时候这样做！因为到了老年，高贵的人更关心的本是留给后人什么样的纪念。人们对诸如此类情形一般都会沮丧，甚至几乎误以为哲学教授也一定会脸红，但这是幻想而已。那么，考察完这样的结果以后，谁要是对大学课堂哲学及其主角还看得不清楚，那我们对他是无能为力了。

　　但是，要保持公正的话，就不能仅仅像现在这样从其声称的目的的角度评判大学的哲学，而是要从其真正的目的出发作出评判。大学哲学的真正目的其实就是：将来的候补官员、律师、医生、教育工作者和参加国家考试的人，会与国家及其政府的目的、方向保持一致，甚至在其最内在深处的信念也是如此。对此我是没有什么可反对的，我是接受的。这是因为要评判这样一个国家工具是否有其必要抑或只是多余的，我认为自己力有不逮。我还是把这留给承担起治理民众的艰巨工作的那些人吧。所谓的治理民众，意味着要在数以百万计的民众当中（这一种属的绝大多数都有着无边的自我，都是不公不义、不诚实、嫉妒、卑劣且头脑相当狭窄和古怪），能够维持法律、秩序、安宁与平和；在除了一身力气以外别无所有的无数人当中，保护少数有了一定财产的人。这样的治理工作是如此困难，我确实不敢与承担这样工作的人争论所用的手段妥当与否。这是因为我信奉的格言始终是：每天早上我都感谢上帝，因为我不需为罗马帝国而操心！（歌德，《浮士德》，1，第 2093 行）但正是大学哲学的国家目的，为黑格尔的那套废话带来了前所未有的来自上面的恩宠。这是因为对大学哲学来说，国家就是"绝对完美的伦理组织"，而人类存在的整个目的就是与国家融为一体。那么，对于将来的官员、公务员候补者和即将成为国家公职人员，还有比这大学哲学更好的预备工作吗？因为经此预备功夫，他们就全副身心完全向着国家，正如蜜蜂向着其蜂巢。他们现在的奋斗目标，无论是在这个世界还是其他世界，就是努力成为维持那巨大的国家机器的有用轮子，这个国家机器就是"至善的最终目标"——除此以外，再无其他目标了。这些官员、公务员的候补者、即将成为国家公职人员的人，因此都是同一样的。这简直就是对菲利斯丁主义的崇拜。

但是，大学教授的哲学与国家的关系是一回事，与哲学本身的关系又是另一回事。在后一种关系中，哲学本身是纯粹的，可以与应用的大学哲学区别开来。也就是说，哲学本身（纯粹哲学）的唯一目标就是真理。顺理成章，要通过哲学达到其他目的，都会危害到哲学。哲学的至高目的就是要满足那种我称之为形而上的高贵需求，这种需求是人类无论任何时期都会在内心深深感受到的。但感受这种需求最强烈的时候，却是在信仰学说的声望越来越低的时候，就像现在这样。也就是说，信仰学说是为了人类的绝大多数而设，是适合他们的，所以，只能包含寓言意义上的真理。但信仰学说却必须把这些当作是真正意义上的真理，现在由于各种历史、物理，甚至哲学知识的不断扩展，越来越多的人再也无法满足于信仰学说，这些人越来越强烈地追求真正意义上的真理。面对这一要求，"受人牵引的木偶"般的课堂哲学又能做出些什么呢？那种勉为其难的不三不四的哲学，那些空洞的语词大厦，那被言之无物的汹涌言辞模糊了的平庸至极、浅显至极的真理，或者黑格尔所谓"绝对"的胡话——这些又能走得了多远？另一方面，如果诚实正直的先行者约翰从荒野里走出来，身披兽皮，以蝗虫为食，还不曾沾染世间的种种胡为和把戏——现在，约翰怀着纯洁的心，全然严肃地投入到探究真理，并把他探索的结果奉献出来。约翰在那些课堂生意人那里，将会受到怎样的接待？那些课堂生意人受雇于国家的目的，他们及其老婆孩子都得依靠哲学谋生；这些人的口号因此就是"生活为先，哲学议论为次"。这些人因此抢占了市场，并已经费心确保在此只承认他们所允许的东西，其余的都是没有价值的，亦即只有他们这些庸才所愿意承认的东西才是有价值的。也就是说，他们操控着留意哲学的那小部分公众。这是因为对只是教海，并且是没有金钱实惠的教诲，公众当然不会花费时间、精力和功夫，除非他们预先得到保证：他们所花的时间、精力和功夫会有丰厚的回报。这与对文学作品那样的东西是不一样的，因为文学作品一类是要给公众娱乐。那么，基于流传下来的想当然，公众会以为以某一行当为生的人，也就是了解这一行当的人。再加上这些人在课堂上，在大纲、杂志、学术报纸，等等，摆出了一副十足自信的神气，俨然就是这一专业的真正大师，所以，公众让这些专业的人代自己品尝和挑选出具体哪些东西是值得注意的，哪些是恰恰相反。啊，我可怜的从荒野里走出来的约翰，如果你所带来的结果及其写作，一旦与操持牟利哲学的先生们所默契定下的惯例并不吻合——这是可以预料的——那你将有一番怎样的遭遇！他们会把你视为还没领会这种游戏精神的人，因此会有可能破坏这一切，对所有人都构成威胁，因此也就成了他们共同的对手和敌人。就算你带来的是人类思想最伟大的杰作，也永远不会得到他们的青睐，因为你这些东西肯定不会是根据庸常之见写出的，因此他们无法作课堂教学之用，并以此谋生。一个哲学教授从来不会想到过要去检验某一新出现的体系，以确定其是否真确，而只会马上检查这一体系与国家宗教的教义，与政府的目的，与时代主流的观点是否和谐一致。他就是根据这些以决定此体系的命运。就算这一体系具有深入透彻的见解，有教益、能解惑，也引起了公众的注意，值得公众对其学习和研究，但这些东西必然会在同等程度上分薄了公众对大学哲学的注意，乃至分薄了大学哲学的声誉，并且更糟糕的是分薄了其市场。神啊！就没有比这更好的吗！（维吉尔，《农事诗》）因此，这样的事情是不可以发生的，大家都要抵制这样的人。对此所用的方法和技巧，绝妙的本能很快就教会我们，因为这种自我保存的本能是每个生物都会有的。也就是说，要驳斥和否定与庸常模式针锋相对的某一哲学，经常是危险的事情，尤其是人们已嗅到和察觉到这一哲学的突出优点，以及某些并不是由教授证书就可给予的素质。就算是万不得已，人们也不敢这样做，因为这样做的话，那些被列为需要抵制的著作就因此而臭名远扬，那些好奇的人们就会争相看个究竟。然后，人们就会相当气人地作一番比较，那结局就可能相当地尴尬和糟糕。而哲学教授们是一帮思想、感觉、才具都一样的兄弟伙伴，面对诸如此类麻烦的杰作，他们一致无视它，就好像那个杰作不存在似的；带着最不带偏见的表情，把最重要的东西当作是完全无足轻重的，把经过深思而写成的、并已经存在了数个世纪的杰作当作不值一谈，其目的就是要把这杰作扼杀掉。他们心怀恶意，双唇紧闭地保持沉默。这种沉默早就被老塞涅卡斥为"嫉妒的沉默"（《书信集》，79）。有时候，他们会越发扯高嗓门，为其伙伴的那些头脑怪胎和死胎而吆喝，因为他们意识到没有人知道与不存在差不多；对于世上的事情，人们是根据其表面的样子和所得到的称呼认定的，而不是根据其真实所是。他们也就感受到了一丝安慰。这是对付有杰出价值和优点的东西最保险，也是最没有危险的方法。所以，我把这种方法推荐给所有头脑浅薄，但为生计而试图从事那些需要更高天赋能力的工作的人，但我不保证使用这种方法将会带来的后果。

但是，在此却不应该为了某一"闻所未闻的罪过"而呼唤神灵，因为所有这些不过就是我们在各个时期，在各门艺术和学科都会看到的一幕戏剧而已。这也就是为某样东西而活和以某样东西而活之间的古老斗争，或者说是那些是的人与那些表现出是的样子的人之间的斗争。对前者来说，某样东西就是目的，他们的生命（生活）只是实现这一目的的手段而已；对后者来说，某样东西只是手段，并且的确是其生活、舒适、享受、家庭幸福的一个负担条件，而生活、舒适和家庭幸福才唯一是这些人所真正关切的，因为在此大自然定下了他们的能力和作用范围。谁要想看看这方面的例子，想要更仔细地了解这些人，那就研究一下文史，阅读一下各种各样大师的传记吧。你将看到原来在过去的任何时候都是这样的情形，就会明白以后也将仍然是这样的情形。过去发生了这种事情，每个人都看得出来；现在发生的同类事情，则几乎没有人可以看出。文史中的辉煌纸页，同时也几乎无一例外都是悲剧性的。这些让我们看到，在各个知识领域，一般来说，人们作出了杰出成就和贡献以后，就都得静等疯狂之人疯狂完了，吃喝胡闹结束了，人人都上床去了——只有到了这个时候，那些出类拔萃的成就者才站起来，犹如在深深夜色中的幽灵，这些影子也才终于坐上了不曾给予他们的荣誉席位上。

在此我们只讨论哲学及其代表。现在我们首先发现，一直以来，极少哲学家是做过哲学教授的，而哲学教授成为哲学家相对更是少之又少。因此，人们可以说，正如一种特殊的带电体并不会导电，同样，哲学家不会是哲学教授。事实是，这种委任和聘用哲学教授妨碍自发、自为的思想家更甚于任何其他。这是因为哲学教席在某种程度上是一个公开的告解席：在此，面对大众要作出信仰方面的坦白交代。其次，在渴望学习的学生面前，永远都要被迫显示出一副智慧的样子，显摆那些所谓的知识，随时给所有想得出来的问题以某个答案，而几乎没有什么比这更加妨碍我们真正获得透彻或者深刻的见解，亦即获得真正的智慧。最糟糕的是，这样处境的一个人，一旦有了某一思想，就会担忧这一思想是否与上头的目的相符。这会瘫痪其思维，以致新的想法再也不敢光临。对于真理，自由的气氛是必不可少的。至于"证实了规律的例外情形"，亦即康德曾做过大学哲学教授，我已经在上面说了所需的要素。在此我只补充这一点，如果康德不是披上了教授的外衣，那他的哲学就会更加地出色，更加地坚定，更加地纯粹和优美——虽然康德非常智慧，能够尽可能地分开哲学家与教授的不同身份，因为在大学课堂上，康德并不讲述自己的哲学（见罗森科兰茨的《康德哲学的历史》，第148页）。

现在回看一下在康德发挥作用以后的半个世纪里出现的所谓哲

学家，很遗憾，我还没见过哪怕是一个我可以赞扬为全副真心投入到探索真理中去的。我发现他们所有人更注重的是门面和表面功夫，尽想着要给人造成印象，甚至故弄玄虚，热切争取的是上级以及接下来学生们的赞赏——虽然他们这样做的时候，并不总是清晰地意识到这一点。他们这样做的最终目的始终就是与其妻子儿女一道，舒适和津津有味地吃喝、享用这行当带来的收益。但这确实是符合人性的，因为人性与所有动物的天性一样，直接的目标就只是吃、喝和照料幼小的下一代。除此以外，作为特别外加的，就只是要显现、要闪亮、要辉煌的欲望。而要在哲学或者诗歌，或者其他优美艺术方面取得真正的成就，第一个条件就是要具有某种完全非正常的倾向，这种倾向与人性的规律相违背，亦即并不是主体上努力争取自己个人的舒适、安乐，而是完全客观（客体）地去争取某种与自己个体无关的成就。也正因此，这种倾向被准确地称为古怪（excentrisch），并不时被人嘲笑为"堂吉诃德式的"。亚里士多德已经说过，正如诗人所告诫我们的，我们不应该只是常人一样地考虑常人的事情，只是可朽之人一样地计划可朽之事，而是要尽我们所能致力于不朽的事情，要顺应我们内在最高贵的东西而活（《伦理学》，第 10 章，7）。这样一种智力倾向当然是不正常的，也是极为少见的。正因为这样，其得出的成果随着时间会让全人类受惠，因为幸运的是，这些成果可以保存下来。再细分的话，我们可以把思想者分为自发思考和为他人思考两类，后一类人是常规之中的，前一类人是常规之外的。自发的思想者因此有双重含意，是最高贵意义上的"自我主义者"，也只有从这些人那里，世人才可以获得教益。这是因为只有为了自己而点燃的光亮，才可以在随后照亮别人。这样，塞涅卡道德方面的这句话，"我们必须为了他人而活——如果我们想要为自己而活的话"（《书信集》，48），在智力方面则恰恰相反："我们必须为了自己而思考——如果我们想要为他人思考的话。"这样的自发、自为的思考恰恰是极为少有和很不正常的，并非下定了决心或有了良好意愿就可强迫而成。但没有了这些不正常的东西，哲学又不可能取得真正的进步。这是因为如果是为了他人或者为了间接的目的，一个人是绝不会如此绞尽脑汁的（但为了哲学的目的，这种全力以赴却又是必须的），因为这要求忘掉自身，忘掉一切目的。相反，这个人只会停留在表面，只会做些虚假的功夫。因为虽然他或许能够把某些已有的概念以多样的方式组合起来，犹如搭起了一个纸牌屋，但这样的组合并没有给世界带来任何新的和真的东西。再者，可以设想，对那些视自身的安乐为真正目标的人而言，思考只是实现这些真正目标的手段而已。他们必然是永远更加留意同时代人的短暂需求和喜好，关注上司和发令者的目的，等等。这样，他们的目标就不会是真理。而真理呢，就算人们是诚实寻觅，也仍然是极难碰上的。

总体说来，一个人要是为了自己连带老婆孩子而寻求一份诚实的收入，那他又如何能够同时献身于真理？真理不管任何时候都是危险的伴侣，不管在哪里都是不受欢迎之客。估计真理就是赤身裸体的，因为真理并没有带来任何其他东西，没有任何的馈赠，人们追求真理也只是因为真理本身的缘故。两个如此不同的主人——世界（Welt）和真理（Wahrheit）——是无法同时侍候的，因为这两个主人除了开首的字母以外，再没有任何相同之处。真要侍候这二主的话，只会导致虚假，导致抬轿子和阿谀奉承。真理的布道者可以变成为欺骗和作假而辩护的人，可以热切教导连自己都不相信的东西，并以此浪费年轻人的时间，败坏这些满怀信任者的头脑。同时，违反所有的文学良心，倾尽全力吹嘘那些有影响力的拙劣者，例如，那些装出一副虔诚模样的草包。或者因为他们领取国家的报酬而为国家的目的服务，所以他们就费尽心机神化国家，把国家捧为所有人类努力及一切事物的顶峰。这样他们不仅把哲学课堂变成最平庸的菲利斯丁主义的学校，而且到最后，例如，就像黑格尔那样，得出了这一让人恶心的学说：人的使命要与国家融为一体，就像蜜蜂之于蜂巢。这样一来，我们存在的至高目标就从我们的视野完全消失了。

哲学并不适合作挣取面包之用，柏拉图在其描述诡辩学者中已经阐明这一点。柏拉图还把诡辩学者与苏格拉底对照了一番。在《普罗塔哥拉》的开首，柏拉图以相当轻松和幽默的笔触，描述了诡辩学者是如何经营和成功的。对古人来说，是否以哲学挣钱，一直就是区分哲学家与诡辩学者的标志。所以，哲学家与诡辩学者的关系，完全类似于为了爱情而献出自己的姑娘与收钱接客的妓女的关系。所以，苏格拉底（色诺芬，《回忆录》，50，1，第6和13）说："这两种人是有区别的：承认自己是诡辩学者的教授哲学者，亦即为了金钱而传授哲学学说的人，与认为作为诡辩学者而教授哲学就应该受到责备的人，因为这是在贩卖思想；后者宣称向想要接受教育和知识的人收费是不可以的，因为这种挣钱方式与哲学的尊严不相匹配。"由于这样的理由，苏格拉底把亚里斯提卜列为诡辩学者，甚至亚里士多德也是这样做的。我在我的主要著作（第1卷，第17章，第162页）已经表明。斯托拜阿斯也报告说，斯多葛派也持上述观点。斯托拜阿斯所引用的色诺芬的一段话，根据原文是这样说的：把智慧卖给想得到智慧的人以获得金钱，这些人可称为诡辩学者。乌尔比安也提出这一问题，哲学家能算是教授吗？我相信不可以，这并不是因为在此这是某样要小心进行的事情的问题，而是因为哲学家必须公开承认：为了获取酬劳而讲授哲学是羞耻的事情。在这一问题上的看法是那样的不可动摇，以至在后来的皇帝治下，这样的看法仍然坚定不移，因为在《菲洛斯特拉托斯》中，提亚纳的阿波罗尼奥斯对他的对手幼发拉底的主要指控就是"拿智慧做交易"，并且在他的第51封信中，他写给对手："有些人责备你从国王那里领取了金钱。这不是完全不可以的——如果你没有给人印象，你是以哲学而获取了金钱的话。你是那样经常性，那样大数额地领取金钱，并且给你钱的人也认为你是哲学家。"与此一致，在第 42 封信中，阿波罗尼奥斯说起自己在窘迫的时候会接受施舍，但绝不会为其哲学获取报酬，哪怕是在穷困潦倒之时。"如果有人愿意给阿波罗尼奥斯钱，认为值得给他钱，并且阿波罗尼奥斯也需要钱的话，那他是会接受的。但他不会接受对哲学的奖赏，哪怕在他正需要金钱的时候。"这些相当古老的观点有其扎实的基础，其根据就是哲学与人们的生活有太多的交集，不管是公众的还是个人的；所以，如果通过哲学获利的话，那目的（Absicht）马上会压倒见解（Einsicht），本来自称哲学家的就会成为纯粹的哲学寄生虫。这样的哲学寄生虫会妨碍和破坏真正的哲学家的工作，并且的确会合谋鼓吹能让他们有所得益的事情。这是因为一旦涉及收益，受利益驱使，一切低下的手段轻易就会用上，不惜狼狈为奸，攻守同盟；为了达到物质目的，而以次充好，以假当真。这样就有必要把恰成对照的真品、贵重之品扼杀掉。面对这些手腕和手段，真正的哲学家可完全不是对手，他们及其事业有可能就与那些利益争夺者的活动纠缠在了一起。而优美艺术甚至诗歌艺术，真要用以获取收益的话，也不会因此真有多少损伤，因为每一件作品都是独立、分开的存在，次、劣之品既不会排挤掉优良之作，也不会遮蔽其光彩。但哲学却是一个整体，亦即浑然为一，其目标是指向真理而不是美。美有多种多样，但真理只有一个，就好比缪斯女神有好几个，但智慧女神只有密涅瓦一位。正因为这样，文学家可以心安理得、不屑于鞭挞拙劣之作，但哲学家在困境时必须批评虚假的东西。因为拙劣之作一旦得势，就会充满敌意地对抗优秀的东西，丛生的杂草会淹没有用的植物。哲学就其本质而言是排他的，哲学奠定了时代的思维模式。因此，得势的哲学体系无法容忍旁边的其他别的哲学体系，一如最高统治者苏丹的王子们那样是有你无我。此外，在此要做出判断是至为困难的。的确，要掌握做出判断所需的资料就已经相当艰辛了。这样，如果运用诡计把虚假的东西流通起来，然后由那些收了钱的人扯着嗓门到处宣扬为货真价实，那时代的精神就受到了毒害，文字写作的各个分支也就败坏了，所有高级的精神翱翔也就停止了；各类真与好的东西也就遭遇巨大的障碍。这会维持很长的时间。这些就是"以哲学赚取报酬"结出的恶果。为阐明这一点，可以看看自从康德以来哲学所受到的不法侵害，以及哲学已经变成了何种样子。也只有黑格尔江湖骗术的真实历史以及传播方式，才可以在将来为我的上述思想提供恰当的说明。

据此，谁要是不想要那些国家哲学和笑话哲学，而是一心想要得到见识，亦即严肃认真的、没有多方顾虑的真理探讨，他就要尽可能到各处找找看，但偏偏不可以在大学里寻找，因为在大学里，哲学的姐妹，"适应时令的哲学"占据着统治地位和列出了价码。确实，我现在越来越认为，如果哲学停止成为获利的营生，不要继续由教授所代表而出现在百姓的生活当中，那对哲学会更加有益。哲学就是一株植物，就像阿尔卑斯玫瑰和长在悬崖上的花朵，只会蓬勃生长在自由的山间空气中，但若精心栽培就会枯萎。那些在市民生活中代表哲学的人，就像戏子扮演君王。诡辩主义者饱受苏格拉底不断的抨击，成为柏拉图嘲笑的对象——他们与那些哲学和语词的教授又有什么不一样吗？那自古就有的、从来没有完全熄灭的世仇，今天不是又让我延续下去了吗？人类思想头脑的最高级探索，一刻都不会容忍与赚钱搅和在一起，因为那高贵的本质无法与之兼容。如果大学所任命的哲学教师想要对得起自己的职业，就像其他学科的教授那样，把自己学科现有的、暂时被认定为真理的知识传给成长中的一代，亦即把最近的真正哲学家的体系，忠实和精确地解释和分析给他们的听众，条分缕析——如果这样的话，那大学哲学或许还算能过得去。假如他们还有足够的判断力或至少还有点点的细腻，不至于把纯粹的诡辩者，例如，费希特、谢林，也更加不会把黑格尔当成哲学家。可惜的是，这些哲学教授不仅缺乏上述素质，而且他们还不幸错误地以为他们的职务和职责，就是扮演哲学家的角色，把自己深刻思想的果实送给世界。无数可怜的作品也就由此错误而来。在这些作品里，这些庸常的头脑——并且不少时候他们并不仅限于只是庸常的头脑——就要去解决哲学难题。殊不知面对这些难题，数千年来，头脑至为杰出的人以其异常杰出的能力，都已竭力寻求破解。对真理的热爱让那些人忘了自身，对光明的狂热追求不时导致他们身陷囹圄，甚至被带上断头台。这些杰出的头脑是那样的稀罕，以至于自 3 500 年以来，与国家的历史并排发展的哲学历史（哲学的历史就是国家的历史的基本低音）当中，著名的哲学家还不及国家历史中著名的君王的百分之一，因为只有在这些零星的、个别出现的杰出者的头脑里，大自然才有了对自己更清晰的意识。这些出类拔萃者与庸常大众之间，相距却是如此遥远，以至于大多数都只有在死后或者至少是在晚年以后，才得到应有的承认。例如，亚里士多德是获得了真正的高名，稍后其名远扬也甚于其他任何人，但根据所有的迹象，那只是在亚里士多德死了两百年以后才开始的事情。伊壁鸠鲁的名字至今也为大多数人所知，但伊壁鸠鲁在雅典到死也完全不为人所知（塞涅卡，《书信集》，79）。布鲁诺和斯宾诺莎只是在其死后的第二个世纪，才得到认可和尊敬。甚至那写作如此清晰和大众化的大卫·休谟，尽管早就出版了著作，但到了 50 岁才开始有人注意到他。康德只是在 60 岁以后才出名。而我们今天的课堂哲学家，事情当然就快捷很多，因为他们可是迫不及待的。也就是说，某一教授吹捧在他邻近大学里春风得意的一个同行的学说，宣称这是人类终于能够达到的智慧顶峰。这位同行也就旋即成了伟大的哲学家，并马上在哲学史中占据了位置——意思是，在另一位教授为下次的展览会所编的哲学史中占据了一席之地。这第三位仁兄现在就毫不脸红地把目前混得风生水起的同行的尊名，与那许多个世纪以来为真理而献身的不朽名字并排了起来，认为这个同行与他们一样也能进入行列，因为这个同行的名字充斥在许多纸页上，得到了同行的普遍注意。这样，就出现了诸如此类的字眼，"亚里士多德和赫尔巴特"，或者

"斯宾诺莎和黑格尔"、"柏拉图和施莱尔马赫"。世人必然惊讶地看到，那吝啬的大自然，在之前的那些世纪里只是零星地产出哲学家，但在最近的年代，在人人都知道很有禀赋的德国人中，哲学家却像蘑菇一样遍地涌现。当然了，这一时代的辉煌得到了各种方式的推广。所以，在学者杂志中或者在他自己的著作里，某一哲学教授不会错过另一个哲学教授的那些反常颠倒的念头，而会字斟句酌、反复推敲，一副郑重其事的表情，其模样看上去就像是正在审视人类知识的重大突破。为此所得到的回报，就是这位教授的那些学术怪胎很快获得了同样的尊崇，而我们也知道"没有什么比两头驴子相互搔痒的时候更显得充满尊严"。如此之多的庸常头脑，因为其职位和职业的缘故，就认为可以义无反顾地做大自然最不会让他们去做的事情，去肩负起只有思想巨人的肩膀才可以胜任的重担。说实话，这是可悲的闹剧。因为听声音嘶哑者唱歌，看瘸子跳舞，都是痛苦的事情，但听智力有限的人在那里作哲学议论，则让人无法忍受。为了掩盖自己缺乏真正的思想，不少这样的人会用冗长、挤成一堆的词语，做出某一让人印象深刻的大块头，还有那相当复杂的空洞句子，一眼看不到结尾的套叠句子，崭新的、从没听说过的表达法——所有这些就构成了一套极难明白、但听上去却甚有学术味的行话和术语。他们用这些说啊说的，到头来却什么都没有说，因为我们没有获得任何思想，没有觉得增长了见识，而是叹了口气，磨坊咯吱咯吱的声音我当然是听到了，但就是没有面粉出来（阿拉伯谚语）。或者我们只能更加清楚地看出，在那些装腔作势的浮夸文风背后，隐藏着多么贫瘠、平庸和粗糙的想法。啊，如果我们能让那些滑稽哲学家稍稍明白，存在的问题会让思想家严肃认真得如此可怕，会如此震撼着他们的内在深处！那样的话，他们就不会再做滑稽哲学家了，不会在那儿心安理得地胡扯那荒唐的、据说是隐藏在所有基本概念中的绝对思想或者矛盾对立，也不会在那儿沾沾自喜于诸如此类的空壳子，"世界就是在有限之中的一个无限的存在","精神思想就是在有限之中的对无限的反映",等等,等等。这对于他们也是很难的,因为他们要做哲学家和完全原创性的思想家。要一个平凡的头脑产生出不平凡的思想,大概与要一棵橡树结出杏子一样。另一方面,平常的思想和想法是平常人自身早就有了的,平常人不需阅读这些东西。所以,平常的头脑在哲学方面是不会有所贡献的,因为哲学讲究的是思想,而不是罗列经验和事实。正因为意识到自己处境不妙,所以,一些家伙就会储备好一些别人的、绝大多数都是有欠完美的、也无一例外都是肤浅的思想,这些在他们的头脑中当然总是容易蒸发为只是字词和短语。他们就把这些东西搬来搬去,顶多是试图让其自圆其说,就好像叠起多米诺骨牌一样。也就是说,他们把这个人说过的话与另一个人说过的话相互比较,接着又比较第三个人、第四个人所说的——他们就是通过这样做来显示聪明才智。在这些人那里,我们根本无法找到某些以对事物和世界的直观认识为基础的,并因此完全是连贯的、一体的基本观点。也正因为这样,他们对任何事情都没有完全断然、明确的看法,或者扎实的判断,而是以学来的思想观点犹如在云里雾里摸索。他们本来的目的就是要努力学到知识成为学者,把学来的这些知识再传授给学生。或许是这样吧。但他们不应该扮演哲学家的角色,而应该学会分清良莠。

真正的思想家致力于获得深刻的见解,并且只以获得这些见解为目的,因为他们热切渴望的是以某种方式理解其所在的世界,而不是去教人,去跟人家胡扯。因此,经过持续的思考,他们也就逐渐地、慢慢地有了扎实牢固、连贯一体的基本观点,这些都无一例外地建基于对这个世界的直观把握;从这些基本观点出发,条条道路通往各个专门的真理,这些专门的真理又反过来照亮了那些基本观点。由此可以推论:他们对生活和世界的每一道难题起码有一个明确的、肯定的、能让人明白的、与整体相连贯的看法;因此不需要以空泛的词语打发别人,就像那些庸常思想者所做的那样。我们可以发现，那些庸常思想者总是专注于别人的看法及其相互间的比较，而不是专注于事物本身。据此，他们就好比是在谈论遥远的国度，要去比较和评判那少数几个曾去过那些地方的人写的游记描述，而不是谈论眼前展开的、清晰的、真实的世界。对于这些人，情形就是：

> 我们要做的，先生们，是习惯于
>
> 逐一编排别人的所见，
>
> 而不理会我们的所想。

——伏尔泰

这里面至为糟糕的就是把肤浅、没有思想的东西当作有分量的东西的话，那就合乎这些人的利益。如果情形不是这样的话，对于好奇的爱好者也就无所谓，可以让其永远这样继续下去。一旦这些肤浅和没有思想的东西与真正、伟大和深刻之作狭路相逢，这些家伙就无法达到目的了。因此，为了扼杀真正伟大的作品，让拙劣的东西顺畅无阻，他们就相互抱团，采用所有弱者的对抗方式，组成派系和集团。他们把持学术杂志，在这些杂志里，正如在其作品中所做的那样，以无比的崇敬和郑重的态度讨论起他们各自的杰作。短视的公众就这样被牵着鼻子走。这些人与真正的哲学家的关系，就跟过气的歌手与诗人差不多。为了说明上述情况，我们可以看看课堂哲学家那些周期性出现的文字，以及附和他们的学术杂志。谁要是懂得个中蹊跷就可看看，一有机会他们是如何狡猾地尽力把有分量的东西当作毫无意义而隐瞒下来，是如何施展伎俩移开公众的注意力的。他就要想想普布里乌斯·西鲁斯的这句箴言："优秀之人长眠地下，没有声名。"（参见《普布里乌斯·西鲁斯格言集》，谷鲁特里·米森校订本，1790，第 5 卷，第 280 页。）现在，就让我们带着这些思考，沿着这条路子，一直上溯到 19 世纪初，我们会看到，先是谢林的追随者在这方面作孽，然后是黑格尔主义者，并且作孽得更甚，也更大胆。我们只需忍住恶心，翻看一下他们那杂乱的一堆！因为实在是无法指望人们阅读那些东西。然后，我们想一想，算一下在长达半个世纪以来，有多少宝贵的时间，连带纸张、金钱浪费在这些马虎差劲的作品上面。当然，公众的耐性是让人无法理解的，他们年复一年阅读着没有思想的假冒哲学家写出的没完没了的东家长西家短，完全不怕那折磨人的冗长和无聊。这种无聊就像浓雾一样弥漫，因为人们读啊读，就是没能获得任何思想，因为写作者头脑里面本身就没有任何清楚和确定的想法，字词堆着字词，句子套着句子，实际上什么也没有说，因为他们无话可说。没有什么是他们清楚知道的，一无所想，却又想议论一番。这样，他们选词造句并不是为了如何确切表达其思想和观点，而是为了更巧妙地掩饰自己没有思想和观点。但人们就是印刷、购买和阅读这些东西。这样的状况也已经持续半个世纪了，读者就不曾发觉他们只是，就像西班牙人所说的"吞进了空气"而已。尽管如此，为公正起见，我必须指出，为了让这咯吱咯吱转动的磨坊持续运转，人们经常用上了某一奇特的伎俩，而究本寻源，发明此伎俩的就是费希特先生和谢林先生。我的意思是，这一狡猾的把戏就是写得模模糊糊，亦即写得无人能懂。在此，巧妙之处就在于把连篇的废话写得在读者无法明白意思的情况下，读者也只会认为这是自己的问题。其实，写作者才心知肚明这本来就是写作者自己的问题，因为他根本就没有可以让人明白的东西，亦即没有已经想清楚、可以传达给别人的东西。如果不是运用了这一招数，费希特和谢林就不可能营造起那虚假的名声。众所周知，无人比黑格尔更加放肆、离谱地使用这一招数。如果从一开始，黑格尔就解释清楚其虚假哲学中荒谬的基本观点，就是把事物的真正和自然过程恰恰倒转过来，因此把我们从现实直观中所提取出来的普遍概念，把经过思维，经过去除某些限定成分以后得出的普遍概念，亦即越是普遍就越变得空洞的概念，当作是首要的、原初的、真正的现实（用康德的话说，当作是"自在之物"）；认为由于这些普遍概念，那现实的、真正的世界才获得其存在；如果就像我所说的，黑格尔从一开始就用清楚、明白的字词，详细解释这一荒唐至极的"把结论当作前提"；如果他清楚地表明"颠倒了根据和结果的逻辑次序"，阐明这个的确疯狂的念头以及他的另一看法：这些概念不需我们之力就能自己思维和活动——那所有人都会哄堂大笑，或者耸肩认为这样的胡闹真不值得理会。就算是用上收买和卑鄙的手段，要把这世界至今为止所见过的最荒谬的东西硬称为至高的智慧，并让德国学术界及其判断力永远出尽洋相，那声嘶力竭的吹拍也终究是徒劳的。但如果用上无人能懂、废话连篇作外衣，图谋却得逞了，荒唐愚蠢也交上了好运：

> 愚蠢之人最喜欢也最敬佩
> 所有那些说得隐晦和古怪的话。

——卢克莱修，第 1 卷，第 642 页

受这些榜样例子的鼓舞，自那以后，几乎每个可怜的舞文弄墨者都试图写出某种花哨、模糊的文字，看上去就像没有什么能够足以表达作者的高深思想似的。他们不是尽力采用各种方式让读者明白自己的意思，而是经常像逗弄似地对读者喊道："对吧，你是不会明白我的心思的！"那么，如果读者不是这样回应："这玩意跟我又有什么屁关系呢？"然后随手把书扔掉，而是徒劳地琢磨个中的微言大义，到最后，读者就会想这作者肯定是绝顶聪明的，实已超越了我们读者的理解能力。然后就一脸敬畏地把这作者称为深刻的思想家。这个可鄙的手段所带来的其中一个后果是，在英国人们要形容某一模糊、完全不可理解的事情时，就会说 It is like German metaphysics（这犹如德国的形而上学）。这跟法国人的这个讽刺说法差不多，c'est clair comme la bouteille à l'encre（这清晰得就像个墨水瓶子）。

在此说出下面这些或许是多余的，但其实无论怎么重复也不嫌太过，那就是：与上述成鲜明对照，优秀的写作者总是全力争取让

其读者精确思考作者所思考过的东西，因为凡是有真正的东西要传达给别人，都会很在意不让其走样或者遗漏。所以，写出良好的文体首要取决于作者是否真的有话可说。但正是这一微小之处，却是我们今天大部分作者所欠缺的，因此也就是他们表达拙劣的原因。尤其是 19 世纪的哲学著作的基因（generische）特质，就是无物可言的写作。这是这一世纪的哲学著作普遍的特质，因此既可以见之于萨拉特，也可以见之于黑格尔；既可显现在贺尔巴特的著作，也可显现在舒莱尔马赫的著作。根据顺势疗法，那一点点的思想可以用 50 页滔滔话语的洪水稀释，然后，由于无比信任读者真正的德国耐心，那些作者就心安理得地一页接一页地拉杂个没完。受罚阅读这些东西的读者，则试图找到某一真正的、扎实的和有一定分量的思想而不果；他们渴求读到某一思想，的确就像在阿拉伯沙漠中的旅行者那样渴求得到水，但必然不会得到满足。与此相比，我们随便拿起任何一位真正哲学家的书，不管这位哲学家出自哪个时候和出自哪个国家，不管是柏拉图还是亚里士多德，抑或笛卡尔、休谟、马勒伯朗士、洛克、斯宾诺莎、康德，我们总会遭遇思想丰富的思想家，既有见识又能激发见识，尤其是他们总是诚实地尽力向我们传达他们的意思。因此，有接受能力的读者，花费努力阅读每一行字都能获得直接的回报。我们那些虚假哲学家的文字之所以缺乏思想，并因此那样折磨人和无聊，虽然从根本上是他们头脑贫瘠所致，但首要是因为他们的表述，无一例外都是在至为抽象、至为普遍和含意极为广泛的概念中摇摆，所以几乎满纸尽是含义不定、不确切、苍白无力的字词。他们这种在空气中的踏步也是迫不得已的，因为他们必须小心不能踏上实地——一旦踏上实地，踏上现实、确定、具体个别和清晰无误之物，那就会触碰危险的礁石。这样，他们用词语搭成的三桅船就会触礁和撞毁。因为他们不是把感官和理解力坚定地投向他们眼前的直观世界，亦即不是投向所给出的真正之物，那还没受到歪曲、就其本身而言并没有谬误、由此我们可以深入事物本质的东西。他们除了那些至高的抽象，例如，存在、本质、形成、绝对、无限，等等——除了这些以外，他们就一无所知。现在他们就从这些概念出发，以此构建了思想体系，其内容最终就只能流于语词；这些语词也就只是肥皂泡而已，可供短暂的玩耍，但可不接触到实地，否则就会破灭。

如果不够格和欠缺能力的人做出所有这些而给学科带来的坏处，只是他们在这些学科上一事无成而已，正如在这里所说的优美艺术领域所发生的情形，那我们还可以此安慰自己而不予理会。但在哲学领域，这些家伙却能造成肯定的伤害。首先，要维护劣品的名声，这些人都天然地拉帮以对抗优秀之作，要尽全力不让其露面和兴起。在这个问题上我们可不要欺骗自己，无论任何时候，在地球任何地方，在各种形势下，平庸、卑鄙和愚蠢之人都自然会密谋对抗有头脑和理解力的人。在对抗这些人的时候，他们成了人数众多、齐心协力的整体。抑或我们是否真的这样天真无邪，相信这些人宁愿只是静等高明，然后表示承认、尊敬并广为宣传，以便就此以后自己被贬为无物？成为你忠实的仆人！事实却是"每个人只会赞扬别人那些他自己也有希望做到的东西"。"但愿这一世上尽是些草包，这样我们就可以是个人物了！"这是他们的真心口号，阻止有能力者出现就是他们的本能，正如抓老鼠是猫的本能一样。人们也可回想一下我在前一篇文章结尾处所引的尚福尔的优美话语。就把公开的秘密一次性说出来吧，就让那怪胎暴露在光天化日之下，尽管这看上去是那样的怪异。无论任何时候、任何地方、任何环境，愚蠢、狭隘之人在这世上最真心仇恨的，无过于有理解力、有思想、有天赋之人。这些愚蠢之人在这方面永远保持着真心和专一，这在生活的各个范畴、事务和关系中都可以看到，因为这些人都在致力于压制有思想、有天赋的人，甚至要斩草除根，目的就是只有他们这一类人的存在。无论怎样的善良，也无论怎样的宽厚、慷慨，都无法让他们与卓越的思想者达致和解。实情就是这样，不会改变，永远都是这个样子。与他们站在一边的，是多么可怕的绝大多数啊！这是妨碍人类各种进步的主要障碍。那么，在这样的情况下，在这个特殊领域，又怎么可能还有进步？因为在这个领域里，只是拥有其他学科所需的良好头脑，连带持之以恒的努力和汗水仍然是不够的，还需要独特的，甚至只能以个人幸福为代价的天资。这是因为那不夹杂私心的真诚努力，要解开存在之谜的无法抑制的冲动，认真深思事物最内在的本质，对真理的狂热——这些是首要和不可缺少的条件，如果我们真要勇敢地再一次走上去，站在古老的斯芬克司面前，重新一次试图解开千古之谜，不怕冒着一如许多先行者那样掉进黑暗深渊的危险。

不够格、欠缺能力的人参与到各科知识学问中所带来的另一个坏处，就是他们建起了谬误的殿堂。在这之后，智力良好、诚实正直的人有时候就得花上一辈子的时间去拆除这些东西。在哲学领域，在最普遍、最重要和最困难的知识方面，就更是如此。如果人们要看这方面的特别证明，那就看看黑格尔这丑陋、可怕的例子吧，这一无耻的假冒智慧，给予我们的不是他自己的、诚实的和审慎的思考和探究，而是把众多的概念论辩式地自己活动起来作为哲学的方法，因此也就是让某一客观的想法机械人，在空气中或者在太空中为所欲为地、全凭一己之力地翻着跟斗，其留下的踪迹、轨迹或者化石脚印，就是黑格尔和黑格尔门徒的经文。这些也是由脑袋相当扁平、头盖骨很厚的人想出来的，远远不是绝对客观的东西，而是相当主观，并且由相当平庸的人主观构思出来的。这样，我们就看一看巴比伦通天塔的高度和持续时间，考虑一下这种绝对不知所谓的哲学，通过外在的、古怪的手段而强加给求学中的青年人，必然会给以此成长起来的一代，乃至整个世纪带来难以估量的损害。目前学术界中，难道不是无数人的头脑都因此从根本上受到破坏和变得乖张吗？难道不是头脑中塞满了错误百出的观点？难道不是在本应得到思想的时候，却接受了空洞的词语、说了等于没说的废话、让人恶心的黑格尔术语？难道他们的整个人生观不是错乱的，至为平庸、最菲利斯丁人式的，至为低级的情操，难道不是已经取代了曾经鼓舞着上一代先辈的高贵、高级的思想？一句话，那些在黑格尔思想的孵化器中长大的人，难道不就像是遭受了精神上的阉割、丧失了思考能力、脑子里尽是些最可笑的想当然的看法？的确，这些人在精神上被动了手脚，就像某些王位继承人在肉体上被动了手脚差不多，亦即在这之前被人试图通过纵欲或者毒药，使其无力统治，甚至繁殖后代。他们的神经被弄得紧张和麻木，再也无法正常运用理性，成了人们施舍同情的对象，是父母流泪的话题。另一方面，我们可听听人们对哲学本身是多么恶劣、讨厌的看法，对哲学的无端指责又是多么的嘈杂。仔细检查一番，可以发现这些鄙视哲学的人所理解的哲学，不外就是可怜的江湖骗子的那些没有思想、满是算计的瞎扯，以及在不懂趣味、不识好歹的黑格尔崇拜者空空如也的脑袋中的回响。这就是他们真心以为的哲学！他们不知道原来另外还有其他别的东西。当然了，几乎整整一代年轻人都受到了黑格尔货色的感染，就像感染了梅毒一样。并且正如这一疾病毒害身体的体液和元气，同样，黑格尔货色也会破坏年轻人的思想能力。因此，今天的年轻学者大都再没有能力产生健康的思想，也没有能力自然地表达。在他们的头脑里，非但没有随便对现存的某一事物的某一正确的概念想法，甚至连只是某一清晰和确定的概念想法都没有。那杂乱荒芜和空洞的语词垃圾，已经模糊和解除了他们的思维能力。还有一旦黑格尔的祸害深入血脉，要除掉这些祸害，其难度一点不比治愈梅毒小。相比之下，要在这世上确立这些东西，传播这些东西却相当地容易。确实，一旦人们有意图、带目的地对抗正确的见解，亦即当用上物质的手段和方法，以帮助传播观点和强调看法，那正确的见解很快就会败下阵来。轻信的年轻人怀着孩子般的信任进入大学，他们盯着那些据说掌握着所有知识的人而心生敬畏，还有据称是探究我们这一存在的人，那个有着如雷贯耳的名气、不少上了年纪的政治家也来听其讲课的人。所以，年轻人就去大学，准备着学习、相信和崇敬。那么，如果这些年轻人看到在哲学的名义下，所呈献上来的是完全颠倒的混乱思想，是宣讲存在与虚无的同一性的学说，是堆砌字词、让健全的头脑再也没有了思想，是一些让人想到了疯人院的胡言和废话的东西；除此之外，还装饰了某些明显无知和极度愚昧的话语——这些我从黑格尔给学生用的简编中抽了出来，在我的《论道德的基础》前言里，已经无可辩驳地证明了。在那篇前言里，我直斥丹麦学士院——那些学士院院士，根本就是一帮阿谀奉承、不学无术之人，是庇护哲学江湖骗子（亦即他们口中的"哲学的最高峰"）的势力。如果年轻人看到哲学就是这样的货色，那轻信和缺乏判断力的他们，也会敬重这些胡说八道。他们只会想，哲学嘛，当然就会有这些咒语一样的东西。从此以后，他们的头脑就受到了扰乱，在其头脑中，拼凑起来的字词就成了思想。这样，他们就永远没有能力产生真正的思想，亦即在精神思想方面被阉割了。由此生成了一代无能、乖僻，但头脑中却又期望多多的人，满脑子都是目的和打算，但独到和正确的见解方面则是贫血至极，正如我们现在所见的那样。这是无数人都有过的遭遇，他们的青春和最为美好的能力都受到了伪哲学的毒害，而他们本来应该领略的是康德的思想——这是大自然终于成功通过康德而为多代人准备的恩赐。对于真正的哲学，亦即对于自由的人纯粹是为了哲学的缘故而追求的哲学，对于除了哲学论辩以外别无其他支持的哲学，这样的胡闹和胡搞是永远不会发生的，只有大学所教的哲学才会这样，因为大学的哲学从一开始就是国家的一个工具。正因为这样，我们才看到国家无论任何时候都会参与、干涉大学里面的哲学辩论和争议，并选边站队，不管这关系到唯实论者和唯名论者，抑或亚里士多德主义者和拉米主义者，抑或笛卡尔主义者和亚里士多德主义者，抑或克里斯蒂安·沃尔夫，或者康德，或者费希特，或者黑格尔，等等，等等。

大学哲学给严肃的、真正的哲学带来的坏处，也包括康德哲学所受到的来自那三个大言不惭的诡辩者的排挤——这在上面已经说过了。第一个是费希特，第二个是谢林，最后第三个就是那粗糙、笨拙、让人恶心的江湖骗子黑格尔。前两人也并非没有才华，黑格尔则是无可救药的人，扰乱和破坏了整整一代人的头脑。但这些人却被宣告为引领康德哲学迈进了一步，是超越了康德哲学的人，并且踏着康德的脖子和肩膀，已经达到了知识和见解的无比高度。现在，他们就高高在上、几乎是带着怜悯俯瞰着康德为他们达致崇高地位而做出的苦役般的前期工作；所以，他们才是真正伟大的哲学家。年轻人没有自己的判断力，也没有对教师那种经常是有益的不信任——而这种不信任，也只有那些与众不同的，亦即具有判断力并感觉到这一点的学生才会有的。所以，毫不奇怪的是，学生们相信他们的所听所闻，马上就错误地以为他们再也用不着浪费更多时间，预先做好必须的、艰难的准备功夫，以获得崭新、高级的智慧，亦即再用不着浪费时间去钻研那老旧的、僵化的康德，而是快步跑进了智慧的庙堂，在这里，在那些愚蠢可笑的门徒的赞颂歌声中，现在就依次坐着那三个夸夸其谈者。可惜的是，从大学哲学的三个偶像那里是学不到任何东西的：读他们写出来的东西，既浪费时间也败坏头脑，尤其是黑格尔的东西。如此这般所导致的结果，就是真正懂得康德哲学的人逐渐死去了，所有哲学教义和理论中的最重要者，无法继续活生生地保留在人们的头脑里，而只是存留在作者著作死的字母里，等待着更加睿智，或毋宁说没有那么受到迷惑的下一代。这是这一时代的耻辱。所以，我们难得发现有人对康德哲学有透彻的了解——除了为数极少的老一辈学者以外。相比之下，我们今天的哲学作者，却让人感到羞耻地暴露出了对康德哲学的无知。他们描述康德学说时所表现出来的无知，尤其让人愤慨。一旦他们说起康德哲学，一旦他们假装懂得康德哲学的大概，这种无知就清楚地凸显出来。看到那些以哲学谋生的人，并不真正和确切了解这两千多年来所出现过的最重要的学说，并且几乎是与他们同时代出现的学说，真令人气愤。他们甚至错误地引用康德著作的名字，也不时地把与康德的意思恰恰相反的话当成是康德所说的。他们扭曲康德那些有其特定意思的名词至不知所云的地步，肆意滥用他们完全不知其所指的词语。这当然是因为走马观花一样地翻翻康德的著作，是根本不可能认识和掌握康德这位深刻思想家的学说的；以为可以的话，那的确是狂妄的想当然。那种快速浏览的认识方式，唯独属于那些大量写作的哲学生意人，他们还误以为早就把康德哲学"甩在身后"了。康德的第一个传播者莱因霍尔德曾说过，他是在悉心用力精读了康德的《纯粹理性批判》五次以后，才探测到这部著作的真正含意。看过那些哲学生意人提供的描述后，被别人牵着鼻子走和随随便便的读者群，就再一次误以为可以在最短的时间里，不用花费任何功夫，就可以吸收康德的哲学！这是绝对不可能的事情。若我们自己不曾勤奋研究和经常重温康德的主要著作，我们对这曾经有过的一切哲学现象中的最重要者，是永远不会获得哪怕只是一个概念和想法。这是因为康德有着或许是大自然产生过的最具原创性的头脑。与康德一起以他的方式思考，是任何事情都无法与之相比的，因为康德的那种清晰，那种完全特有的思考，是任何其他凡人都没有的。以勤勉和认真的学习开始，通过精读《纯粹理性批判》真正深刻的篇章，完全投入其中，直到真正与康德的头脑一道思考，那我们就享受到康德思想的乐趣，就会极大地超越了自身。例如，当我们重读《纯粹理解力的基本原则》，尤其是再看看《经验的类比》，进入"统觉的组合—体"的深邃思想，就会发生这种情形。我们就会感觉到以某种奇妙的方式疏远和脱离了我们浸淫其中的这个悲惨存在，通过掌握了存在的每一原始要素，察看时间、空间、因果律是如何把对所有现象的统觉，一体化地组合和连接起来，使我们有可能了解这个经验复杂的整体及其运作和进程，亦即了解到那以智力为条件的世界，也正因此这一世界只是现象而已。我们组合一体的统觉也就是这个世界作为整体的联系，是建立在我们的智力运作法则之上，并因此是牢不可破的。在描述这些的时候，康德证明了世界的原初法则，到底是怎样与我们智力的法则融会一体，并把这一切一气呵成地显现在我们眼前。这种为康德所独有的考察方式，可被形容为迄今为止投向这一世界的至为疏离的审视眼光，达到了最高程度的客观。追随这一考察方式，会给人带来某种无与伦比的精神享受，因为其级别要高于文学家所带给我们的那种精神乐趣。后者当然是每个人都可以领略到的，但要领略前者的话，却必须先要狠花一番工夫。但我们今天的哲学教授，对此又有多少了解呢？的确是一点都不了解。最近，我读到一位哲学教授写的心理讽刺文章，里面很大篇幅都是谈论康德的《统觉的组合一体》，因为他们很喜欢运用康德的专门术语，虽然是拾人牙慧，并因此没有什么意义。现在，用上了康德的术语以后，他就误以为他的这些话有了深意！这些专门术语，还有类似的小巧玩意儿，就构成了他们的幼儿园哲学的喜好论题。实际上，这些先生们对学习康德的哲学没有时间，没有乐趣，也没有愿望和要求。他们对康德是无动于衷的，跟他们对我一个样。完全不一样的人才适合他们那精美的口味。也就是说，感觉敏锐的赫尔巴特和伟大的施莱尔马赫，甚至"黑格尔本人"所说过的话，才是他们思考的素材，也才与他们相称。除此以外，他们也乐意看到那"压倒了一切的康德"被人遗忘，他们也巴不得康德哲学变成某一逝去了的历史现象，成为尸体、木乃伊，可以让他们直视也不会感到害怕。这是因为康德在哲学领域，极其严肃地终结了犹太一神论，而这是哲学教授们不想让人知道的，想要无视的，因为没有了犹太一神论，他们可就无法生活下去了——我指的是他们就没吃没喝的了。

在哲学界取得了伟大进步以后，又出现了这样的倒退，那我们就不会奇怪当今所谓哲学讨论已经沦为完全没有批判性，在尽是浮夸语词的背后隐藏着的是难以置信的粗糙，某种比起康德之前的更甚的自然主义的笨拙摸索。例如，人们现在带着某种因无知所致的不知羞耻，到处直截了当地谈论什么道德的自由，就好像这已是有了定论，甚至可以直接确知的事情，就类似于上帝的存在和本质一样，用不着多说就可以明白的事情，也像"灵魂"一样，谈论起来就像谈论某个家喻户晓的人物一样。甚至自洛克时期以来，就被迫收起来的"与生俱来的思想"的表达，现在又壮着胆子露面了。还有那些黑格尔信徒，在他们所有的著作里，都厚颜无耻、直截了当、不作一番介绍和说明，就长篇大论所谓的"精神"。他们相信人们会被他们的信口雌黄镇住，而不会理所当然地质问那些教授先生："精神？那家伙到底是谁？你们是怎么认识它的？难道它不就是某一任意、随便弄出的东西？你们对此甚至不加定义，更不用说推论和证明了。"你们以为在你们面前的公众是些老妇人吗？这些就是对付那些假冒哲学家的合适语言。

我在上面举的"统觉的组合一体"例子，透过这些生意人在谈论哲学时的可笑特征，展示了虽然这些人不会运用康德哲学，因为康德哲学让他们厌烦，此外也太过严肃；也因为他们对其再也无法明白，但他们却很喜欢为了让他们的废话带上某些科学气质，而滥用康德哲学里面的用语，就跟小孩挥舞和玩耍爸爸的帽子、手杖和军刀差不多。例如，黑格尔信徒就喜欢滥用"范畴"（Kategorien），以此表示各种各样宽广和普遍的概念，丝毫不理会亚里士多德和康德对此用语的用法，并且是一副天真无邪的样子。另外一个例子是在康德哲学中，一个重要的看法就是"固有经验之内的"和"超验的"词语的运用，连带我们知识的有效性。我们那些笑话哲学家当然不会去理清这些词语的微妙区别的。但那些词语本来却是很讨他们的欢心，因为那些词语听上去是那样的有学问。因为他们的哲学永远把亲爱的上帝作为首要的对象，这个上帝因此就是一个老相识了，其在哲学中出现就无需介绍了，所以，现在他们就争论开了：这个上帝到底是藏身于这世界之中，抑或置身在这世界之外，亦即停留在某一并非此世界的空间里。若藏身于这世界之中，他们就称其为"固有经验之内"；若是置身在这世界之外，则名为"超验"。当然，他们这样做的时候，可是相当严肃认真和很讲学问的样子，并且夹杂着黑格尔的术语。这是很好笑的闹剧，只会让我们老一辈的人想起法尔克的《讽刺年鉴》里面的铜版画——在那儿，法尔克把康德表现为坐在一个气球上升到高空，他的衣服鞋袜，还有他的帽子和假发都扔落地上，那些猴子则捡起这些东西，以此装饰和打扮自己。

那些诡辩主义者纯粹出于个人目的的吹嘘和大话，挤掉了康德的严肃、诚实和深刻的哲学，这毫无疑问会给时代的文化造成极坏的影响。尤其是把像黑格尔这样一个完全没有价值、绝对是思想畸形的人，称颂为当前这个和任何时代都首屈一指的哲学家，更肯定是最近 30 年里哲学全面退化的根源。由此引起的结果，就是更高级学术的衰落。这样的时代可是遭殃了，因为在哲学领域，大胆无耻和愚蠢妄言挤掉了独到的见解和理解力！这是因为果实带着其生长土壤的味道。人们会追捧那些得到高声吆喝、公开和全方位颂扬的东西，这些东西也就成了成长中的一代人的精神食粮，而这些精神食粮对这一代人的内在以及以后的创作和创造，都有着决定性的影响。因此，一个时期的主流哲学决定了这一时期的精神思想。那么，如果某一绝对荒谬的哲学占据了统治地位，如果把那些取自空气、出自疯人院病人口中的唠叨胡言当作伟大的思想，那经这样播种以后形成的一代人就真是不可多得了：没有精神思想，没有对真理的热爱，没有诚实，没有趣味，没有对物质利益（政治利益也包括其中）以外别的某一高贵事业的追求，而这正是我们眼前所见的一代。由此可以解释为何经过了这样一个由康德撰写哲学、由歌德创作文学、由莫扎特谱写音乐的时代以后，接下来是现在这样一个时代：一个政治文学家的时代，并且还是一个政治哲学家的时代，是饥饿文人在文坛以谎言和欺骗谋生，是各种摇笔杆子的人故意败坏语言的时代。这个时代就用了自创的、可说音义俱佳的"当代今天"（Jetztzeit）一词来命名！是的，"当代今天"意思就是人们只先考虑现在，而不敢放眼要做出审判的将来。我很想能够把这"当代今天"展现在魔法镜子上，好显现出这时代在后世眼中的样子。与此同时，"当代今天"却把上文所赞扬的康德年代称为"梳辫子时代"。可是，与那些辫子相连的是头脑，现在呢，果子似乎也与茎秆一道消失了。

黑格尔的追随者因此说对了，他们宣称他们的大师在他们的同时代人身上留下了不可估量的影响。完全瘫痪了一代学者的思想，使其丧失了思考能力，并且到了这样的地步，以致这些学者再也不知道思考到底是什么，而只会肆无忌惮和没有任何趣味可言地玩弄字词和概念，或者对因袭的哲学课题阐发毫无思想可言的宏论，连带那些来自空气中的无根之谈，或者完全没有实在意义的，甚至自相矛盾的"定理"——人们就把这些当作是哲学思考。这就是黑格尔留下的了不起的影响。人们只需比较一下那些至今仍在大着胆子冒头的黑格尔门徒的读本与康德早一些年代出版的作品，后者所出自的年代，亦即所谓的"折中时期"，是受轻视的年代，尤其受到黑格尔门徒和所有康德之后的哲学家无尽的鄙视。我们就会发现，后者与前者相比，永远不仅是黄金与黄铜之比，而且是黄金与黄粪之比。这是因为在费德尔、普拉特纳等人的作品里，我们总可以找到很多现实的、部分是真确的、本身具有价值的思想，以及一语中的的见解，对哲学问题的诚实讨论，能启发人们独立深思，引导人们哲学论辩，起码是真心实意地探索问题。相比之下，在黑格尔学派的某一部作品里，人们却无法看到某一真正的思想（因为这些作品根本就没有什么思想），也无法找到认真、诚实思考的些许痕迹——这些是根本不会有的东西。人们发现除了放肆堆砌那些似乎有其意义，甚至蕴藏深意的字词以外，不会还有别的东西。但稍加检视和推敲那些字词，就可看出那其实是完全空洞的、没有意义和思想的花哨的词语外壳。这些作者写出这些东西，目的根本不是要传授给读者什么东西，而是要欺骗读者，让读者相信摆在他们面前的就是思想家的著作，其实，这些作者并不知道思想为何物，没有任何真知，更加没有灼见的混混。这都是因为其他的诡辩者、江湖骗子和愚民者破坏和扭曲的仅仅是知识，但黑格尔破坏的却是认知的器官、人的理解力本身。也就是说，由于逼迫受其误导的年轻人生吞活剥、死记硬背那些乱七八糟、彼此矛盾的胡言乱语和犹如出自疯人院的昏话，让他们以为这些就是理性的认识，所以，那些年轻人的头脑也就搞得全乱了套，以致他们以后也永远丧失了真正思维的能力。这些可怜的年轻人，却满怀信任地捧读这些东西，尽量吸收这些最高的智慧。因此，我们可以看到，直至今天，他们都还在说着令人恶心的黑格尔术语，赞美他们的大师，完全真心地以为这样的句子，如"大自然就是理念的别样存在"真的包含了某些内容。以这样的方式扭曲年轻人的清新头脑，的确是一大罪孽，无法原谅也无法容忍。这就是黑格尔对同时代人那大言不惭的影响，而不幸的是，这种影响的确已经既深且远。这是因为结果与原因是相称的。也就是说，正如一个国家所能遭遇的厄运，就是道德至为败坏的阶层和社会渣滓成了国家的掌舵人，同样，哲学及所有依赖哲学的东西，亦即人类的全部知识和精神生活，所能遭遇的最糟糕的事情，莫过于一个头脑平庸的人，一个以对上司巴结逢迎，以肆无忌惮写出胡言而出名的人，亦即那个黑格尔，被不遗余力地宣称为最伟大的天才；在这个人那里，哲学终于和永远地达到了哲学一直追求的目标。这是因为如此恶劣背叛人类中最高贵的东西，其结果就是像当今德国的哲学及整个学术那样的状况：极度的无知与无耻结合在了一起，拉帮结派取代了实干和成绩，所有基本的概念都变得无比混乱，哲学迷失了方向，分崩离析，庸才成了宗教的改良者，唯物主义和兽性主义放肆登台，不懂得古老的语言，胡乱剪裁字词，根据那些无知傻瓜自己的标准而只在意字词中字母的多少，等等，等等。你们只需自己看看吧！在人们的身上，也可以看到那逐渐冒出的粗野（Barbarei）——其外在的症状就是人们脸上那长长的胡子，那性别的标志。这表明了人们更愿意把雄性，把人与动物所共有的雄性排在了人性之前，因为人们愿意首先是个男人（Mann），在这以后才是一个人（ein Mensch）。在所有具有高度文明的时期和地方，人们都剃去胡子（Bart），这种做法是因为人们感觉到与上述恰恰相反的做法才是正确的。所以，人们首先是一个人，是在某种程度上一个抽象的、忽略掉了动物性的差别的人。相比之下，人们胡子的长度却总是与野蛮同步，而"胡子"一词已经让人想起了野蛮。因此，胡子在中世纪粗野和无知的千年中很盛行，而当下的人却刻意模仿那种式样和风格。[1]还有不能不说的就是，我们现正谈论的对哲学的背叛，其更远的结果也是第二个结果，就是邻国对这一国家的鄙视，就是后世对这一时代的鄙视。这是自作自受，人们无一幸免。

上面我已说了精神食粮对时代的巨大影响，因为精神食粮决定了思维的素材和形式。因此，这很大程度上取决于人们赞扬什么，并据此阅读什么。这是因为与一个真正伟大的思想家一道思考，会增强自己的思维能力，让其活动合乎规则，张弛有度，好比书法家手把手引导小孩书写。相比之下，与那些一心一意只在意表面功

---

[1] 人们会说胡子对男人是自然的。确实是的，所以胡子对处于自然状态下的男人是完全恰当的，但对于文明状态下的男人，剃掉胡子同样是恰当的。因为剃掉胡子就表明，那种动物性的野蛮力量（其特征人人都马上感觉得到，为每个男性所独有）必须臣服于法律、秩序和文明。

胡子夸大和突出了脸部的动物性部分，因此给予脸部某一明显粗暴的形象。我们只需看看留着大胡子的人在吃东西时的样子吧！

人们会说胡子只是一种装饰。我们只习惯了在犹太人、哥萨克人、嘉布遣会修道士，在囚犯和打家劫舍的强盗的脸上看到这种装饰。

胡子给脸上带来野性和残暴，就在于相对没有活力的一堆体毛占去了脸部的一半，并且占去了脸部表达道德的部分。此外，所有长毛的都是动物性的表现。剃掉胡子是更高文明的象征。此外，警察有权禁止人们蓄胡子，因为胡子就是半个面罩，难以辨认这人是谁。所以，蓄胡子也会有助于人们犯事。

夫，亦即只着眼于欺骗读者的人一道思考，例如，像费希特、谢林、黑格尔等人，就会在某种程度上损害自己的头脑；与那些乖僻和固执的人一道思考，也同样会扭曲自己的理解力，赫尔巴特就是这一类人的例子。总的来说，阅读知识分科中那些平庸者写的东西，如果这些东西不是关于某些事实或关于这些事实的发现和研究，而纯粹只是他们头脑的想法，那就极大地浪费了自己的时间和精力。因为类似这些人所能想到的其他人也能想得到，就算他们正式地摆正姿势、打定主意要去思想，也完全于事无补，因为这样做并不会提高其能力，而一旦正式摆正姿势思考的话，通常就更加不会思考出什么。再者，这些人的智力完全忠诚于其天然使命，为他们的意欲服务，而这是很正常的事情。这就是为什么他们的思想和行动的背后，总是有着某一打算和企图：他们任何时候都有其目的，也只认得与此目的相关、相符的东西。不受意欲束缚而展开的智力活动，是纯粹的客观并以此客观做出一切伟大事情的前提条件；但这一条件对这些人永远是陌生的，这在他们的心里也是神话而已。只有目的才会吸引他们的兴趣，只有目的才有现实性，因为这些人的意欲始终占据着统治地位。因此，浪费时间阅读他们的作品是双倍的愚蠢。不过，公众永远不会认得也不会理解的，因为公众有很好的理由不去认得和理解，是大自然的贵族。所以，很快他们就会把那极少数佼佼者的作品撇开，一心只想着去看最新的庸才的作品，而那极少数的佼佼者却是由大自然在上下千百年的时间里挑选出来，并赋予了这一高贵的使命：思考大自然，或者把大自然作品的神韵表现出来。一旦出现了一位英雄，用不了多久，英雄的身旁就会站着个罪犯，似乎他也是一个英雄。机缘巧合之下，恰逢大自然有了兴致，放手让其至为稀有的作品、一个天赋异禀的人出现，而命运又慷慨地让这人的天赋得到培养；并且当他的杰作终于"击败了拼死抵抗的愚蠢世界"，被承认和推荐为典范和榜样，那用不了多久，人们很快就会把他们那些混蛋当中的某一个可怜虫拉上来，让这个可怜虫与那位天才一道齐齐坐在圣坛之上。这恰恰就是因为人们不会明白，也想象不到大自然的贵族是什么，因为这些贵族是那样的稀有，以至于在大自然成批生产的 3 亿大路货中，还找不到一个货真价实的伟大的思想人物。所以，这样一个伟大人物，我们要透彻学习和了解，把这个人的著作视为某种启示，应该不知疲倦、焚膏继晷地研读，直至韦编三绝。相比之下，所有那些出自平庸头脑的东西却不需理会，因为这些就像墙壁上的苍蝇那样普遍和平凡。

在哲学领域，上述让人绝望的情形已经发生。现在一提起康德，就无一例外地附带费希特的名字；"康德和费希特"已经成了一个固定的名字搭配，"看看我们苹果是怎么游泳的吧"（拉丁谚语），某某说道。谢林也沾了相似的荣光。这是多么的可耻！甚至还有黑格尔，这个尽写些胡言乱语、败坏读者思想的人！也就是说，帕纳索斯顶峰越来越受到践踏。——"你长眼睛了吗？长眼睛了吗？"——我们要像哈姆雷特对他卑鄙的母亲那样，对这些大众大声喊叫。啊！他们就是没长眼睛嘛！他们永远都是这样，听任真正有价值的东西自生自灭，一门心思只会膜拜各种各样的模仿者和造作者。他们在阅读五花八门的头脑怪胎的时候，还误以为是在学习哲学呢，其实，在那些作者的呆滞意识中，甚至哲学的赤裸裸问题也不会发出响声，就像钟铃在没有空气的容器中不会发出响声一样。严格来说，大自然制作和装备了那些人的头脑，并不是为了达到别的什么目的，只是要让他们与其他一般人一样，安静地从事某一诚实的行当，或是耕种土地，或是为增加人口而操劳。但他们却误以为自己肩负天降之大任，非做"铃铛作响的傻瓜"不可。他们永远要插话，永远想参与发言的样子就像想要加入谈话的聋子。因此，对那些无论任何时候都只是零星出现的、肩负着大自然使命的，并因此有真正的动力去探究最高真理的人来说，这些人只是发出打扰和混乱噪音而已——虽然这些人通常都不是故意去扼杀那些少数人的声音，因为那些少数人说出的话并不对他们的胃口，而他们除了认真对待自己的小算盘和物质上的目的以外，对其他事物是无法严肃起来的。并且由于他们人多势众，很快就能形成声浪。在众声喧哗中，人们再也听不到自己的说话声。今天，他们不顾康德哲学和真理，定下任务去教导空想神学、理性心理学、意欲是自由的、人与动物是绝对不同的（所用方式就是无视动物界中各种动物的智力梯级差别）。这样，他们就只会妨碍别人诚实地探究真理。如果有人像我这样说，那他们就假装没有听到。这伎俩还不错，虽然已不是新鲜的了。但我想要看看，人们是否能把獾子从其洞穴里拉出来。

大学现在很明显就是他们带有目的玩弄哲学的地方。也只有玩弄这些把戏，才能排挤掉康德在哲学领域划时代的成就，取而代之的是某一个叫费希特的人写的那些风一样的空话，而费希特很快又被类似他那样的家伙所取代。本来在真正的哲学读者群里，亦即在纯粹是为了哲学本身而探索哲学，而不是另带有其他别的目的的人群里，这种事情是永远不会发生的。当然，这群人无论何时都为数极少，他们是真正思考、被我们存在的神秘特性所触动的人。最近50年来的整个哲学丑闻也只有经由大学，在一群学生面前才有可能发生，因为那些学生虔诚地照单全收教授先生们随心所欲说出的话。在此根本的错误就在于，大学自以为甚至在哲学领域也有一锤定音的资格和话语权。这话语权或许属于三个主要的系，运用在其各自的范围之内。但人们忽略了，哲学作为一门首先是要被发现的学科，情形是不一样的；还有在委派哲学教席的时候，并不像其他学科一样唯一只考虑候选人的能力，而是更要考虑他们的思想态度和信念。据此学生们就会想，正如神学教授掌握其神学教义、法学教授掌握其法典汇编、医学教授掌握其病理学，被委派至高位置的形而上学的教授也必然是掌握了形而上学。所以，学生们就怀着小孩子般的信任参加这些课程。那么，当学生们看到某人在那儿自觉高人一筹，对以往的哲学家作出居高临下的批评，学生们就不会怀疑他们找对了人和地方。所有在这里滔滔不绝喷涌而出的智慧，会给虔诚的他们留下印记，就好像他们面向女祭司皮提亚的三足祭坛而坐。从那时开始，对学生们来说，除了他们教授自己的哲学以外，就自然再没有其他的哲学了。真正的哲学家，那千百年来的导师，其著作在书架上沉默和认真地等待渴求这些著作的人，现在就被学生们当作是已经过时了的、已遭批驳的东西，这些著作搁在那里无人问津。学生们已经像他们的教授那样"超过他们"了。相比之下，学生们却购买他们的教授定期写出的头脑产儿。这些东西能够经常一再重印，也唯一由此得到解释。这是因为读完大学以后，每个学生一般都会保留对教授的虔诚依附，他们一早就接受了教授的思想方向，也习惯和赞同教授的方式方法。就这样，那些哲学怪胎得以一反常情流传开来。这些怪胎的作者也就名利双收。否则，这样的事情又如何能够发生呢？例如，像赫尔巴特的《哲学导言》那样乖张、颠倒的复合体，就重印了5版。乖僻之人也就自以为是地往下打量着康德，以愚蠢和放肆的笔法兼带着宽容去纠正康德。

经过一番这样的考察，特别是回顾了自康德逝世以后，大学的那些哲学喧闹和活动，我越发坚定地认为，如果真要有哲学，亦即如果人们得到恩准，可以把精神思想的最高贵力量投向所有难题中的最重大者，那要取得成果的话，哲学就只能不受国家方面的任何影响。据此，如果国家并不迫害哲学，而是恩准其自便，让其成为某一自由的艺术，那国家就已经是帮了哲学的大忙，也已足够显示了人道主义和高尚情怀；而哲学成为一门自由的艺术，毕竟本身就是其获得的奖赏。为此，国家可以考虑不再为哲学教授花钱，因为想要以哲学为生的人，甚少为哲学而生，有时候甚至可以是秘密搞诡计破坏哲学的人。

官方的教席应该唯独给予那些已经成形和的确存在的科目，人们只需学习这些科目，就可以教授它们。所以，总的来说，这些科目只是需要传递下去，也就是黑板上写的 tradere（传承）的意思。与此同时，对这些学科的矫正和完善工作，则留给有能力者。但某一还不存在的学科，某一还不曾达到其目标，甚至还没确切知道其路径，对这个学科的可能性事实上还怀疑和遭到否认，那让教授去教授这一学科根本就是荒谬的。结果自然就是每一个这样的教授，都相信他的使命就是创造出还不存在的学科，而不曾考虑到能够赋予这一使命的只能是大自然而不是政府部门。所以，这些教授就力图尽可能和尽快地向世界推出其畸胎作品，声称这就是人们渴望已久的智慧，而某一同事肯定会乐于在给这些所谓人类智慧洗礼的时候充当其教父。因此，这些先生们就因为自己是以哲学谋生，所以就忘乎所以称呼自己为哲学家，并误以为有了在哲学方面一锤定音的决定权。到最后，他们甚至宣告举行"哲学家聚会"（这也是一个自相矛盾的词语，因为哲学家极少是两个同时在这世上，两个以上则几乎是从来没有过的事），然后走到了一起共商哲学的福祉。[1]

这些大学哲学家首要争取的是让哲学向着他们心里的目标，或更准确地说是他们放在心里的目标方向发展。为此，在需要的时候就改动、扭曲，在万不得已之时，甚至伪造以前的真正哲学家的学说，目的只是要得出他们所需要的结果。那么，因为读者大众是那样的幼稚，总是追求最新的作品，而这些作品又打着哲学的名号，所以，结果就是这些乏味的、反常的、荒谬的或起码是无聊和折磨人的东西，吓怕了智力良好、对哲学感兴趣的人。哲学也就慢慢失去了信誉。现在就是这样的情形。

---

[1]"并没有什么哲学是唯一受到恩泽和赐福的！"在哥达举行的假冒哲学家大会发出了这样的呐喊。简单地说，就是"并没有什么对客观真理的探索！平庸者万岁！并没有什么精神贵族，也不可以接受大自然宠儿的统治！我们要的是群氓统治！我们要畅所欲言，每个人的话语都应有同等的分量！"那些无赖也蛮自得其乐的！也就是说，他们甚至想从哲学历史中驱逐那基至今为止的君主制宪法，以便引入无产共和国。但大自然发出了抗议，哲学的历史是相当贵族性的！

不仅教授先生自己的作品非常糟糕，而且自康德以来的时期也表明，这些人也没有能力保护和保存好伟大思想家所成就的、已得到承认并因此托付给他们的作品。他们难道没有允许费希特和谢林随便玩弄康德哲学吗？他们难道不是一贯把费希特轻浮的东西与康德相提并论，其手法至为恶劣、毁人名声？在上述两个假冒哲学家挤掉康德理论，使其成为过时的东西以后，康德针对所有形而上学而定下的严格监督已经不再，取而代之的难道不是那些不着边际、肆意胡来的幻想和妄想？他们难道不是要么乖乖一起造成了这一局面，要么放任这些，而不是拿起《纯粹理性批判》以对抗这一切？因为他们发现对他们更有利的做法，就是利用松弛了的规范，要么出售自己搞出的那些小玩意，例如，赫尔巴特的滑稽东西、弗里斯的老妇人式的唠叨，以及每个人各自都有的怪癖念头；要么就是把国家宗教学说夹带进来，当成哲学成果。所有这些难道不是为可耻的哲学上的江湖骗术，为黑格尔及其可怜伙伴的喧闹和活动铺平了道路？全世界都会为那些哲学骗术感到脸红。甚至那些反对这些胡闹的人，难道不是一说起那江湖骗子和信笔涂鸦者的伟大天才和强大思想精神就深度鞠躬，并以此证明他们自己也是笨蛋而已？那些（可以说是为了真理）直截了当反对那败坏思想的家伙，却对其表现了在哲学教授之间通行的宽大和仁慈的人——在这些人当中，难道克鲁格和弗里斯不是唯一的例外吗？德国的哲学教授众声喧哗赞叹那三个诡辩者，这噪音难道不是最终在英国和法国也引起了普遍关注吗？但经过仔细了解以后，这种关注势将变成耻笑。对于千百年来艰难获得的、最终交付给他们保存起来的真理，一旦那些真理并不合他们的意思，亦即一旦与某一肤浅、理性、乐观，其实只是犹太教神学的结果不相吻合，因为这一神学就是他们的全部哲学论辩和高级套话暗地里预定的目标，那这些人就成了不可靠的真理保卫者和守护者。这样，认真探索的哲学不无艰辛努力才发现的学说，就被他们尽力涂抹、掩盖、曲解和拉低，以迎合学生的教育计划和上述的妇人哲学。一个让人反感的例子就是他们关于意欲是自由的理论。经由伟大思想家，诸如霍布斯、斯宾诺莎、普利斯特里和休谟等共同与持续的努力，已经无可争辩地展示和证实了在所有人的意欲（意愿）行为里面都有其严格的必然性以后，甚至康德也认定这一问题已经完美解决以后，[1] 他们突然做出了似乎什么都不曾发生的样子，听任他们那些大众的无知的摆布，以上帝的名义，甚至到了今天在几乎所有他们的那些课本里，认定意欲是自由的，甚至这是直接就可确知的事情。这样的行径到底该如何称呼？如果一种理论学说已由所有上述哲学家扎实奠定了基础，但却仍然被这些哲学教授掩藏起来，或者被他们否认，目的就是骗学生接受意欲是自由的这一绝对荒谬的说法，因为这是他们的妇人哲学的一个组成部分，这些先生们难道不就是哲学的真正敌人吗？并且因为现在（"最后一个是最有利的"，塞涅卡，《书信集》，79），所有意欲行为都有其严格必然性的理论，无人比我在我那篇获奖论文（这论文得到了挪威科学院的颁奖）里更加彻底、清晰、连贯和完整地说明和证明，所以，我们可以发现，哲学教授秉承他们对我的以往策略，亦即对我一概消极抗拒，既不会在他们的书里，也不会在他们那些学术报纸和杂志中稍稍提及我的这一论文。他们不遗余力地要让其无声无息，当作从来不曾发生过的事情，一如所有不符合他们的可怜目的的东西，例如我的伦理学，我的所有著作。我的哲学恰恰无法引起这些哲学教授的兴趣，因为探究真理无法引起他们的兴趣。引起他们兴趣的就是他们的工资、要收取的金路易酬金和他们的内廷参事的头衔。虽然哲学也会让他们感兴趣——只要他们能够以哲学赚取面包的话。这些人就是乔尔丹诺·布鲁诺所形容过的，一心为钱的肮脏家伙，对真理漠不关心，只满足于得到人们普

---

[1] 他的建基于绝对命令的自由假设，对他只具有实际的效力，而没有理论上的有效性。读者可以阅读我的《伦理学的两个基本问题》中的"论意欲的自由"第80和46页（第2版第81和144页）。

遍认可为知识的知识，对真正的智慧提不起兴趣，只会追求智慧所带来的名声，只渴望有模有样，却不会在意自己是否真的就是这样的人。（《布鲁诺著作》，瓦格纳版，1830，第2卷，第83页）这样，我那获奖论文《论意欲的自由》对他们来说又是什么呢，哪怕这篇论文得到了十个学士院的颁奖？相比之下，他们当中的平庸之辈在我之后就此问题所写的东西，却获得赞誉和推荐。我还需要形容这些行为吗？这些人是哲学、理性法则和自由思想的代表吗？另一个例子是空想神学提供的。尽管康德扫除了构成空想神学基础的所有辩论，并因此彻底颠覆了空想神学，但这一点仍然都不曾阻止那些牟利哲学的先生们在60年以后，宣扬空想神学为哲学的真正和根本探究对象。并且因为他们不敢再用那些已被批驳得体无完肤的议论，所以，现在就直奔"绝对"一词而去，而"绝对"一词就像省略的三段论：只给出某一结论而不给出引出这一结论的前提。他们这样做的目的，就是怯懦地伪装和狡猾地骗取宇宙学的证据，而这样的宇宙学证据自从康德以后就无法以其自身的样子出现，所以就必须以这一身打扮瞒天过海。似乎康德对这诡计已有预感，所以，他直言不讳，人们总是谈论绝对必然，但又既不会花点功夫弄明白到底是否可以，并且是如何想象得出这样的事情，也更不会去演示和证明真有这样的事情……这是因为我们如要把某样事情视为必然，那我们的理解就是这事情是需要条件的；如果用上无条件一词，就可以把这所需要的所有条件去掉，那就再也无法让我明白，"无条件的必然性"的概念，真让我想到些什么东西，抑或想不出任何东西。（《纯粹理性批判》，第1版，第592页）在此，我再一次提醒各位我的理论：必然性告诉我们的，在任何情况下、完完全全不外乎就是从存在的、从既定的某一原因而得出结果，这某一原因也就是所有必然性的条件；因此，无条件的必然性就是一个自相矛盾的形容词，也因此不是思想，而只是空洞的字词，当然也是用以构建起大学教授的哲学大厦常用的砖瓦材料。还有尽管洛克给出了伟大的、划时代的关于与生俱来的观念并不存在的根本理论，尽管在这以后和在此基础之上哲学家（尤其是康德）所取得的进步，那些"把哲学当作是营生手段"的先生们，仍然毫不脸红硬要灌输给学生某种"对上帝的意识"，某种经由理性的对形而上东西的直接认识或者理解。尽管康德以其罕有的洞察力和渊深思考展示了：理论性的理性是永远不会达致任何经验可能性之外的东西，但这仍然没有用处，因为那些先生们不理会这些，他们50年来毫不犹豫地教导学生们：理性机能具有完全直接的、绝对的认知，理性从一开始、从根本上就是针对形而上学的一种功能，能够直接认识和确切把握在所有经验范围之外的所谓超感官之物、绝对之物、亲爱的上帝及其他诸如此类的东西。把我们的理性说成是并非通过推论去了解所要了解的形而上的东西，而是一个可以直接认知的功能，这明显是无稽之谈，或者说白了就是明显的谎言，因为我们只需诚实并且毫不困难地检查一下自己，就可确信这样的说法是多么的毫无根据。此外，形而上学是完全不一样的事情。不管怎么样，这样一个只是出自传播谎言者的混乱思维和狡猾的目的、从根本上损害了哲学的谎言，自半个世纪以来，却成了大学课堂上重复成千上万次的教义，并且不顾最伟大思想家的证明，硬是灌输给年轻学子。这是大学哲学极为糟糕的结果之一。

与这些准备功夫相应的，就是对课堂哲学家来说，形而上学真正和根本的主题就是分析讨论上帝与世界的关系。这方面至为冗长、详细的议论和辩论，充斥了学生的课本。课堂哲学家相信是因受到召唤和领取工资而去澄清这一问题的。看着他们那样老练，那样有学问地谈论绝对或者上帝，表情严肃认真，就好像他们真的多少知道此话题一样，却是挺有趣的。这让人想起小孩子在玩游戏时的认真劲。每一次的商品交易会都会出现一套新的形而上学，内容细致广泛，都是有关那亲爱的上帝的讯息，分析上帝到底是怎么个状况，他又是如何造出这世界，或说如何生出或产生这世界，情形就好像是每过半年，我们就又有了有关上帝的最新消息。这样，很多人就陷入某种困境，给人相当滑稽的感觉。也就是说，他们要教授一个体面的、像样的、人格化的上帝，就像《旧约》所说的那样。这一点他们是知道的。但在另一方面，自 40 多年来，斯宾诺莎的泛神论在学者，甚至在只是受过一般教育的人群中却成了绝对主流和普遍的时尚，而根据此泛神论，上帝就是世界的同义词。他们并不想完全放弃这一时尚，却又不敢向被禁的菜肴伸出双手。他们现在就使用其一贯的招数，以摆脱那纠缠着他们的可怜困局，亦即用晦暗、不明和混乱的术语，空洞的字词。这样，我们就看到他们中的一些人可以同时一口气保证上帝就是完全、彻底、的确从根本上有别于这一世界，与此同时，却又完全与这一世界联系在一起，是一体的，事实上几乎整个身子都呆在这里面。这让我想起《仲夏夜之梦》的织工波顿：他保证要像可怕的狮子般咆哮，却又能在同一时间像夜莺一样温柔地歌唱。在他们这样操作之时，就陷进了至为奇特的两难处境，也就是说，他们宣称在这世界之外并没有上帝的位置，但在这世界之内，却又无法利用到他；现在就像下棋一样的王车易位，直至在两只凳子之间一脚踩空。[1]

　　相比之下，《纯粹理性批判》及其先验证明有关上帝的认识和知识是不可能的，对于他们就是胡扯——他们可不能让其混乱了头脑，因为这些课堂教授知道他们之所以存在的目的。如果这样反驳他们——你总是喋喋不休地谈论某样东西，但关于这东西的具体存在，人们并没有任何基于事实证明的认识，关于其本质人们也没有任何概念，真的无法想象还有比这样的空谈更加欠缺哲学味的事

---

[1]　由于类似的困境，他们当中的一些人现在给了我一些赞语，因为我的光芒再也无法收藏在桶子里面，目的就是避免人们以为他们缺乏鉴赏力，但他们急匆匆补充强调，我在主要问题上是错的，因为他们要小心不能赞同我的哲学。这个哲学与那裏以浮夸字词、古怪修饰的犹太神话是完全不一样的，但这套犹太神话对他们却又是必不可少的。

情——那是相当无礼的，因为他们知道他们之所以存在的目的。众所周知，我是一个他们不会注意和关注的人，他们误以为完全无视我的著作，人们就可以看出我是个什么样的人（虽然恰恰是他们对我的无视而暴露出他们是什么样的人）。所以，如果我跟他们说，康德说哲学并不是神学，将来也永远不会是神学，而是某样全然不一样的、完全有别于神学的东西；康德这样说的时候并不是在开玩笑，而是严肃认真的——如果我跟他们说这些，那都是白费口舌，与我在这 35 年来创作的所有一切一样。的确，尽人皆知，正如每一学科都是因为渗进了神学的成分而受到损害，哲学也同样如此，甚至受害最深。哲学史可以为此作证。伦理学也不例外，我在《论道德的基础》中已经清楚阐明了。因此，那些先生们就像耗子一样沉默对待我的这一著作，谨守其消极抵抗的策略。也就是说，神学把哲学的所有难题蒙上了一层纱幕，因此，不仅仅是对这些难题的解答，甚至对这些难题的把握也成了不可能。因此，正如我说过的，《纯粹理性批判》说实话就是至今为止神学的婢女所发出的一封解约信——在这里，这位婢女就此向那主人阁下辞职不干了。自那以后，神学就只能花钱雇个工人，不时穿起前婢女遗留下来的佣人制服，纯粹是为了外在的面子，就像在意大利那样，在星期天就可看到类似的替代佣人，所以名字叫 domenichini（星期天佣人）。

不过，面对大学的哲学，康德的《纯粹理性批判》及其论据当然是要落空的。这是因为，我意愿是这样，那就是这样，我的意愿用不着给出理据。哲学就是要成为神学，哪怕有 20 位康德证明了哲学不可能是这样子！我们知道我们存在的目的，我们的存在就是要为主争取更大的荣耀。每一个大学哲学教授都是一个"信仰的维护者"，就像亨利八世一样。在此，哲学教授看到了他首要的使命和职责。所以，在康德如此干净利索地把思辨神学所能有的证明和证据斩筋截骨，以致再也无人还能稍稍插手以后，自此几乎 50 年以来，人们在哲学上争取的只是徒劳地试图复活一具没有了灵魂的尸体。例如，那些牟利哲学的先生们在人的身上发现了某一被全世界一直忽略了的对上帝的意识；由于这些先生们之间相互默契和读者公众不知情，他们胆子就大了起来，就放肆地滥用"对上帝的意识"。到最后，甚至莱顿大学诚实的荷兰人也受误导，以至于这些荷兰人真把那些大学哲学教授的把戏当成科学上的进步，真心实意地在 1844 年 2 月 15 日提出了这一有奖问题征文，"如何看待我们那天生的对上帝的意识？"等等。由于这样的对上帝的意识，直到康德为止的所有哲学家所卖力论证的东西就是直接的意识了。所有以前的哲学家不就是笨蛋吗，因为他们整个一生都费尽心力要为某样东西提出证明，而这样东西是我们直接就可意识到的？这意味着我们认识这样东西，要比 2＋2＝4 还要直接，因为要知道 2＋2＝4，我们还要思考呢。要证明这样的事情，肯定就像人们要证明眼睛能够看、耳朵能够听、鼻子能够嗅一样。地球上最主要的宗教（根据其信众数目）追随者，那些佛教徒的宗教热情是如此之炽烈，在西藏，几乎每 6 个人当中就有 1 个属于僧侣阶层并因此而独身；其宗教的教义承载和支持着一套至为纯净、高贵、充满爱意、严守苦行的道德学（这套道德学并不像基督教那样忘记了动物）；不仅仅是坚定的苦行，而且还明确拒绝一神论。也就是说，人格化只是一个现象，对此我们也只能通过我们的动物本性加以了解；因此，一旦与此动物性分离，就再无法清晰设想这一现象。把这样的现象当作这世界的原初和准则，这样的定理永远不是人们的头脑马上可以理解的，更加不会从一开始就扎根和成长在人们的头脑里。而一个非人格化的上帝则只是哲学教授的胡扯，是一个自相矛盾的说法，是用以敷衍没有思想者和平息警觉者的空洞词语。

　　我们的大学哲学家的文章虽然弥漫着对神学的狂热，但对真理却没有点点的热情。因为没有对真理的敬畏，所以，人们运用诡辩、欺骗、扭曲、虚假陈述等已到了肆无忌惮、闻所未闻的地步，这些东西甚至被收集起来；甚至正如上文所阐明的，把直接的、超感觉的认知，亦即把与生俱来的观念都归为，或更准确地说，都捏造成为理性的事情；所有这些都只是想要引到神学上去：就只要神学！就只要神学！不惜代价，就要神学！肤浅的我想让这些先生们想一想，神学尽可以很有价值，但我知道还有一样东西却更有价值，那就是诚实正直。一如在商业中诚实很有价值，在思想和教学中也是如此。给我任何神学，我也不会出卖诚实。

但现在的情形是谁要认真对待《纯粹理性批判》，尤其是诚实对待，并因此不是要出售他那一套神学，在面对那些大学教授的时候当然就要吃亏。哪怕他带来了这世界上至为优秀的东西，奉献了这天上人间的所有智慧，但如果这些不是神学，那些先生们仍然会把眼睛和耳朵转到别处。事实上，他奉献的东西越优秀就越会引起那些先生们的恼怒和怨恨，而不是惊奇和赞叹。他们对此的消极抵抗就变得越顽强，他们因此就越要以阴险的沉默来扼杀。与此同时，他们就越发为其充满思想的同行所推出的可爱作品唱出嘹亮的赞歌。他们这样做，只不过是想要湮没掉他们所憎恨的那些有见解的、真诚的声音。也就是说，在这个怀疑的神学家和正统的哲学家时期，那些先生们这样做，是政治和政策的要求，而那些先生们拖家带口，就以这门学科糊口。而我呢，在整个漫长的一生中把所有的力量都奉献给了这门学科。对他们来说，最重要的是根据其上级示意的神学，所有其他的都是次要的。从一开始，他们就已经各自用措辞、说法和迷惑招数把哲学定义为思辨神学，并且把神学的狩猎幼稚地当作是哲学最本质的目标。他们一点都不知道，我们应该自由、不带偏见地迎向存在的难题，把世界以及显现这一世界的意识，视为唯一摆在我们眼前的东西、难题、古老的斯芬克司之谜，我们现在勇敢地站在其面前。他们很精明地忽略这一点：神学如果要求进入哲学的行列，那神学就必须像所有其他学说一样，先出示其证明文件；然后这些证明文件就会在《纯粹理性批判》办公室接受检查和检验，因为《纯粹理性批判》在所有的思想者那里享有至高的威望。这一威望并不曾因为当今的课堂哲学家对其不遗余力做出鬼脸而真的受到丝毫损伤。因为没有一张能通得过检验的通行证，所以神学就不得其门而入，经由强求、欺骗都不行，甚至是乞求了，指出课堂哲学家现在已经没有其他别的可供出售了——但还是不果。就让他们的铺子关门大吉吧。这是因为哲学并不是教堂或宗教。哲学是在这世上的一小块地方，也只有极少数人才可以进来。在此，那时时处处遭人怨恨和迫害的真理，终于免除了一切压迫和束缚，就仿佛庆祝农神节，甚至奴隶们也得到了言论的自由；在此，真理甚至有其特权和话语权，真理是绝对唯一的统治者，旁边的其他一切都不会获得承认。也就是说，整个世界及所有在这世界上的一切，都满是目的和打算，且绝大多数都是低下、庸常和卑劣的目的。也只有在这么一小块地方肯定是没有那些目的，是唯独敞开给有深刻见解的人，更准确地说，是敞开给对最重要的、所有人都最关心的事情有深刻见解的人。这就是哲学。或者我们所理解的哲学是另外别的样子？真是这样的话，那一切也就都是笑话和喜剧，"就像不时所发生的情形"。当然，根据课堂哲学家的教学大纲来判断的话，人们更多地认为哲学是某一引导虔诚和笃信的指南，是给去教堂做礼拜的人做培训的学校，因为这教学大纲通常是完全不加掩饰地把思辨神学假定为哲学的根本目标，并且为达此目标，人们可是全力以赴。可以确定的是，所有那些信仰的条条框框，都绝对会损害哲学。这些东西现在是公开、赤裸裸地搬进哲学里去，就像经院哲学所发生的那样；或者是通过"预期理由"（把未经证明的判断作为证明论题的论据）、虚假的公理、杜撰的内在认知源头、对上帝的意识、站不住脚的证明、夸夸其谈的词语和废话等夹带进哲学里。这就是今天的习惯做法。哲学之所以受到这些损害，是因为所有类似这些使我们再不可能对这世界和我们的存在有一个清晰的、不带成见的和纯粹客观的认识，而这是探究真理的首要条件。

以哲学的名称和名义，披上稀奇古怪的外衣，把国家宗教的基本教义（人们对其冠以黑格尔的一个庄严名称"绝对宗教"）陈述和推演出来，是相当有用处的，因为这有助学生更加适应于国家的目的，也同样有助读者大众增强信念。但把这些东西当作是哲学推出来，就等于是出售假货。这种事情持续发生而人们又不管不问的话，那大学的哲学就会越来越变成真理的"绊脚石"。这是因为一旦以真理以外的东西作为评判的标准，或者作为定律、定理的准则，那一切哲学也就完蛋了。而真理呢，就算是完全诚实地探寻，以最优秀的头脑全力以赴，也要历尽千难万险才可达到。这样，哲学就会变成"众人都说是真的虚构故事"，就像丰特奈尔对历史的形容。在全方位面对我们这极度神秘的存在所给予的难题时，人们也就永远不会迈出更远的一步——假如人们根据某一预先安排好的目的而探讨哲学的话。但这就是今天不同种类的大学哲学所共有的特征，这是不可否认的，因为太过明显的是，所有这些体系和主张都瞄向了一个中心点。并且这中心点甚至不是《新约》中的基督教或者基督教原来的精神，因为基督教原来的精神对于他们来说太高了，太过超凡脱俗，太过古怪，太过不属于这一世界了，因此，太过悲观了，完全不适合把国家神化的目的。那中心点只是犹太教的，是属于这样的教义：这一世界是从一个至为卓越的、人格化的神那里获得了存在，因此这是一个至为可爱的东西，"上帝看着所造的一切都甚好"。对于他们来说，这就是一切智慧的内核，所有的哲学都往这一方向发展；如果哲学要反抗此目标方向的话，那就要引其往那方向去。所以，自从黑格尔那套理论崩坍以后，大学教授们就发起了针对所谓泛神论的战争。在厌恶、反对泛神论方面，这些人同仇敌忾，一个个奋勇争先地谴责。这种热情是由于人们发现了反对泛神论的有力的、令人信服的理由吗？或者相反，他们在找理由反对其对手时，面对那充满力量安静地站在那儿、向着他们微笑的对手，我们难道不是看到他们那种不知所措和惶恐不安吗？

因此，还有人会怀疑只是因为泛神论的教义与"绝对宗教"水火不容，就造成了泛神论教义不是真的，也不可能是真的？——哪怕整个大自然张开千万个喉咙宣告，泛神论教义的确就是真的。大自然就闭嘴好了，这样犹太教才好好发话。除了"绝对宗教"以外，还有什么东西会让他们重视的话，当然就是高级部门的意愿——他们有权授予或者撤销其教授职位。这确实就是鼓舞他们、指引他们刻苦钻研的缪斯女神。因此，这也是他们在开场白的时候，必定以献辞的方式体面呼唤的。这些就是在我眼中要从井里打捞真理，要去撕破假象和迷雾，要去嘲弄一切晦暗的人。

根据其本质，再没有其他学科比这一学科更确切需要能力出众、热爱科学和追求真理的人了，因为现在是要把人类在最重要的事情上那些最高级的脑力劳动成果，以生动的语言传递给新一代的年轻精英，并且要在这些精英那里唤起探索精神。另一方面，国家部门认为没有什么学科比这一学科更能影响未来学者（亦即控制社会的阶层）最内在的思想和看法。所以，这一学科就只能交给忠心耿耿的人，这些人会全然根据国家部门的意愿和每一次的观点而剪裁其学说。很自然，这上述两个要求的第一个就必然屈居第二了。那些不了解个中原委的人，有时候就会觉得奇怪：怎么恰恰是那些笨蛋，会投身于研究柏拉图和亚里士多德的学科。

在此我忍不住顺便指出，家庭教师职位对哲学教授来说是相当不利的预备性训练，几乎所有过去在大学学习结束以后担任过此工作的人，都在好些年里疏忽了这一点。因为这样的职位很适合训练温顺听话和卑躬屈膝。人们尤其会完全把自己的学说屈从于衣食雇主的意愿，除了雇主的目的以外，再不知道还有其他别的目的。在早年获得的这一习惯，就会扎根并成为第二天性。这样，在以后成了哲学教授时，人们就会觉得顺应掌管教授的部门的意愿而修正和改造哲学，就是最正常不过的事情。到最后，所产生的哲学观点或者哲学体系就像是根据预约定造似的。真理嘛，就有好看的了！当然，很明显，为了无条件效忠真理，为了要真正进行哲学探讨，除了许许多多的条件，还有几乎是必不可少的一条：那就是我们要独立站着，没有顶头上司，这样"给我一个支点"也在某种意义上适用于这里。绝大多数在哲学上取得伟大成就的人，起码是这样的情形。斯宾诺莎清晰地意识到这一点，也因此拒绝接受提供给他的教授职位。

> 因为一个人一旦被套上了枷锁，
> 那大发雷霆的宙斯就拿走了他一半的优点。

> 真正的哲学探讨是要求独立的，
> 受着贫穷压迫的人，不能随愿说话和做事，
> 他的舌头也再不是自由的。

——泰奥格尼斯

萨迪的《蔷薇园》（格拉夫译，莱比锡，1846，第185页）的一段也写道，谁受困于养家糊口，就不会有所成就。但在这方面，一个真正的哲学家就其天性而言，是一个要求不高、容易满足的人，需要不多就能独立生活，因为他的格言永远是申斯通的这一句话，自由是比托考伊甜酒还要有力的强心剂。

那么，如果关键的是要促进哲学和向着真理的路上挺进，那我给出的最佳建议，就是终止在大学里以哲学的名义进行的骗局。这是因为大学的确不是认真、坦诚讨论哲学的地方，在本该是哲学的地方，人们太过经常看到的却是穿着哲学外衣、经过一番打扮的"受外力牵引的木偶"（贺拉斯），在那儿比画着手势、口沫横飞。那么，如果这样的课堂哲学仍然试图以莫名其妙、扰乱头脑的话语，想通过新造的字词和莫名其妙的想法来取代真正的思想，而那种种荒谬的内容则名为思辨和超验的哲学，那这课堂哲学就会变成哲学的滑稽模仿品，就会败坏哲学的声誉。而这就是当今所发生的情形。在这样的情况下，那种认真和深思，那种任何一切也不可以

与真理相比的态度和哲学的首要条件，又怎么可能还会存在？通往真理之路是陡峭和漫长的，脚上绑着大石头的人无法走完这段路程，我们需要的是翅膀。据此，我会赞成让哲学停止作为谋生的职业，哲学的崇高追求与赚钱谋生并不相容，而古人早就已经认识到这一点。根本就不需要在每一所大学里保留那么几个肤浅的唠叨者，去败坏年轻人以后一辈子对哲学的兴致。伏尔泰也说得很对，为分散在这世界上的少数思想家作出最大贡献的文化人，是那些孤独的作家和真正的学者——他们把自己关在研究的斗室里，既没有在大学课堂里论证，也不曾在学士院里说出半成品的真理。这些是在任何时期都受到迫害的人。所有外来对哲学的帮助本来就是可疑的，因为哲学的趣味太过高级，不会与这意趣低下的世界的俗务真心结盟，哲学有自己永不消失的指路明星。所以，应该让哲学自便，不用给予帮助，但也不能设置障碍。我们不要让一个有天赋的、天生要献身给真理殿堂的严肃朝圣者，与一个只是真心关心两餐一宿的家伙搭档，因为需要小心的是，这个家伙为了捷足得到这些东西而在路上堆石头、使绊子。

　　根据所有这些，先不论国家的目的，只考虑哲学的利益，如果大学的哲学课程能够严格局限于讲授逻辑和哲学史，那我认为就是理想的做法，因为逻辑是一门完整的和能够严格演示、证明的科学；而哲学史讲授则在一个学期就可完成，简练讲述的是从泰勒斯一直到康德的哲学。这样，由于哲学史简洁、明白易懂、一目了然，所以，教授先生发挥自己观点的空间就尽量减少了。哲学史只是学生们将来自己学习哲学的指南。这是因为要了解哲学家，就只能阅读哲学家的原作，而绝对不是靠听二手叙述。我在《作为意欲和表象的世界》第2版前言里已经给出了个中理由。此外，阅读真正哲学家的原作，无论如何都会对我们的精神思想产生有益和提升的作用，因为这让我们直接接触了如此原创性的和优秀的头脑。阅读那些二手哲学史，我们得到的永远只是那些哲学史作者的庸常、僵直思维所能给予的思路；这些人也只能以他们自己的方式编排哲学史。所以，我会愿意把课堂的授课限制在就让学生泛泛了解一下至今为止哲学方面的成就；除了介绍和证明各个哲学体系之间那些明显的联系以外，越出雷池半步的所有阐述和解释，以及所有强作解人的解释、说明都要全部去掉。这就与写作哲学史的黑格尔门徒恰成对照，他们把每个体系的出现都说成是必然的，因此，在先验地构建起哲学史以后，就向我们证明每一个哲学家都必然恰好想到了他所想到的东西，而不会想到其他。与此同时，教授先生高高在上、轻松得意地俯视着所有那些哲学先贤——如果不是取笑他们的话。这些罪人！就好像所有那些作品并非出自个别绝无仅有的头脑！这些绝无仅有的人在这世界的恶劣圈子中，必然在好一段时间里饱受排挤，这些著作也就是从粗野和愚昧团伙中抢救出来的。这些人既个别又稀少，因此，阿里奥斯托所说的"大自然在他的身上盖上了印记，然后就把模子打碎了"就完全适用于这些人。并且就好像如果康德生天花死了，其他的人也一样会写出《纯粹理性批判》似的。这其他的人或许是某一个属于大自然大批量出产的人，额头上还带着工厂的印记，其一寸多厚的头盖骨里面很好地保护着庸常的3磅份额的粗糙脑髓，脑髓的组织相当地结实；这人长着成70度角的脸，脉搏衰弱无力，一双浑浊、窥视的眼睛，咀嚼器官则进化强劲，说话吞吞吐吐，走路动作沉重、拖拉，与其相当合拍的是他那与癫蛤蟆一般灵敏的思想。对，对，只需稍等一下，这个人也会把《纯粹理性批判》，甚至整个体系给你们搞出来——只要到了教授计算好的、该轮到他们的时间点。那时间点也就是橡树能够结出杏子的时候。那些先生们当然有很好的理由，尽量把一切都归功于教育和培养，甚至就像一些人的确所做的那样，完全否认天赋，用尽各种方式抵御这一真理：一切都取决于这个人是如何从大自然的手中生成，是什么样的父亲让其孕育，是什么样的母亲受孕，甚至在什么时辰成孕；因此，假如母亲是一只呆头鹅，父亲是萎靡不振的懒人，那他是写不出《伊利亚特》的——哪怕他读了6所大学，也是枉然。现在的情形也没有什么两样，大自然有其贵族，比任何封建和社会阶层、等级都更高贵。因此，金字塔是从一个很广阔的底部一直向上延伸到尖顶。那些无法容忍任何人在他们之上的群氓和无赖，就算他们成功推翻了所有其他贵族，也不得不让这种贵族存在下去，为此他们也不会得到感谢，因为这完全是"神恩所赐"。

（节选自《附录和补遗》第1卷）

图书在版编目(CIP)数据

哲学和哲学史散论/(德)阿图尔·叔本华著;韦
启昌译.—上海:上海人民出版社,2021
ISBN 978-7-208-17257-9

Ⅰ.①哲…　Ⅱ.①阿…②韦…　Ⅲ.①叔本华
(Schopenhauer,Arthur 1788-1860)-哲学思想　Ⅳ.
①B516.41

中国版本图书馆 CIP 数据核字(2021)第 148071 号

责任编辑　任俊萍
封面设计　邵　旻

哲学和哲学史散论
［德］阿图尔·叔本华 著
韦启昌 译

出　　版　上海人民出版社
　　　　　(200001　上海福建中路 193 号)
发　　行　上海人民出版社发行中心
印　　刷　上海市商务联西印刷有限公司
开　　本　635×965　1/16
印　　张　18
插　　页　4
字　　数　229,000
版　　次　2021 年 8 月第 1 版
印　　次　2021 年 8 月第 1 次印刷
ISBN 978-7-208-17257-9/B·1573
定　　价　78.00 元

Arthur Schopenhauer

Parerga Und Paralipomena

根据 Insel 出版社，1920，莱比锡翻译